2023年河南省哲学社会科学规划年度项目“数据要素市场化配置的经济法进路”
（项目编号：2023BFX003）阶段性成果

SIFA GONGXINLI SHENGCHENG YANJIU
JIANLUN SIFA GONGKAI DE TUIDONG ZUOYONG

司法公信力生成研究

兼论司法公开的推动作用

马兆婧　著

法律出版社
LAW PRESS · CHINA
北京

图书在版编目(CIP)数据

司法公信力生成研究 : 兼论司法公开的推动作用 / 马兆婧著. -- 北京 : 法律出版社, 2024

ISBN 978 -7 -5197 -8934 -3

Ⅰ. ①司… Ⅱ. ①马… Ⅲ. ①司法制度 – 研究 – 中国 Ⅳ. ①D926.04

中国国家版本馆 CIP 数据核字(2024)第 054400 号

司法公信力生成研究

——兼论司法公开的推动作用

SIFA GONGXINLI SHENGCHENG YANJIU

—JIANLUN SIFA GONGKAI DE TUIDONG ZUOYONG

马兆婧 著

责任编辑 王 珊

装帧设计 鲍龙卉

出版发行 法律出版社

编辑统筹 学术·对外出版分社

责任校对 晁明慧

责任印制 胡晓雅 宋万春

经 销 新华书店

开本 A5

印张 9.75 **字数** 241 千

版本 2024 年 5 月第 1 版

印次 2024 年 5 月第 1 次印刷

印刷 北京建宏印刷有限公司

地址:北京市丰台区莲花池西里 7 号(100073)

网址:www.lawpress.com.cn

投稿邮箱:info@lawpress.com.cn

举报盗版邮箱:jbwq@lawpress.com.cn

销售电话:010 - 83938349

客服电话:010 - 83938350

咨询电话:010 - 63939796

书号:ISBN 978 -7 -5197 -8934 -3

定价:69.00 元

凡购买本社图书,如有印装错误,我社负责退换。电话:010 - 83938349

前 言

法治已成为社会治理的主旋律,是社会治理现代化的奠基石。法治建设是当代社会建设最主要、最关键的一步。司法与法治有着天然的联系,既是法治建设的保障,又是法治建设的有力推动者。司法公信力作为司法内在的应有之义,具有维护稳定的社会秩序,提升法律在社会生活中的地位,强化社会公众的法治意识,构建社会诚信体系等主要功用。所以说司法公信力对于促进法治建设具有很积极的作用。

司法公信力并不是凭空产生的,其生成必然有一个慢慢积累的过程。研究司法公信力,需要从其根源,也就是从其生成的过程出发来探究。这样才能从根本上了解司法公信力,有针对性地提升司法公信力。也正是基于此,本书从司法公信力的功用出发,基于对司法公信力进行的实证研究,探究出影响司法公信力生成的主要因素。可以看出,这些主要因素都能够通过司法公开举措来促进和加强。进而把目光转向司法公开,试图通过司法公开来促进司法公信力的生成。通过研究发现,司法公开可以促进司法权良性运行,保障当事人权利,增强社会公众对司法的信任。这些与司法公信力生成的主要因素不谋而合,因此,本书立足于司法公开对司法公信力生成的推动作用,从更新公开的理念、完善公开的平台、丰富公开的载体、强化公开的保障、把握公开的例外这几个方面来落实司法公开的举措,以期促进司法公信力的生成和提升。

本书在对司法公信力现状进行研究的基础上,总结出影响司法公信力生成的主要因素,从这些主要因素出发探究促进司法公信力生成和提升的途径和手段。

一是明确司法公信力的应用范畴,对司法公信力进行深入、系统的理论研究和实证研究。司法公信力是一个相对抽象的事物,看不着也摸不透,所以在研究司法公信力的过程中,绝不能想当然地提出观点、得出结论。而是要建立在实证研究的基础上,通过严密的实证观察来进行描述分析,对司法公信力的现状有一个客观的分析,对司法公信力状况有一个相对全面、客观、深入的把握,进而从其影响因素入手,探寻提升司法公信力的路径。二是分析司法公开与影响司法公信力生成的重要因素之间的关系,研究司法公开对于提升司法公信力的作用,并从司法公开的角度提出促进司法公信力生成的路径。基于相关基础理论,对司法公信力的实证状态进行分析研究,从司法机关、当事人和社会公众这三个主体层面找出影响司法公信力生成和提升的主要因素,认为司法的公正状态是司法公信力生成的基础,当事人对司法过程的感受是司法公信力生成的关键,社会公众对司法的认知是司法公信力生成的重要积累。司法公开可以促进司法权良性运行,可以保障当事人的权利,可以增强社会公众对司法的信任,这些都与影响司法公信力生成的因素息息相关。三是以司法公开促进司法公信力的生成,更好地发挥司法公信力维护社会稳定、提升法律地位和法治观念、构建社会诚信的功用。

关于司法公开,本书论述了司法公开的内涵、历史沿革和我国实践,分析了司法公开与影响司法公信力生成的重要因素之间的关系,研究了司法公开对于提升司法公信力的作用,并从司法公开的角度提出促进司法公信力生成的路径。本书认为强化司法公开的功用,第一,要从思想上做起,就是更新公开的理念,即变被动公开为主动公开、变内部公开为外部公开、变形式公开为实质公开。第二,要有完善的公开平台,即审判流程公开平台、裁判文书公开平台、执行信息公开平台。第三,要丰富公开的载体,即推进科技法庭建设、加强法院自媒体建设、拓展与公众信息互动。第四,要对公开的各项措施进行保障,即提升公开能力、加强公开管理、完善公开制度。第五,还要注重把握公开的例外,司法公开与其他的权利之间有相互冲突的时候,所以要把握好司法公开与保护隐私权,司法公开与维护国家安全、商业秘密,司法公开与未成年人保护,司法公开与维护社会风化之间的关系。

本书创新性地从司法、当事人和社会公众三个层面来分析研究司法公信力的生成,找出三者之间的关系,探索出司法公开对三者的积极作用,进而就司法公开对司法公信力的生成和提升的推动作用进行研究。司法公信力是一个相对抽象、宽泛的概念,从一个切入点进行研究,可以更好地对其进行把握,也可以更深入地对其进行研究。在此思路基础上,本书基于对司法公信力的实证研究,提炼出影响司法公信力生成的主要因素及其与司法公开之间的关系,并进一步从司法公开的视角提出促进司法公信力生成的路径。

目　录

第一章　司法公信力的研究梳理

第一节　研究背景与意义

一、研究背景

现如今，在法治进程中，司法发挥着维护公众权利，实现公平正义的重要功用。法治目标的达成，一方面需要司法的良性运行，另一方面也需要整个社会的配合，可以说，良好的法治状态是建立在客观法律体系和主观法律意识之上的。[1] 案件当事人和社会公众从每一起个案中认识法律、学习法律，获得对法治的直观感受，所以每个案件的审理不仅是追求个案公正的过程，也是积累司法公信的过程。于个案中保障双方当事人的合法权益，向社会传递出公平正义的信号，可以增强社会公众对司法的认同，使社会公众相信法律、尊重司法。[2] 如果社会上的大多数人都对法律十分尊崇，法律的实施就会顺利和高效，同时，

〔1〕 王利明：《司法改革研究》，法律出版社2000年版，第18页。

〔2〕［美］罗尔斯：《正义论》，何怀宏等译，中国社会科学出版社1997年版，第95页。

实施法律的成本也会降低。[1] 从这种意义上说,法治与司法公信力[2]密不可分,对实现和扩展法律权威、培育和发展法治观念以及维护和建构社会秩序有着根本而深远的意义。

回顾我国的法治发展历程,可以看出依法治国、提升司法公信力在我国政治生活中的地位越来越突出。1999 年《宪法修正案》对于法治进行了纲领性的规定,提出要依法治国,建设社会主义法治国家。2008 年最高人民法院提出了"公信立院"这一科学的工作方针。2011 年党的十七届六中全会提出要大力推进司法公信建设。2012 年党的十八大报告指出全面建成小康社会的一项重要目标就是"司法公信力不断提高"。2013 年党的十八届三中全会作出全面深化改革重大部署,2014 年党的十八届四中全会对全面推进依法治国作出战略部署,提出保证公正司法,提高司法公信力,是全面推进依法治国的一项重要任务。2017 年 10 月,党的十九大庄严宣告中国特色社会主义进入了新时代,并把坚持全面依法治国作为新时代坚持和发展中国特色社会主义的基本方略之一。2021 年 11 月,党的十九届六中全会指出,全面依法治国最广泛、最深厚的基础是人民,要把体现人民利益、反映人民愿望、维护人民权益、增进人民福祉落实到全面依法治国各领域全过程,保障和促进社会公平正义,努力让人民群众在每一项法律制度、每一个执法决定、每一宗司法案件中都感受到公平正义。2022 年 10 月,习近平总书记在党的二十大报告中指出:"公正司法是维护社会公平正义的最后一道防线。"

但是,在司法公信力越来越受到重视的今天,也存在影响司法公信

---

〔1〕[德]哈贝马斯:《交往与社会进化》,张博树译,重庆出版社 1989 年版,第 184、188~189 页。

〔2〕在中国当前的司法构架中,司法系统主要包括公安机关、法院和检察院,属于典型的大司法概念。但是,西方历来的司法理论都将司法限定于法院,也就是着眼于以审判权为核心的小司法,而且按照通常的论述,在提到司法公信力的时候都约定俗成地指意于法院,故本书提到的司法公信力等同于法院的司法公信力。

力生成的诸多问题。有学者指出，社会信用危机最突出的表现就是司法的信用危机，如果连最应该讲究信用的司法都失去了使公众信任的根基，那么将会直接危及整个社会信用体系。[1] 而司法的信用最主要的表现就是司法公信力，这也是司法立足于法治社会的根本所在，司法功能的发挥都依赖于司法公信力。[2] 因此，研究司法公信力，是值得我们认真思考的重要问题。

二、研究意义

实践需要理论来进行指导，从理论层面对司法公信力进行深入的研究是非常必要的。研究司法公信力可以为我们总结司法经验、完善现有的司法制度提供理论支撑，还可以搭建与公众沟通的桥梁，充分了解民意，让司法更有针对性地去运作，进而增强公众对司法的认可。提高司法公信力，事关宪法和法律的实施，事关社会主义法制的尊严和权威，是全面推进依法治国的一项重要任务。对司法公信力进行理论研究既是我国法治国家建设的内在要求，又对司法实践具有非常重要的现实价值，具体表现如下：

首先，有助于学界对涉及司法公信力的一系列问题进行整体的研究深化。特别是对司法公信力起源的研究，有助于学界了解司法公信力究竟是如何生成的，司法公信力的内在结构究竟为何，司法公信力内在结构中的诸要素是怎样相互联系、相互作用的，怎样才能从源头上促使司法公信力生成和提升。目前学界关于司法公信力的研究主要涉及司法公信力的内涵（概念、类型、特征等），现状，主要影响因素，其与司法权威、司法公开等相互作用关系以及如何提升我国司法公信力的对

---

〔1〕 关玫：《司法公信力研究》，人民法院出版社 2007 年版，第 1 页。

〔2〕 田成有：《给法官的九百句忠言》，中国法制出版社 2009 年版，第 47 页。

策和建议等方面,而极少有学者去探讨前述问题。相对于司法公信力的功能或司法公信力建设状况等实践层面的问题而言,司法公信力的生成则是更为深层次的理论问题,对这一问题的探讨本身就意味着司法公信力研究的深化,而且,对司法公信力生成的把握也有助于使相关的实践问题得到深入的研究。

其次,有助于提高人们的法治观念。正确认识和积极提高司法公信,对于提升司法的公正性、增强人们的法治信仰、完善社会主义法治都具有十分重要的意义。法治建设的进程进一步加快,法治理念已经深入人心,司法作为社会公正的保障功用也进一步得以发挥。但是如何实现法治,发挥司法的社会功能,却需要在实践中不断地予以探索。在这种情况下,国内法学界热衷于对司法公信力进行研究,认为司法公信力建设与法治建设息息相关,需要重视司法公信力建设以实现司法公正。因此,这一研究不但凸显了公信力对于司法的重要性,而且可以提升法治在公众内心深处的地位,并在此基础上强化公众的法治观念。

最后,对于司法公信力建设有很强的促进作用。司法公信力问题是近十年来法学界和司法实务界重点关注的热门话题。客观地看,学术界关于司法公信力的研究视野在不断扩大,既有研究成果对于提升司法公信力具有积极意义和推动作用。同时,学界开始从公开的角度来研究司法公信力,包括二者之间的联系,其对公信力的生成有何影响,与其他因素有何相互作用,何种因素起了主要作用,司法公信力的现实情况是怎么样的,怎样从司法公开的角度来促进司法公信力的生成等问题,但尚无深入研究。对司法公信力生成问题的研究是一项崭新的课题,而抓住影响司法公信力的某一重要因素,比如司法公开,来探究司法公信力的生成的研究更是寥寥无几。目前国内还没有出版以司法公开推进司法公信力的研究专著,专门研究这一问题的论文也不多,既有研究整体而言还很不深入。由于从司法公开入手对司法公信力的生成进行研究，具有很强的可操作性，所以对司法公开促进司法公信力生成进行理论研究对加强我国司法公信力建设有积极的作用。

第二节 对相关概念的界定

一、司法公信力

作为现代意义上的司法，学术界根据不同的研究目的，大致将其划分为三个层面。一是广义上的司法，即所有能适用法律的国家机关都可以称为司法机关，其行使职权的行为都是司法行为。[1] 这样就将公安机关、检察院、法院、行政机关、仲裁机关、调解机构等都纳入司法机关的范畴。二是中义上的司法，认为司法机关的范围应限于能够依照法定职权和程序适用法律的主体，在实践中指的就是人民法院和人民检察院。[2] 三是狭义上的司法，认为司法机关仅指人民法院，其从事的审判活动即是司法行为。[3] 为使本书的研究更具有针对性，“司法”采用的是狭义的司法概念，只研究法院司法活动的公信力问题。

目前，国内学界对于司法公信力的内涵还没有形成统一的认识，学者们基于不同的学术背景和研究需要对司法公信力作出了不同的界定，这些界定概括起来体现了信用说、信任说、复合说三种不同的研究视角。信用说又可称为能力说，主要是从法院视角，认为司法是否具有信用以赢得当事人和社会公众信赖应当作为司法公信力的主要因素；信任说主要是从公众视角，把公众对司法的信任当作司法公信力的内核；复合说则倾向于认为司法公信力不是单向的，而是多维的，其主体

---

〔1〕 陈卫东：《建设公正高效权威的社会主义司法制度研究》，中国人民大学出版社 2013 年版，第 39 页。
〔2〕 张昌辉：《司法的意识形态之维》，武汉大学出版社 2022 年版，第 26 页。
〔3〕 罗薇：《法治中国与法治文化》，上海社会科学院出版社 2020 年版，第 108 页。

既有司法机关,又有社会公众,反映的是二者之间的一种互动沟通,并建立信任信赖关系,这既包含了司法机关自身的公正司法的因素,又包含了社会公众的一种主观的心理状态。

(一)“信用说”及其不足

首先,学者们对“信用说”的研究主要基于以下观点。“信用说”主要是从法院视角,将司法公信力视为基于司法信用或诚信的基础上所具有的赢得社会公众信任和信赖的能力。从信用视角研究司法公信力的学者,认为公信力的基础概念是信用或诚信,因为司法权是一种公权力,所以司法所具有的信用或诚信便成了社会领域的公信问题。[1] 所以说,司法公信力是拥有司法权并能够依职权代表国家行使权力的司法机关在司法活动中所树立起的公正形象而产生让公众信赖的信用。[2] 这种信用能否建立,依赖的是司法机关能否依靠司法活动赢得公众信赖的司法能力,[3]这种能力是司法机关在其审判实践中体现出来的,其最高的境界是不依靠国家强制力便能获得公众的普遍服从和尊重,这样一种能力对于司法机关而言即可称为司法公信力。[4] 所以说,司法公信力主要体现的就是司法机关基于自身的职权活动,在实践中所形成的一种信用形象,能够为当事人和社会公众所信服。持“信用说”观点的学者们认为,司法公信力主要指的是司法机关所具备的信用,涉及的主体有两方面:一是司法机关,二是社会公众。如果从司法机关这一主体来看,其含义是指司法机关讲求信用,诚信作为。

可以说,“信用说”抓住了司法公信力生成的本质,古语曰:“治人者必先自治、责人者必先自责、成人者必先自成。”司法权行为能够体现公

[1] 孙应征等:《略论司法公信力之构建》,载《江汉大学学报》2010 年第 1 期。

[2] 黄娟:《在“应然”与“实然”之间——司法的公信力及司法权运行过程中的“信息失真”》,载《湘潭大学社会科学学报》2002 年第 3 期。

[3] 宋聚荣、张敬艳:《和谐社会视野下的司法公信力研究》,载《中国司法》2007 年第 2 期。

[4] 郑成良等:《论司法公信力》,载《上海交通大学学报(哲学社会科学版)》2005 年第 5 期。

正性，是其受到公众认可的前提。但是“信用说”只是单方面地关注司法行为，揭示了司法权在司法公信中的重要地位，并在一定程度上假定了司法行为的静态性，而忽略了信息传递和信息接受的有效性、司法公信力生成所必需的社会环境等。当前，司法公信力建设中的一个矛盾现象就是司法自身的进步与公众对司法的认可度并不完全成正比：一方面，随着我国司法体制机制改革不断深化，中国特色社会主义司法制度进一步完善，司法机关在依法独立公正行使审判权方面取得较大进步；另一方面，公众对司法的不信任感有所泛化。这种矛盾现象是“信用说”无法解答的。

（二）“信任说”及其不足

“信任说”主要是从公众视角，把公信力的“信”理解为“信任”而非“信用”，认为在现代社会中，司法得以顺利运行的基础就是“民众对司法制度及在该司法制度下司法权运行的过程和结果的认同感”。[1] 这种信任在纵向上分为“社会公众对司法公信力的信任、信赖、信仰三个逐渐递升的层级”，在横向上主要包括“社会公众对司法制度设计、司法机关、司法裁判人员法律素质的信任和尊重”。[2] 所以，司法公信力指的是司法权以及司法权的运行过程和状态能够得到社会公众的普遍认可和尊重，并能够在认可和尊重的基础上自觉地尊崇司法权，自觉地服从司法权运行的结果，其体现的是整个社会对司法的认可和尊崇程度。这样一来，司法公信力的本质应当就是“信任”，司法公信力的高低是民众对司法信任程度的客观反映。

“信任说”更多地关注了司法行为对公众心理的影响力，更多地从公众的视角来探讨对司法公信力的认知，这种观点揭示了公众评价在

[1] 毕玉谦：《司法公信力研究》，中国法制出版社2009年版，第3页。
[2] 陈发桂：《公众司法参与视角下我国司法公信力的生成探析》，载《前沿》2010年第2期。

司法公信中的价值地位,可以解答司法公信力建设过程中的矛盾现象,启示我们司法公信力的生成还需要注重对公众感受的把握。但"信任说"忽视了司法公信的行为主体和其他评价对象,司法公信力的生成不可能只是建立在公众信任的基础之上,而不注重司法行为这一司法公信力生成的本源,这样不仅会有唯心论之嫌,而且不能突破法律工具论的人治主义。把法律看成单纯的工具,自然会催生某种贬损法律、鄙视法律的意识观念,甚至会导致肆意设定法律、利用法律的行为倾向。此外,司法因为具备公权力的属性,其在公众心中所产生的信任感也是具有公信力的属性,但是这种信任并非理性的自觉,而是出于对强制力的惧怕。然而我们所期待建构的司法公信力是对司法的信仰和依赖,这样司法的公信力才得以最完全的实现。

(三)"复合说"及其不足

"复合说"倾向于认为司法公信力是司法权力与社会公众互动的结果。拥护此观点的学者认为司法公信力不是仅从一方主体出发,或是从司法机关角度来看其信用程度,或是从社会公众角度来看其信任程度,单一的主体考虑都是片面的,司法公信力是一个整体,包含多个主体、多个要素、多个维度,而且从不同角度出发都应当是相互的。[1] 复合说主张,司法机关用其立案、审判、执行等各环节的行为赢得社会公众信任的能力;从社会公众主观心理的角度来看,司法公信力是社会公众对司法的主观认识,并在这种主观认识的基础上形成对司法的评价,这种评价的基础也是司法机关的公正形象和公正司法行为。在复合理论的基础上,学者们又对司法公信力的结构要素进行了相关的研究,指出司法公信力与司法的权威性、司法的既判力、司法的约束力等都是有

---

〔1〕 关玫:《司法公信力研究》,人民法院出版社2008年版,第39页。

密切联系的。[1] 认为司法公信力是社会公众对整个司法的信服程度,该程度的高低主要源于司法机关的司法行为是否能够取得公众的信任,主要依社会公众对司法的主观认识和评价而产生价值判断。

"复合说"似乎综合了"信用说"和"信任说"的优势,兼顾了司法行为和公众感受,具有一定的合理性。但就一事物的概念而言,应该是抽取事物一般的、本质的东西概括而成的,是反映对象的本质属性的思维形式。"复合说"认为司法公信力既有司法机关自身的信用方面,又有社会公众对司法的信任方面,更像是对"信用说"和"信任说"的叠加,而并非提炼出了司法公信力的本质特征。

上述定义有一定的合理性,但同时有其不合理的一面。在批判地继承上述学者观点的基础之上,笔者认为司法公信力应当是能够维护社会秩序稳定,提升法律在社会生活中的地位,强化社会公众的法治意识以及构建社会诚信体系功用的,受司法的公正状态、当事人对司法过程的感受以及社会公众对司法的认知等主要因素影响的,反映司法、当事人和社会公众之间的相互关系的一种状态。主要包含三方面的内容:一是总结概括了司法公信力四个方面的主要功用,对司法公信力的价值内涵有了一定的揭示;二是指出了影响司法公信力生成的主要因素,从司法公信力所涉及的三方主体来探究其生成的主要路径;三是指明了司法公信力所涉及的三方主体的关系,三者各司其职,相互关联,共同体现为司法具有公信力的状态。

二、司法公开

司法公开在我国法律制度中具有重要地位。"真理是喜欢公开交

---

〔1〕 宋聚荣、张敬艳:《和谐社会视野下的司法公信力研究》,载《中国司法》2007 年第 2 期。

易的。"[1]司法公开使真理能够让公众感知,社会公众需要对其可能进行的法律行为有一定的预测,包括其所承担的责任,或者其所期待的利益。司法公开即是能够对当事人和社会公众的权利进行保障和满足,并在此基础上让当事人和社会公众形成对司法的认同,促进司法公信力有效生成和提升的路径。

(一)概念

司法公开在理论界和实务界运用都十分广泛,关于司法公开有不少原则性和系统性的规定。比如最高人民法院2009年的《关于司法公开的六项规定》,对指导司法公开实践有重要的意义,其后又印发了《司法公开示范法院标准》,进一步明确了司法公开的各项措施。2013年,最高人民法院又发布了《关于推进司法公开三大平台建设的若干意见》,进一步为司法公开的实践途径指明了方向。党的十八届四中全会肯定了司法公开的价值,指出要构建开放、动态、透明、便民的阳光司法机制。我们对司法公开进行学理研究,并意欲通过司法公开来研究提升司法公信力的路径,在总结实践经验的基础上,还需要认真研究其内涵价值。

司法公开最早的另一种说法是审判公开,指的是法院对案件的审判过程应当向当事人和社会公众公开,公开的方式包括旁听庭审、媒体报道等。[2] 这是从司法最基本的职责和属性来进行定义的,表明了公开的对象和方式。公众对于司法的信任对司法来说特别重要,审判公开就是司法取信于民的一项重要措施。通过公开,才能将司法的过程置于阳光之下,让所有的公众都能够知悉。也是通过公开,公众才能够消除疑虑,以客观的心态看待司法,并更容易对司法产生信任。[3] 可以

---

〔1〕[美]H. W. 埃尔曼:《比较法律文化》,高鸿钧译,清华大学出版社2002年版,第53页。

〔2〕陈光中:《刑事诉讼法学(新编)》,中国政法大学出版社1996年版,第70页。

〔3〕[德]黑格尔:《法哲学原理》,高兆明译,商务印书馆2010年版,第210页。

说，审判公开与司法公开联系密切，但是司法公开远远不等同于审判公开，其并不只是审判活动公开化的程序上的体现，而是还有实体性的内容。所以，司法公开在内涵和外延上都应当比审判公开更加广泛。审判公开更多侧重的是审判过程的公开，可以说仅仅是司法公开的一个环节。司法公开意味着司法信息的全方位、全过程公开，公开的方式也更加多元，既包括最初的庭审旁听，又包括法院开放日、庭审直播等新的公开形式，社会公众对司法公开的需求也更加多元，参与司法的意愿也更加强烈。因此，司法公开应当指司法机关应向当事人和社会公众全面、全程、及时、高效地公开除法律有特殊规定的，包括立案、审判、执行等各个司法环节在内的所有司法活动。

（二）国外实践

在人类的司法史上，不论是西方还是东方，也不论是普通法系还是大陆法系，司法公开都是其司法制度中的一项重要原则。比如，欧洲 19 世纪的刑事诉讼改革，确定了刑事审判应当向民众公开。美国联邦最高法院 1980 年以判例的形式确定了社会公众对刑事案件审判的知情权。之后，联邦其他法院将公开的范围扩大到民事审判。再后来，联邦第六巡回上诉法院将公开的范围进一步扩大到承载审判活动的文件。联邦第三巡回上诉法院也将司法活动及其文字载体纳入公开的范围。上述都是实践中的具体做法，上升到立法层面的有 1791 年的美国宪法，还是从刑事审判中对公开的事项进行规定，认为这是保障被告的权利，同时规定了陪审团审理的方式。1946 年的日本宪法也对法院审判和宣判的公开加以明文规定。英国民事诉讼法将公开作为一项基本的法律原则。到 20 世纪中期，公开原则先后被国际上的重要文件规定。例如 1948 年的《世界人权宣言》，也是从权利的角度对公开审判进行了详细的规定,特别是对于刑事指控,更倾向于对被告人权利的维护。[1]《公民权利和政治权利国际公约》也沿袭了上述条文,对公开审判予以明确规定。

(三)我国实践

在我国,一直到19世纪末的晚清,诉讼均以秘密为特征。进入20世纪以后,由于国情的变化,清政府对司法制度进行了改革。1906的《大清刑事民事诉讼法草案》、1910年的《法院编制法》、1911年的《大清民事诉讼律草案》都以具体条文的形式对司法公开进行了规定。但是这些规定并没有在实践中予以运用,包括辛亥革命后的《临时约法》所确立起来的诉讼制度都被搁置。特别是北洋政府时期,为了达到其统治目的,审判都实行秘密审理,司法公开的原则和制度形同虚设。这种状态持续到土地革命时期,该时期实行了新民主主义诉讼制度,重新确立了司法公开的地位。例如,《中华苏维埃共和国裁判部暂行组织及裁判条例》于1932年颁行,对公开审判进行了原则规定,同时也对秘密审判的公开宣判进行了规定。[2]之后的《陕甘宁边区高等法院对各县司法工作的指示》不仅对案件公开审判进行规定,还确定了人民公审的审判方式,力求司法公开的效果最大化实现。现代意义上的司法公开在我国的发展经历了一个循序渐进的过程,大体可以划分为三个发展阶段。

第一,司法公开原则初步确立阶段(从新中国成立到党的十一届三中全会)。新中国成立后,不论是宪法还是诉讼法,都对司法公开进行了原则性或者具体的规定。除了宪法和法律的规定,司法公开还广泛地存在于司法政策性文件中。例如,《东北人民政府司法部关于诉讼程

---

〔1〕郑先红等:《英国司法制度概述及启示》,载《中国司法》2011年第12期。
〔2〕张国福:《中华民国法制简史》,北京大学出版社1986年版,第216页。

序的几个问题》于1950年面世,对审判公开进行了原则性和例外的规定,例外主要针对国家秘密性的事项或者是个人名誉、有伤社会风化的事项。又如,之后于1952年面世的《人民法庭办案试行程序》,对案件进行公开审判的流程和人员进行了规定。之后,公开审判的原则又在宪法和法律中予以体现。1954年《宪法》对司法公开进行了明确的规定,把司法公开作为审判的原则。《人民法院组织法》又对公开的例外进行了规定,认为涉及国家机密、个人隐私和未成年人犯罪案件不适宜公开,其他案件的审判一律公开进行。1956年《关于不公开进行审理的案件的决定》进一步对不公开审理的案件进行了更加具体明确的规定。《民事案件审判程序》于1957年颁行,除了对案件审理公开的规定外,还规定了公开宣判,把司法公开的范围又进一步扩大。自此,司法公开原则在我国初步确立,被宪法、法律和规章制度一致认可。

第二,司法公开原则进一步发展阶段(从党的十一届三中全会到党的十四大)。这一时期,经济社会有了飞速发展,国民思想意识有了进一步提高,司法公开不仅仅作为原则性的制度规定体现在宪法和法律之中,而且已经作为一项重要的诉讼制度在刑事、民事和行政三大诉讼法中都有具体的体现。《刑事诉讼法》对司法公开的规定最为详细,因为审判公开最初就适用于刑事审判领域。特别是对于未成年人,对其一律不公开审理、一般不公开审理的情形进行了明确的规定,此外还对不公开审理的案件明确了公开宣布不公开审理的理由。《民事诉讼法》《行政诉讼法》也根据宪法确定的原则,对民事案件的审判从司法公开方面进行了原则性规定。程序法关于司法公开的规定具有积极意义:一是使审判公开原则更具可操作性,因而便于在各项审判活动中普遍推开;二是诉讼法的规定对于司法工作人员来说更具有强制性和规范性,使审判公开在审判活动中具有基本的形式保证;三是诉讼法对当事人的权利义务作了更全面、具体的规定,尊重和保护当事人的诉讼权利成为诉讼活动中一项主要内容,从而推动诉讼公开化的进程;四是随着审判公开制度的普遍落实,司法审判对社会的开放度加大了,公众关注、参与司法监督的积极性比以前提高了。

第三,司法公开原则不断完善阶段(从党的十四大至今)。在这一阶段,人们对司法公开的认识越来越深入、越来越全面,司法公开从原则到制度再到具体举措都有了很大发展。1982 年《宪法》依旧延续了 1954 年《宪法》对司法公开的规定,虽然没有更进一步的修订,但是在宪法层面对司法公开的保留和确定,便是对司法公开的强化。之后的《民事诉讼法(试行)》相较于之前增加了对离婚案件依当事人申请不公开审理的规定。1983 年的《人民法院组织法》、1989 年的《行政诉讼法》也延续了之前的规定,进一步确定了司法公开的原则。在专项法律方面,1999 年的《关于严格执行公开审判制度的若干规定》对人民法院审判活动的开庭、举证、质证、宣判都进行了明确的公开的规定。2003 年的《关于推行十项制度切实防止产生新的超期羁押的通知》对公开的范围进一步扩大,对宣判和送达执行通知书也进行了明确的规定,同时还对公开的时效进行了明确,规定不得为了其他目的对宣判和执行进行延期。2006 年的《关于人民法院执行公开的若干规定》进一步专门针对执行的过程以及程序进行了公开的规定。2009 年的《关于司法公开的六项规定》进一步明确规定了司法公开的内容。此后,2010 年的《司法公开示范法院标准》通过具体赋予各项内容以具体分值的方式指导法院在司法公开方面的具体工作,对司法公开进行了更加详细的规定。

第三节 研究述评

一、国内研究现状

司法公信力是法学理论的新兴热点问题，我国学术界自21世纪初期开始关注司法领域公信力问题。在中国知网上以“司法公信力”为关键词进行检索，截至2022年3月上旬，共有2731条检索结果，其中博士学位论文8篇。在国家图书馆查找，书目中含有“司法公信力”字样的学术专著共有16本。在中国知网上以“司法公开”为关键词进行检索，截至2022年3月上旬，共有3447条检索结果，其中博士学位论文27篇。在国家图书馆查找，书目中含有“司法公开”字样的学术专著共有18本。而在中国知网上以“司法公开”“司法公信力”为关键词进行检索，截至2022年3月上旬，共有474条检索结果，而且大部分是在论述司法公信力的问题时谈及司法公开，或者在论述司法公开的问题时谈及司法公信力。但是并没有一部专门的著作从司法公开的视角研究司法公信力的生成问题。可以说，在司法改革和法治建设过程中，理论界对司法公信力问题不断关注，对司法公开的问题进行了大量理论研究，但是并没有专门的论述把司法公开与司法公信力这两个司法领域非常重要的问题联系起来。而笔者认为，司法公信力对于法治国家建设，整个司法制度的完善以及司法机制的运行有着非常重要的功用，但是从实证研究中可以发现，我国目前的司法公信力水平还有待提升，影响司法公信力生成和提升的因素，最主要的就包括司法机关自身层面、当事人层面和社会公众层面，不管是哪个层面，司法公开都与其有密不可分的联系。司法公开有助于公正司法的实现，有利于司法公信力的树立；可以通过保障当事人的知情权、参与权和监督权进而最大限度地打消当事人的质疑,赢得当事人的信任;可以搭建与民意沟通的桥梁,使社会公众对司法的认识更加理性和客观,包括对裁判、对司法等,以树立对法律的信仰,进而促进司法公信力的生成。

目前,国内学术界关于司法公信力的研究主要集中于理论探讨,在内容上体现了涉及面广的特点。一是对司法公信力的内涵研究,包括概念、类型、特征、基本构成、价值功能等,研究角度以法学为主,很少涉及法学相关的其他学科,并且对司法公信力进行系统性论述并形成专著的并不多。学者们主要是从不同角度论述了他们对司法公信力的认识。有学者认为,司法公信力是一种公共信用,这种公共信用是建立在司法机关行使职权活动的基础之上的。[1] 也有学者认为司法公信力是一种能力,这种能力表现为司法权是否能够赢得当事人和社会公众的信任。[2] 还有学者认为司法公信力是一种客观表现,这种表现是基于社会公众对司法过程的主观认识。[3] 综合以上学者观点,有的学者认为司法公信力包含信用和信任、司法机关和社会公众两个层面。[4] 二是对司法公信力缺失的因素剖析,包括司法公正、法律权威、法治思维、法律文化等,更多是从影响司法公信力的主要因素,司法公信力不高的原因,司法公信力与司法权威、司法公开等相互作用关系及如何提升我国司法公信力的对策和建议等主要问题出发进行制度性完善、司法改革以及减少外部干预等方面的研究,以人民群众作为司法公信力的能动主体方面的研究较少。三是对提升司法公信力的对策和建议研究,包括判例指导制度、陪审制度、法官职业道德、自由裁量权行使等,多是源于司法公信力弱化,依果寻因采取补救措施,而并未涉及类似于司法

〔1〕 黄娟:《在"应然"与"突然"之间——司法的公信力及司法权运行过程中的"信息失真"》,载《湘潭大学学报(哲学社会科学版)》2002 年第 5 期。

〔2〕 郑成良:《论司法公信力》,载《上海交通大学学报(哲学社会科学版)》2005 年第 5 期。

〔3〕 赵建华、谭红:《论司法公信力的属性》,载《法律适用》2006 年第 12 期。

〔4〕 关玫:《司法公信力初论——概念、类型与特征》,载《法制与社会发展》2005 年第 4 期。

公信力的内在结构及生成性的根源问题。总体而言，国内学术界关于司法公信力的研究还有待进一步深化。

二、国外研究现状

国外直接以“司法公信力”为题的研究论著较少，大部分研究散见于法理、司法制度等著作中。截至2022年3月中旬，在哈佛大学网上图书馆以“judicial credibility”为关键词进行检索，共有54条检索结果；在法国国立图书馆数字图书馆以“judicial credibility”为关键词进行检索，共有165条检索结果；在哈佛大学网上图书馆以“judicial open”为关键词进行检索，共有271条检索结果；在法国国立图书馆数字图书馆以“judicial open”为关键词进行检索，共有402条检索结果。与国内学者类似，国外学者也从司法公正、法治意识以及法官素质的角度对司法公信力进行了相关研究。当然，也有与国内学者相区别的地方，比如说从裁判文书说理性、证据制度、评价机制的视角对司法公信力的相关论述。国外的研究，一是在司法权理论的研究中涉及司法公信力的意义，如伯尔曼在《法律与宗教》中认为，法律必须被信仰，否则它将形同虚设；波斯纳在《法理学问题》中认为，法只有在一定程度上反映了社会的共同意志和普遍利益，在人民内心得到认同的时候，才有充分的实效。二是在法律适用研究中涉及司法公信力的来源及实现路径等问题，如博西格诺在《法律之门》中认为陪审团制度使法律的适用能够及时回应人民的需要，也就增强了民众对司法审判的信任；棚濑孝雄在《纠纷的解决与审判制度》中认为，司法公信力的高低与公众对审判的信任程度是紧密相关的。三是在司法实践中涉及司法公信力的实现路径等问题，如美国大法官费利克斯·弗兰克福特认为，法院的权威取决于法官将如何满足当事人和公众的合理期望，以证明其值得社会公众的信任。法治的实践状态在很大程度上表现在司法裁判的结果和状态中，法治取决于甚至可以说等同于法院的公信力,因此,司法公信力是实现法治的应有之义。

纵观各国的司法史,司法几乎均有一以贯之的公开传统,并且有一些共同的地方:审判公开是一项基本原则,如美国《宪法第六修正案》规定“被告人有权利得到公正陪审团的迅速、公开的审判”。这里所指的公开审判,主要是指在刑事审判进程中,被告人应当有权利接受陪审团和主审法官的公开审判,很显然,陪审团只出现在庭审中,公开审判的含义也是指庭审公开。英国《民事诉讼规则》规定:“作为一般规则,庭审是公开的。”法国《刑事诉讼法》第 306 条、德国《法院组织法》第 169 条、日本《宪法》第 82 条都规定了审判程序公开制度。当然,有原则就有例外,国外的司法公开制度相对来说较为成熟,对例外的规定也很谨慎。例如,英国《民事诉讼规则》就对法官的案件审查职责进行规定,法官应当审查相关案件是否处在《人权公约》第 6 条第 1 款所规定的例外规则的适用范围之内。同时,对于公开的例外又进行了风序良俗方面的规定,认为为了国家安全、公共秩序或是道德,或者是为了案件当事人的隐私、未成年人的权益,法官也可以对不公开审判作出例外的处理。美国是通过判例的形式对司法公开的例外予以认可和规定。法国《刑事诉讼法》规定:“公开对社会秩序或者道德风俗存有危险的除外。”德国也从六个方面对公开进行了限制,其《法院组织法》规定:“公开审判的范围受制于审判法院的空间许可的范围”。日本以是否有害公共秩序和社会良俗为标准确立公开的例外,其《宪法》规定:“审讯及判决在公开的法庭上进行”。因此,国外学者研究强调,司法公开应在法律规则和实践中具有相对较高的地位。

三、研究评价

国内学界关于司法公信力的研究,更多关注司法实践中出现的问题。研究者或对司法公信力的现状进行评价，或以司法公信力为对象进行客观描述和学理分析，或从司法权威、司法公正等相关概念入手对司法公信力进行比较研究，或对司法公信力的提升路径进行探讨，目的在于树立司法权威，提升司法公信力。虽然国内学术界对司法公信力的研究有待深入，但是也积累了很多理论，对实践有一定启示。

首先，拓宽了研究司法公信力问题的空间。正如前文所述，当前学者对司法公信力的研究大多集中在概念、内涵、特征、影响因素上，也有学者从司法公信力与相关概念的分析辨别上去研究司法公信力，还有学者从提升司法公信力的不同角度来对其进行研究，可谓关注点颇多。很显然，从学者们对司法公信力研究的方向和态度上来看，司法公信力已然成为学术热点，在研究空间上进行着不断扩展。

其次，深化了关于司法公信力研究的方向。司法公信力是当前国内法学研究中的一个重要范畴，它关系到司法权威、司法作用的发挥、建构法治社会及维护社会稳定，是学者们研究的重点和热点。从研究范围上来看，涉及了司法公信力的概念、特征、现状、主要影响因素及原因分析、司法公信力与司法权威、司法公开等相互作用关系及如何提升我国司法公信力的对策和建议等诸多方面；从研究成果上来看，大量的论文和一定的专著，以及不少调研性文章，从学者到司法工作者，都对司法公信力有着明确的研究目的。客观地看，国内学术界对司法公信力的研究正在不断深入，也形成了很多具有理论深度的研究成果。在国内学术界关于司法公信力的诸多研究中，司法公信力研究注重对司法公信力的内涵解读，围绕司法机关和社会公众这两个主体，探讨二者相互之间的信用和信任关系，从结构性的因素入手来研究司法公信力的生成和提升，提出了很多有价值的观点，也形成了很多颇有启发意义的结论，对司法公信力的研究有很强的深化作用。

最后，有助于加强我国司法公信力建设。学者们对司法公信力的热捧和研究,提高了人们对法治和司法公信的认识。司法公信力问题是近十年来法学界和司法实务界重点关注的热门话题,学者们围绕有关司法公信力的一系列理论问题展开了热烈的讨论,产生了一批有影响力的学术论文和著作,对司法公信力所蕴含的理论和实践问题进行深入的沟通和交流。学界和实务界一致认为司法公信力的提升对于促进司法公正意义重大,需要全社会形成合力,共同为司法公信力的提升而努力。客观地看,学术界关于司法公信力的研究视野在不断扩大,既有研究成果对于提升司法公信力具有推动作用。在我国法治建设不断推进的过程中,司法公信力的提升始终具有积极的意义。所以,研究司法公信力对于推进法治建设都具有先导性的意义。

四、深化方向

如前所述,学者们对司法公信力的研究热情很高,研究结果也很丰厚,但是毕竟研究的时间还不长,对一些司法公信力涉及的深层次问题并没有很好把握。就目前对司法公信力的研究情况来看,主要存在三个方面的问题:一是对涉及司法公信力理论的研究有待深入。要研究司法公信力,首先要明白为什么去研究,研究的价值和意义为何?所以,首先就要明确司法公信力有何功用,认清司法公信力的生成对社会有何影响。研究司法公信力的功用是提升司法公信力的基础,有利于更深刻地把握司法公信力的价值进而推动法治的发展。司法公信力对于维护稳定的社会秩序、提升法律在社会生活中的地位、强化社会公众的规则和法治意识以及构建社会诚信体系等都具有积极的意义,具备不同层面的功用,体现了多重的价值取向。司法公信力的生成是一个积累的过程,要以维护和建构社会秩序为职责,以提升法律在社会生活中的地位为目标,以培育和发展法治理念为追求,以构建社会诚信体系为延伸,在此基础上,通过每一个司法个案的积累来提升司法公信力。

所以,从根本上研究司法公信力的理论问题很是必要。二是对司法公信力缺乏深入、系统的实证研究。司法公信力是一个相对抽象的事物,看不着也摸不透,所以在研究司法公信力的过程中,绝不能想当然地提出观点、得出结论,而是要建立在实证研究的基础上,对司法公信力的现状有一个客观的分析,进而从其影响因素入手,探寻提升司法公信力的路径。关于我国人民法院司法公信力的现状,既有一些宏观的、总括性的阐释,对司法公信力作出一个高低之判;又有很多实证的研究成果,通过问卷调查等方式,对当下我国人民法院司法公信力的现状进行勾画与描述。但是也要认识到,一个法院的裁判公正性与效率较高,当事人服判息诉状况良好,是否一定意味着司法公信力相对较高?有没有可能出现社会公众满意度反而不高的背离现象,或者涉诉当事人满意但公众不满意?如果出现这种背离,又是什么原因导致的?诸如此类的问题,都必须通过严密的实证观察来进行描述分析,才能对司法公信力状况作出一个相对全面、客观、深入的把握。三是研究方法和研究视角有待进一步完善。司法公信力并不仅仅涉及司法层面,它与整个社会都有很强烈的联系,受到经济、政治、文化等各种因素的影响。此外,影响司法公信力的因素很多,评价的主体多元,标准也不统一,既有历史的、社会的、政治的、经济的、文化的等诸多司法之外的因素,也有司法自身的因素;既有司法体制方面的因素,也有司法工作人员行为举止方面的影响;既有当事人对司法过程的感受,也有社会公众的法治观念等。但是,可能是研究时间较短,当前国内学术界对司法公信力的研究大都囿于司法的层面,对相关学科涉猎甚少。对司法公信力可以从不同的视角,比如司法公正对司法公信力的影响、司法权威与司法公信力的关系、司法公开对司法公信力生成的影响等进行深入的研究。

总而言之,国内学术界对司法公信力的研究对进一步研究其生成有很大的贡献,但是还有进一步深化的空间。而司法公信力又是一个具有亘古意义和价值的论题,所以,在今后的研究中,要注重从以下几个方面来对既有的研究成果进行深化。

第一,加强对司法公信力的理论研究。包括对司法公信力的功用进行研究,对司法公信力的现状和影响因素进行研究等。理论是实践的先驱和向导,只有不断丰富理论,让司法公信力的生成有着丰厚的土壤,才能够使司法公信力在实践中不断生根发芽、茁壮成长。所以要对司法公信力进行深层次的理论研究,并在研究方法上不断地进行创新,这样才能实现司法公信力良性呈现的美好愿望。这也对理论研究者提出了更高的要求,要将实践经验和理论研究结合起来,不断地用实践检验,修正理论,提高对司法公信力进行研究的理论水平。此外,在注重加强对司法公信力法学基本理论研究的同时,还应该注重对涉及司法公信力生成的相关学科进行研究,特别是运用其方法论来丰富司法公信力的理论。

第二,加强对司法公信力理论和实证的研究。近些年关于司法公信力的研究一直为诸多学者和司法工作人员所热衷,但是,研究的推理和论证多是源于司法公信力弱化或流失的既存事实,依果寻因采取补救措施,提出相应建议。这些都更倾向于事后的补救措施,而并未涉及类似于生成性的根源问题。试想,如果在根源上能够促进司法公信力的良好生成,就能够赢在起跑线上,为司法公信力的进一步提升打下很好的基础,所以就需要对司法公信力的生成进行研究。研究司法公信力的生成机理,就是要明确司法公信力的生成逻辑,即作为司法机关的一种无形资产,是怎样在司法机关长期的发展中日积月累而形成的?怎样体现司法机关存在的权威性、在社会中的信誉度以及在公众中的影响力等特征?司法机关如何赢得社会公众对普遍性的司法规范以及具体的司法行为的认可,进而使之上升为对司法权、司法机关、司法裁判人员的信任、信赖直至信仰,并由此形成良好的司法秩序?司法机关作为一个为社会公众提供司法服务的组织,其公信力程度通过履行其司法职责的一切司法行为反映出来,因此,司法公信力程度怎样通过公众对司法机关履行其职责情况的评价来表现?在司法公信力生成之后,又有哪些因素影响其巩固和提升?这些问题的解答对司法公信力的整体上升具有基础性的理论支撑作用。

第三,拓宽对司法公信力研究的视角。司法公信力涉及的主体很多,涉及的维度也多元,其牵涉面很广,所以对司法公信力进行研究也需要采取多元化的视角,从多个角度考虑,这既是深化司法理论研究的需要,也是以理论研究服务司法实践的需要。在研究视角上,一是对于一些现象应当采用历史的思维来进行解释。二是要把司法公信力的研究纳入整个社会的法治进程中,司法公信力的理论性很强,但归根结底是要在实践中发挥其重要作用的。现在司法公信力生成的最重要的外部环境就是社会的法治进程,这对于司法公信力来说,比第一个视角,显然是更加具有积极作用的。但是积极作用并不意味着不需要重视,反而更需要将对司法公信力的研究纳入法治化的轨道中,因为在高速行驶的过程中,有任何一点偏差都会造成非常严重的后果。三是要深化对当前司法公信力现状的研究。四是要从影响司法公信力的因素入手,从司法机关自身、当事人以及社会公众对司法过程以及司法运作的感受来对影响司法公信力生成和提升的因素进行分析,以便从一个对司法公信力的生成和提升有利的视角来对其进行研究。本书即选取了司法公开的视角去研究司法公信力的生成和提升,希望能够获得深入的理论见解。

第二章　司法公信力的功用

研究司法公信力的功用是研究司法公信力是如何生成的,以及如何提升司法公信力的基础。这不仅可以明确司法公信力的价值,更有利于深刻地把握司法公信力的价值进而推动法治的发展。从功用的角度理解公信力,主要体现为公共机关和公共权力具备的公平、正义、公开、效率、为民、责任等特征为社会公众所信赖,进而在社会公共生活中按照公共权力或公共机关所指定的社会规则进行相应行为,社会秩序呈现稳定的一种状态。[1] 那么,作为整个社会公信力基础的司法公信力也是如此,司法机关或者司法权力通过在司法案件和司法行为中体现的公平、正义、公开、效率、为民、责任等特征而赢得社会公众对司法的信任和信赖,从而做出符合法律规定的行为。这样一来,一方面,社会公众基于对司法主体、司法程序以及司法裁决的尊重与信赖,就容易在法律的框架内进行符合法律规定的行为,解决相应的矛盾纠纷,也容易

〔1〕 孟祥沛:《司法公信力的本质属性及其对评估指标的影响》,载《政治与法律》2021年第12期。

生成法律信仰;另一方面,司法在社会生活中的地位将会越来越高,法治的进程将会进一步加快,社会的诚信体系也会得到进一步加强。可以说,司法公信力对于维护稳定的社会秩序、提升法律在社会生活中的实际地位、强化社会公众的规则和法治意识以及构建社会诚信体系等都具有积极的意义,具备不同层面的功用,体现了多重的价值取向。

同时我们也要注意到,司法公信力的生成不能仅仅依靠司法宣传,也不能仅仅依靠强力的推动,而是在司法实践的过程中慢慢积累的,是司法工作者在适用法律的过程中,以提升法律在社会生活中的地位为目标,以培育和发展法治理念为追求,以构建社会诚信体系为延伸,通过每一个司法案件向社会展示司法形象,累积司法信任,提升司法公信力。可以说,司法公信力功用的良好发挥,也是良善法治实现的途径,是其内在应有的价值目标。所以,研究司法公信力的功用,对于树立司法公信、提高法治权威具有重要的理论指导价值和制度建构意义。

第一节　维护社会秩序

秩序是社会良性运转的内在要求,良好的社会秩序是任何一个政权体制下的国家都想要追求的一种状态。如果从"秩序"一词的词源语义进行分析,可以看出,在古代汉语中,"秩序"强调的是"次序",我国古代讲究尊卑有序,人、事、物之间按照一定次序进行排列组合就显得极其重要,因此古代的"秩序"更侧重于有序性。在现代汉语中,"秩序"常常与社会公众的行为规范以及行为状态有所联系,是对"混乱"的一种抵制,追求的更多是一种大众的行为准则或者社会的稳定状态。在西方文化中,"秩序"一词的英文表达为"order"。哈耶克认为,所谓的秩序,指的是这样一种事态:在其间,无数且各种各样的要素之间的相互关系是极为密切的。[1] 在西方哲学看来，秩序对社会而言，有很高的价值。一个具备秩序的社会，意味着该社会处于更加可控、更加稳定、更加有序的状态，同时能够让社会公众感受到安全以及人与人之间、人与社会之间的良性互动，对整个社会生活能够有更加理性的预判，进而采取相应的行为方式。基于此，哈耶克指出，“就讨论任何一种复杂现象来说，秩序都是一个不可或缺的概念”。[2] 因此，无论是我国从古至今对于秩序的论述，还是西方关于秩序的强调，无一不是建立在对良好社会秩序的追求的立场上。依据大树理论[3]人类对于秩序的需求处于大树的根部，是赖以生存的前提和根基。因为秩序给予人们的是安全感，生存本能是任何一个有生命的生物体所具备的自我保护的素养，在原始社会可以指挥人类在必要的时候本能地采取自救措施。这种自救措施难免会在人与自然、人与物种甚至人与人之间形成竞争、冲突，乃至为了有限的生存资源而相互残杀。为了使人类和各个物种得以长期共存，就必须把生存本能和权力限制在笼子里，使人与人之间的竞争能够和谐共处，否则过度弱肉强食，人类可能连最基本的生存需求也很难得到满足，最终在对资源的争夺及资源短缺中走向灭亡。[4] 因此，司法自诞生之初，就与社会秩序有着不可分割的渊源。司法公信力对于社会秩序的维护意义重大且深远。

一、司法及其公信力与社会秩序

（一）秩序是人类社会存在和发展的根基

秩序是人类社会存在和发展的根基，每个人都渴望稳定有序的生

〔1〕［英］弗里德里希·奥古斯特·冯·哈耶克：《法律、立法与自由》（第1卷），邓正来等译，中国大百科全书出版社2001年版，第155~168页。

〔2〕邢建国等：《秩序论》，人民出版社1993年版，第77~102页。

〔3〕大树理论原本是在管理学中应用，但逐渐引申出励志的意义，并常被描述为“献给浮躁的年轻人的大树理论”。一棵大树分为4个部分：根、干、枝、果，从思维程序看是由果到根，从行为程序看是由根到果。

〔4〕［英］汤姆逊：《古代哲学家》，何子恒译，三联书店出版社1963年版，第23~55页。

活,希望能够在和谐的社会中向前发展。但是稳定的社会秩序并不意味着没有纷争,而是如何妥善地遵循一定规则来解决纷争。人类社会的发展按照既定的轨迹运行,每一个轨道都有相应的秩序,各种轨迹相互交织,是社会秩序的更迭。但是不论如何更迭,都需要用秩序予以维护,这样才能保证人类社会活动的正常运转。各种社会形态在相应的轨道内,各个组织社群也在相应的轨道内,处于一种有序的状态,各司其职,方能相安无事。因此,对于轨道的设定就是非常重要的安排,事先对于权利义务进行规定,对于行为规则进行设计,对于遵守和违反规则的行为进行激励约束。氏族部落的秩序依靠的是习惯自发形成,再加之以宗教、神话等进行文化固定与传播。国家形成之后,国家与国家之间、国家的各个阶级之间、国家与民众之间都会出现利益与冲突的多元化,在这样多元化的利益分割之下需要依靠创设出的制度来加以规范,从而维护社会秩序。秩序的维护,意味着社会的稳定,同时意味着对一部分人行为的规范和约束,也就意味着要动了部分利益主体的"奶酪"。这个"奶酪"该如何动?动多大分寸?动哪个层面?就涉及更高一层的价值——社会正义。对于正义的追求是人类创造法律的源头,人类运用法律定分止争,构建社会秩序,是每个时代发展的要求,同样也是我们当今时代的任务。在法治社会的今天,司法公信力对于构建人类的普遍正义和世界永久的和平与秩序意义重大,对于时代变革进程中冲突、混乱、无序的减少价值非凡,肩负着完善政治秩序、经济秩序、社会秩序的重大任务。完成和完善这个任务,司法公信力有着不可或缺的重要价值。

（二）司法公信力是构建社会秩序的良方

实践证明,司法是解决社会纷争最公正、最能获得大多数人支持的途径,而司法最基本、最主要的功能就是纠纷解决。司法权是一种判断权,是裁决争端的权利,[1]司法权行使的主要方式就是审判,审判的首要任务也即是解决纠纷。[2] 学者们对此已经达成共识。从维护稳定的社会秩序来讲,解决纠纷并非以裁判文书的送达为标准,而是要以当事人的服判息诉以及社会公众对司法裁判所宣示的社会规则的认同和遵循为目标。随着法治建设的推进,整个社会对于司法定分止争、稳定社会秩序功用的认识也逐渐深刻,从法院系统逐年上升的案件数量就可以最直观地感受,社会公众采用司法手段解决纷争的意愿越来越强。但是,在法院收案数量不断攀升的同时,再审案件的数量也在上升。[3] 这些现象的产生可能源于案件的审判执行存在瑕疵,或者是法律释明不到位、裁判说理不充分,还有可能是司法工作人员的司法行为不规范等。但是这些问题都是具体的、存在于个案中的,如果不是泛化于每一个司法案件中,则不应该成为普遍的社会现象。所以,造成部分当事人不愿服判息诉最关键的还在于其对司法尚不尽信任,缺乏对生效裁判的服从意识、维护意识。如果司法公信力状况良好,当事人一旦败诉,就会从自身和法律的具体规定中寻找败诉的原因,主动接受、自觉信服、自愿履行法院的生效裁判,由此助推实现服判息诉。如果司法公信力得到提升,司法裁判将会在整个社会形成示范效应,[4]社会公众会自觉地按照司法裁判所树立的社会规则从事日常活动,减少纠纷的发生。所以司法公信力对于维护稳定的社会秩序来说具有重要的功用。

(三)司法公信力是评价社会秩序的硬实力和软指标

司法公信力作为法院裁判社会效果的理论概括,体现的是社会公众对司法制度、司法机关、司法工作人员、司法权运行过程及结果的信

---

〔1〕 [英]戴维·M.沃克编:《牛津法律大词典》,李双元等译,法律出版社2003年版,第614页。

〔2〕 [日]棚濑孝雄:《纠纷的解决与审判制度》,王亚新译,中国政法大学出版社1994年版,第1页。

〔3〕 北京市第三中级人民法院成立课题组对2018年至2022年上半年该院再审案件的审理情况进行了专项调研,指出再审案件总量上升趋势明显,重审后上诉案件占比较大。

〔4〕 贺日开:《司法终局性:我国司法制度的缺失与完善》,载《法学》2002年第12期。

任程度;社会公众满意度作为法院裁判社会效果的通俗表达,反映的是社会公众对司法的认知和认同状况。二者在本质上是一致的,都以司法裁判为核心对象,同时都以社会评价为关键结果。因此,司法公信力是评价社会秩序的硬实力和软指标。这个核心问题又涉及一系列问题:司法的哪些因素是可评价的?社会公众满意度中的"公众"应当如何界定?哪些因素令社会公众感觉到司法的存在与公正?哪些因素构成社会公众认知的"司法公信力"?怎样理解司法评价与社会评价的出入与结合?这些问题在以人民为中心的法治建设进程中都是根本性的问题,其研究与解答直接关系到司法公信力的生成与提升。自古以来,良好的社会秩序都建立在矛盾与纠纷的妥善解决之上,社会公众关于纠纷解决的手段多种多样,如果做一个大的分类,无外乎两种:公力救济和私力救济。而在具体的社会生活中,社会公众是否选择司法作为权利救济和纠纷解决的手段,其考量因素众多,如法律的权威性、涉诉的便利性、参与诉讼的性价比等。其中,直接影响社会公众选择公力救济而非私力救济的因素当属社会公众对司法的信任。如果公众对司法缺乏信任,结果必然是私力救济手段解决纠纷数量的增加,也必然影响社会的稳定秩序。在我国,司法机关是国家法律的执行者和维护者,被社会公众天然认作社会公平与正义的化身。同时,社会公众对司法活动的深度感知并不源于司法机关内部的工作作风建设等活动,而是源于一个个活生生的司法案件。案件的公正司法程度越高,便越能获得和积聚社会公众的信任,进而越能真正实现矛盾纠纷的化解、社会秩序的稳定和谐。反之,便可能会出现背离法治精神和法治化道路的情况,使良好的社会秩序难以为继。法律的社会功能包括对社会公众的指引、评价和教育,只有为社会公众提供长期稳定的行为预期,才能够让社会公众对自己的行为和他人的行为进行清晰明确的法律评价,这是使社会生活能够有序规范运行的社会基础。进一步而言,围绕诉讼进行的审判实践是社会公众产生司法感受的来源,在法院裁判中展现并为社会公众关注,进而在评价的基础上产生正向或者反向的心理机制建设进行具体制度设计,是司法公信力生成和提升的内核地带。良好的司法公信力可以为社会公众提供公正高效解决纠纷的预期方案,同时使司法裁判得到公众的信服和自觉执行,因而能够增强法律实施效果。从这个意义上来说,司法公信力有利于构建和谐稳定的社会秩序。

二、司法公信力助推冲突化解

从社会发展的进程来看,人类一直对于公平、和谐、正义等上层建筑孜孜不倦地追求。我国古代向往“大同社会”,西方的古代哲人构想“理想国”。但现实是,为了追求长期的稳定与和谐,冲突总是走在前列,甚至对于社会和谐本身是“常态”还是“非常态”,存在长期的理解上的分歧。认为社会和谐是“常态”的学说指出,社会的存在是依赖于一定结构的,是相对静态的,社会结构中的每个单元都在既定轨道上按照预先设定的社会规则运转。社会是移动着的静态的平衡,是一个整体,保持着有条不紊的秩序,按照统一的路径向前发展。在不断的发展进程中,形成统一的意识形态,包括规范、价值、道德、法律等,这种共生的意识形态形成共同的社会价值的聚合力,反过来又将社会的各个组织单元紧紧地连接在一起,使整个社会更加稳固。这种学说被称作结构功能论,主张所有的社会问题都可以由这种社会均衡模式来解释。认为社会和谐是“非常态”的学说指出,社会不可能处于长期稳定的和谐状态,整个社会是动态变革的。社会的每个单元部分都有不协调的因素,单元与单元之间更是存在巨大的冲突,这些冲突在推动着社会的变迁,进行着代际更迭。该学说被称作传统冲突学派,主张社会的常态是冲突,不会发生整体的变迁。这两个学派的分歧并不仅仅存在于理论层面,而且与社会变革背景息息相关。结构功能论可以解释二战后的美国生生不息、持续发展,但不能解释20世纪60年代西方社会矛盾的激化;传统冲突学派可以解释社会的动荡,但很难解释历史上社会为何能在相当长的时期内保持稳定。在这两个学派的争论中,一个新兴的学派应运而生,它引入了“权力”概念,认为结构功能论与传统冲突论各自说明了一个事物的两个侧面,并不能够辩证统一,将事物的完整性展示出来。虽然能够提供对一定社会现象的解释说明,但在遇到社会复杂性环境下,又难以自圆其说。该学说认为,社会在运转中所保持着的秩序,除了社会成员对整体形成的意识形态的认同,权力也在起着很重要的维持作用。现代冲突论的基点在于认可冲突是社会存在的主要特征,但是由于人们对于正义稳定的追求和向往,需要通过一定的社会秩序来调节冲突,同时在化解冲突中谋求更大的发展。冲突在该学说看来,并不完全是坏事,因为冲突的反面是和谐稳定,人们对稳定的追求一方面象征着良性的社会秩序,但从另外一方面看,也可能象征着滞后、保守、僵化、顽固、不公平、难发展等,酝酿着更大的社会危机。冲突是各个社会单元在意识形态、宗教信仰、权利地位、社会资源分配等方面的斗争。阶级与阶级之间的斗争起源于社会分配不公以及人们对这种分配不公的感受和接受程度,当这种斗争只是在分配领域,还没有上升到基本的价值观和社会整体信仰,局部的争斗对社会便不是毁灭性的打击,而是社会进步的推手。社会短期内的稳定可能并不是繁荣昌盛的未来,反倒是可能在为激烈的社会动荡酝酿爆发力,只有良性、持续的政治发展才能为社会与政治稳定提供长治久安的活力,才能具有推进社会进步的良好功能。虽然冲突在很大程度上造成了社会的不和谐,但是在更大的范围内推进社会资源整合,防止社会系统和制度的僵化,推动社会体制机制的变革,是整个社会实现代际更迭的动力源泉。所以,整个社会为了追求和谐稳定,就需要保持相应的开放、灵活以及对冲突进行包容的状态,通过对冲突的引导,进行可控制的、制度化的法治化体系构建,建立一个安全阀,释放各种社会单元之间的压力与紧张,回应社会各个单元之间的诉求,最终化解社会冲突。

(一)冲突化解是人类社会的基本需求

有人类社会就存在冲突,任何一个社会在任何历史时期都存在各种各样的社会冲突。[1] 有社会冲突就需要有解决问题的机制,这种机制的核心要素就是规则。如果不能由公力救济补充私力救济,对于弱势群体来讲,就会出现更加严重的两极分化和社会不公。社会冲突的解决由私力救济转向公力救济的标志是诉讼的诞生。诉讼就是化解社会矛盾的核心规则,作为诉讼依据的法律则是对于人类的行为进行规范的大前提,对于诉讼结果的执行则是通过国家强制力的保障得以实现。从冲突的类型上看,社会冲突一方面源于个体之间的利益纷争,另一方面源于个体与群体之间的矛盾冲突。当这两方面的冲突进入司法领域,就被划分为民商事案件类型和刑事、行政案件类型:私法领域,包括个人行为对私权利的侵害以及私权利相互间的冲突;公法领域,包括个体对公共秩序的侵犯和公权力与私权利的冲突。从冲突的化解规则上看,社会冲突一方面体现为实体性冲突,比如个体与个体、个体与群体之间的权利义务划分,物权的归属,资格的确定等;另一方面体现为程序性冲突,比如采取个体之间的和解,来自第三方的调解,司法机关的裁判以及对司法裁判的执行和申诉等途径来解决社会冲突。规则需要被制定、评判、执行、遵守,放在当代社会,就是立法、执法、司法、守法四环节,由此便产生了立法机关、执法机关和司法机关。在法治社会中,法律是解决社会冲突的主要规范,而法院则是运用法律解决具体社会冲突的主要公权机关,法官就是被授权运用规则对具体冲突事件作出权威性判断和强制性处理的专业人士。社会之所以能够认可法院与

---

〔1〕 李慧勇等:《社会冲突研究二十年:学术图景、理论动态与视域前瞻》,载《东南学术》2020年第5期。

法官在化解冲突中的作用,就是源于司法的公信力。

(二)司法公信力是有效化解和减少冲突的关键

司法公信力的树立,意味着各种社会冲突历经司法程序所得出的结论,能够受到当事主体的认可和遵守,同时也能对整个社会群体行为起到规范引导作用。体现在当代我国司法进程中,主要就是当事主体的服判息诉。服判息诉主要是从当事人的角度来描述对法院裁判的一种主观态度,是指法院对当事人提起的纠纷作出调解或裁判,终结诉讼程序后,当事人对法院裁判的结果予以认可并接受,同时,不再就同一事实引发纠纷的一种状态。可以说,服判息诉是社会秩序稳定的一种体现。服判息诉意味着当事人出于对法律的尊重和法院的信服,对法院依据法律规定通过判决、调解等方式对案件作出的裁判结果,哪怕此结果并不符合自己的私利,仍然认可和接受。从中可以看出,这一过程主要有两个环节。一是法院依职权解决纠纷争议的过程,即对双方争议形成一种合法的、权威的解决方案;二是当事人对法院裁判接受和认可的过程,这意味着纠纷的彻底了结,争端的彻底结束。在理论意义上,这两个环节应该是相互统一的,然而在司法实践中,却存在这样一种情形:虽然在法律程序上纠纷已经得以终结,但是实际上,当事人双方之间依旧存在争议。显而易见,后一个环节是法院审判活动所追求的更大目标,是实现法律效果和社会效果相统一的最好体现。而这一环节的实现主要依赖于司法公信力的现实状况,而司法公信力的现实状况主要取决于前一环节的社会影响。因此,可以说司法公信力是有效化解和减少冲突的关键。

(三)司法公信力助推服判息诉,最终化解矛盾纠纷

人类历史的经验表明,在社会冲突加剧的时候,人类对一种更高的、更权威的、更公正的力量更为尊崇,这种力量也即司法权力。人们基于对司法的信赖,希望司法能够成为自己权利的守卫,能够通过更强

大的力量捍卫正义、惩强除恶、化解冲突。但是,有正义也会有邪恶,邪恶的代表也希望借助强大的司法力量来实现自己的丑陋目的。所以,如果司法机关或者司法机关的工作人员不能坚守正义,无法抵抗诱惑,便会出现伤害司法公信力的现象。实践中,只有法院以事实为依据,以法律为准绳,在处理案件的过程中,能够充分考虑案件的法律效果和社会效果,实现程序正义和实体正义的统一,裁判行为严格按照法律规定进行,司法工作人员的司法行为能够彰显形象公正,进而司法裁判则会在充分释法明理的基础上,实际解决纠纷,当事人和社会公众才会对裁判结果更加理解和信任,从而减少纠纷的反复和新的社会矛盾的产生。同时,这也是累积司法公信力的过程。因为司法公信力建立在当事人对司法个案的直接心理感受和社会公众对司法个案的评价基础之上。只有基于当事人和社会公众对每一个司法个案的信任,才能逐渐累积为整个社会信任法律、信赖法院的崇法尚法环境,进而生成司法公信力。当司法公信力在个案累积的情形下逐渐生成并不断提升时,当事人便容易认同、接受法院的司法过程及其"产品",助推服判息诉,最终化解矛盾纠纷。

三、司法公信力实现公平正义

公平正义是人类社会在每个阶段都追求的最高价值,公平正义与社会秩序也存在内部一致性,公平正义可以促进社会秩序同向变动,社会秩序可以促进公平正义进一步提升。也就是说,社会秩序的良性变动,意味着秩序的各个构成要素都在更大程度上体现了正义。例如,法律、法规、部门规章的制定与完善会对社会秩序的优化起重要作用,同时也能在规则中体现更深层次的正义,并且能在更广泛的群体中体现正义。否则,在混乱的秩序中,良法很难孕育而生,甚至会催生出霸道的规则、非正义的法律条文。同样,正义能否更好实现,也将直接决定着秩序可否更稳定。例如,在整个社会中,正义的文化和价值观得到广泛的体现和认同,社会冲突便会大幅减少,社会正常秩序必然受到冲击,秩序必然向不稳定状态转化。人类自古以来就向往安定有序的生活秩序,但是也有为实现自身利益铤而走险的冲动。社会公众对公平正义的需求大小与社会冲突的激烈程度成正比,社会冲突越是激烈,人们就越渴望正义。所以,有时人们基于对正义的渴望,可能违背既有的社会规则,冲破法律的藩篱,侵犯其他社会主体的权利。[1] 社会公众为了维护自身的合法权益,便会利用司法救济手段或者通过非司法的途径来实现。在现实的社会生活中,社会公众为了维护自身的权益,会采取很多手段,合法的、非法的,公力解决、私力救济等。因此,在社会冲突加剧的变革时期,象征正义的司法更应该充分发挥其价值,担负起扶助正道、除去邪恶、化解冲突的使命,用法治化的进程让社会公众看到正义的曙光。同时,作为解决社会矛盾纠纷最有效、最权威的司法途径,被人们选择采用时,会有很多考量因素。比如司法成本,司法的公正度,司法的效率性以及社会公众对司法解决纠纷的认识程度等。如果人们选择司法救济需要付出很大的成本,而且不能得到满意的答案,不能感受到司法的公正,就会生出对司法不信任之感。这样便会影响人们选择司法途径解决纠纷的积极性,从而采用私力救济或者其他一些不合法的途径,这样就可能会引发新的矛盾。所以说,司法回归其本性的公正、高效、权威,才能使社会公众乐于采用司法的途径化解矛盾,才能使司法解决纠纷成为一种正常的、普遍的矛盾化解机制。人们认可的司法应当是公正的、高效的、权威的,建立在此基础上的司法才具有较高的信用,进而赢得公众的信赖,树立较高的司法公信。也因为司

---

〔1〕［美］E. 博登海默:《法理学——法律哲学与法律方法》,邓正来译,中国政法大学出版社1999年版,第227~228页。

法公信力的树立和提升,才能更好地为社会公众提供预测性和稳定性。所以说,司法公信力的一个重要功用就是维护社会正义。

(一)公平正义是人类社会追求的最高价值

公平正义是一个历史的范畴,每个历史阶段,公平正义的范畴都是相对来说的,都不会一样。公平正义是在人类文明发展到一定阶段或者相当高的水平时,才会出现多数人的意识形态,才会上升到多数人认可的事情得到了公正的处理,进而上升到多数人认可的关于道德标准的评价。

人类社会的各个历史阶段关于公平正义的标准各不相同,相应的概念也自然不同。最初的公平正义指的是各个主体,包括宇宙万物之间的一种平衡的状态或者事物按照其各自的轨道以及按照适当的比例形成相对稳定的结构,并且在此基础上形成主体与主体之间相对稳定的秩序。根据古代人类的意识形态,每个主体都有其特定的职责,每件事物都有其特定的空间,如果个体或事物突破其职责和空间,便会导致惩罚,也即一种凌驾于众人之上的力量来对这种僭越进行惩处,从而使个体和事物恢复到原有的状态。在这里,那种原有的状态即可被称为永恒的秩序,也就是公平正义。

随着时代的不断发展,现代的人类更倾向于用公平正义来表达更为抽象的概念,比如个体与个体之间的道德关系、个体与群体之间的理想目标、整个社会的价值取向、社会行为的善恶判断标准等,在这样的定义体系下,公平正义体现为一种合理的、平衡的关系。在这个关系里,正义表现为善,本性的善,使人类社会不断进步。善对于社会的驱动也即强调“爱”,一方面是对他人的爱,表现形式为替他人谋福利,甚至缩减自己的利益,“在善与恶之间,必须总是选择善;在善与更善、恶与小恶之间必须选择更善和小恶”。[1] 这就要求在人与人之间，需要存在高于利益的和谐关系。另一方面是对人类秩序的爱，其表现形式是创造和守护秩序的行为。“人类只有在遵循理性的命令的范围内，才是善良的”。[2] 这里就强调对于秩序的遵守，进而上升到对于秩序的创设，以什么样的秩序作为人类善行的准则便是公平正义最本源的体现。在秩序的创设中，对于秩序的维护者，要阻止他人对秩序的干扰；对于秩序的创设者，需要严格约束秩序对他人的生命与利益的干扰。[3] 因此，“良善”并非个人理想主义，也并非感性的事物，而是一种理性处理各行为主体相互之间的关系时进行的利益分配，表现为“每人得其所应得”。在此基础上，社会权利理论有了其相应的“良善”基础。基于“良善”的分配具有当代物权法的原则和特征，需要有诚实守信、意思自治、私权不被侵犯等基础。利益分配上的正义就是对私人财物稳定占有的一种状态，当这种稳定状态被破坏，社会冲突乃至战争便会爆发，在此基础上的和谐秩序也将遭到破坏；稳定的占有也意味着基于意思自治的稳定的流通，如果违反意思自治的流通或者不流通，社会便很难产生贸易，社会生产力便会被极大束缚，当进一步的发展动力受阻，稳定的秩序也将遭到破坏；稳定的流通需要稳定的诚实信用，如果诚信体系瓦解，便不会产生区域合作，人类对于外部入侵，便很难形成合力，甚至陷入孤立。

纵观历史各阶段，可以发现，公平正义是人类社会在每个阶段都努力追求的最高价值。基于人性自私的考量，如果不通过公平正义对人性进行约束，社会个体之间、个体与群体之间必然会爆发层出不穷的矛

〔1〕［英］威廉·葛德文：《政治正义论》（第1卷），何慕李译，商务印书馆1988年版，第79～84页。

〔2〕［英］休谟：《人性论》（下册），贺江译，商务印书馆1980年版，第134～155页。

〔3〕［德］弗里德里希·包尔生：《伦理学体系》，何怀宏等译，中国社会科学出版社1988年版，第112～135页。

盾冲突，每一个个体都将可能成为社会冲突的导火索，整个社会将处于野蛮和分解的状态。唯一可以让社会继续进步、保持完整的原则便是公平正义，可以说正义既是治国安邦的原则，同时也是树立社会秩序的基础。

（二）司法是维护社会公平正义的最后一道防线

正义的出发点是“从人类平等的假定出发的”，在此基础上的正义就要求“一视同仁”和法律面前人人平等。因为，“要使事物合于正义（公平），须有毫无偏私的权衡；法律恰恰正是这样一个中道的权衡”。[1] 在这里，法律以“中道的权衡”自居，一方面作为规则来指导人类行动，通过维护人类行动的合法化来达到秩序的要求和目的，进而使人与人之间达到一种平衡和平等的状态。另一方面作为国家强制力来保障公平正义，因为在原始社会的自然状态，人与人之间天然平等，在私有制出现以后，才打破了这种平等的状态，导致了各种社会矛盾和冲突。从天然的平等到极度的不平等，个体与个体之间的冲突，个体与群体之间的动乱，甚至群体与群体之间的战争应运而生。所以，只要存在不平等因素，就会存在各种各样、各个层次的冲突。[2] 因此，消除不平等就是社会公平正义价值追求的首要目标，想要做到平等，一方面需要依靠法律的制定及其强制力来保障各个主体各司其职，各取其所；另一方面，在法律并不完善的情况下，还需要引导各个行为主体以“良善”为行为准则，内省外修。[3] 在此基础上可以看出，虽然各个历史时期公平正义的概念和使命大相径庭，但是人类对于公平正义的追求永无止境，这个追寻的过程，就是人类为实现共同的理想而奋斗的征程。在这个征程上，法治不论是落后还是发达，不论是不合理还是合理的，自始至

---

〔1〕［古希腊］亚里士多德：《政治学》，吴寿彭译，商务印书馆1965年版，第77～90页。
〔2〕［法］波埃尔·勒鲁：《论平等》，王允道译，商务印书馆1988年版，第105～122页。
〔3〕［古希腊］柏拉图：《理想国》，郭斌和等译，商务印书馆1986年版，第57～88页。

终都扮演着极其重要的角色,为公平正义的实现做出了卓越的贡献。

但是法律并非自诞生之初就具备正义的属性,甚至一度成为统治阶级进行压迫和剥削的工具。随着社会的进步与发展,法律的功能和地位才逐渐被社会公众接纳,被认为是对公平正义的守护,弱者可以借助法律来维护权益、对抗强权、追求平等,而非统治阶级用来获取更大利益的工具。[1] 随着法治化社会的推进,法律的各个环节对社会公众的行为引导力日益提升,社会公众依靠法律来对自己的行为加以预测,进而决定为或不为一定行为,还可以借助法律来对社会关系进行调整,定分止争。就立法、司法、执法和守法四环节来看,司法环节是定分止争的主要环节,司法机关相应就是定分止争的主要主体,通过审判职能的行使来维护弱者的合法权益,限制强者的权力,使社会达到相对公平的状态。久而久之,司法机关便被当作正义的化身,在每一个司法案件中让当事人感受到公平正义。司法机关的一个主要特征就是不告不理,这样的被动性安排需要社会公众将矛盾冲突主动提交法院予以解决,一方面,可以说司法机关行使职权的前提是社会公众的信赖;另一方面,也可以说社会公众启动诉讼程序是其利用第三方权力化解冲突的权利。在这个过程中,社会公正把对平等的追求寄希望于司法,认为将冲突交付司法机关是一项重要的权力。法律作为整个社会的行为准则,相应就具备了非常高的地位,成为司法机关保护弱者、解决纷争、恢复正义、为社会公正提供司法帮助的重要依托。

(三)司法公信力是实现公平正义的关键要素

社会公众运用法律来预测和指导个人行为,运用法律思维来解决社会生活中的各种问题。因此,在崇尚法治的社会里,法律在社会公众

〔1〕［美］尼尔·K.考默萨:《法律的限度:法治、权利的供给与需要》,申卫星等译,商务印书馆2007年版,第240页。

中扮演着第三方中立权威的角色,统治阶级运用法律来调整社会关系,社会公众运用法律来规范自身行为,司法机关运用法律来限制公权力,意识引领者运用法律深化平等意识。在这样的社会中,法律拥有至高无上的地位,也代表最高的权威。司法是连接个体与国家的纽带,司法公信力具备非常重要的导向作用。一方面,社会公众能够真实地感受到司法可否维护自己的合法权益;另一方面,社会公众可以清晰地看到法律对自身行为的指引是否有效,是否可以普遍适用,是否可以依靠国家强制力来使日常生活处在可被预测的相对安全的领域。在这个过程中,司法公信力对于构建法治社会起到了至关重要的作用。同时,司法公信力并不是缘于法律条文,而是这些法律条文在社会生活中的实践。因为司法公信力是社会公众对于法律的感受,这个感受的过程,不在于立法阶段,而是在法律适用阶段,也就是司法过程。由于司法的被动性,司法的实践是由社会公众启动的,在实践过程中,司法可否言行一致,受到各方利益主体的尊重和信赖。不论在哪个历史时期,社会公众对于司法公信力和社会正义的感受都是正相关的,如果司法公信力高,即社会公众尊重并认可司法过程和结果,便会更加倾向于接受司法裁判和司法行为。因为每个人的头脑中都存在推论阶梯:观察到的信息—选择信息—加工思考—形成结论,在这个过程中,最底层的阶梯,也即社会公信力的状况,会对人们判断司法结果和行为产生根本上的影响。如果司法公信力受损,社会公众便更倾向于选择司法不公的信息,对于一系列的司法案件进行加工思考,最终形成司法并不能够代表正义的结论。长此以往,不仅会对社会秩序产生重大的影响,还会对整个社会的规则体系产生致命的伤害。

综上所述,个体与个体之间、个体与群体之间、群体与群体之间的和谐稳定都与公平正义这个底层逻辑息息相关。司法是维护社会公平正义的最后一道防线,“在争论不休的时候,人们就诉诸裁判者,去找裁判者就是找公正。裁判者被当作公正的化身”。[1] 司法是法律实施的核心部分，公正裁判又是司法的灵魂，维护社会公平是司法的内在价值追求，它不仅使社会公众在每个具体案件中感受到公平正义，而且是对社会公平正义的重大推动和引领。如果没有司法公信力，整个社会的公平正义便会陷入一定的危机之中，使整个社会陷入混乱和无序的状态。基于对人类法治文明的借鉴、继承和创新，司法公信力在很大程度上为包括经济、政治、文化在内的社会发展提供了必要的秩序条件。

第二节　彰显法律权威

法律权威意味着在整个社会体系中，法律对于社会关系的调整处于主导地位，法律是一切社会行为的准则和依据，具有神圣不可侵犯的性质，不得以政策、道德、习俗等调整手段或其他社会规范冲击或代替法律。法律必须得到有效的贯彻实施，任何人无论地位如何、职务多高都没有超越法律的特权。法律权威并不来源于其背后国家强制力的保障和强制作用，而是有赖于法律本身的内在力量，来自人民群众真心的尊崇和信仰，这种力量源于它真正反映社会公众的意志和利益，并能有效地保护社会公众的权益。从历史范畴来看，人们通过立法机关和执法机关来制衡行政权力，行政权力无法扩张。就立法机关而言，创设符合社会公众整体利益的“良法”，立得正、立得高，便能收获民心；就司法机关而言，在利益结构多元、利益主体多样化、社会冲突多样频发的情况下，能够公正运用法律化解冲突矛盾，便能赢得民心。通过立法和司

---

〔1〕［英］约瑟夫·拉兹：《法律的权威》，朱峰译，法律出版社2005年版，第23页。

法活动,立法和司法权力被社会公众有效感知,因而可以通过法律来推进社会变革,提高法律在社会关系调整和社会公众心中的地位,从而树立司法权威。在这个过程中,社会公众对于司法的尊崇和信赖,也即司法公信力,就对法律权威的树立起着重要的作用。在当代法治中国,法制已相当完备,法律权威的树立与三方面要素关系密切:一是主体,即立法主体、司法主体、执法主体和守法主体,这些主体是否具备法律信仰,特别是领导干部能否率先垂范,尊重法律,严格遵守法律,是法律权威树立的第一大要素。二是客体,即法律本身,法律的制定是否科学、良善,在制度设计中,使尊崇和捍卫法治与保障人民切身利益更加一致,是法律权威树立的第二大要素。三是运行机制,即法律的实施,能否在全社会形成守法护法的共同追求,实施的过程即是法律权威树立的桥梁。法律权威的树立是实现法治社会的根本,为此,我国需要不断巩固和发展全体人民共同守法护法的良好局面,在法治的道路上坚定地往前走,让全体人民更加自觉地做社会主义法治的忠实崇尚者、自觉遵守者、坚定捍卫者,为实现中华民族伟大复兴的中国梦筑牢深厚法治根基。

一、司法及其公信力与法律权威

良好的司法公信力意味着社会公众对法律、对司法的信任度较高,愿意采用法律途径解决纠纷,当事人能够自觉地履行法院的生效裁判,这些都是司法权威的表征。所以说,司法公信力是司法机关在解决社会矛盾纠纷的过程中,从一件件公正审判的个案中点滴积累起来的。司法公信力累积的过程,也便是司法权威树立的过程。如前所述,虽然法律自诞生之初,就主张自己是一种合法权威,但是从客观事实上讲,法律的权威并不是天然生成的,而是要看社会公众对于法律的尊重与服从程度,这种行为上的自觉性,才能使法律成为事实上的合法权威。

然而，事实上的合法权威很难取得，统治阶级为了在社会上推行法治，便会在法律颁布之初赋予法律强制力，使社会公众必须对法律进行遵守和服从，从而证明法律具备合法的权威，社会公众守法是当然应尽的义务。但是，在这种情况下，可能恰恰有损于法律权威的树立，因为社会公众可能会迫于法律背后的国家强制力而为或不为某种行为，这可能并非源自其内心真正所需。换句话说，社会公众可能并没有真正从内心上接受法律的权威地位。实际上，对于任何政权体制的国家来讲，国家强制力对于国家权力都是很重要的，但是，如果国家只看到了权力，而忽略了权力被尊重的真正来源，那么看似强大的权力也可能会被颠覆。由此看来，司法公信力即是法律真正合法性权威的源泉。

（一）树立法律权威是推动法治建设的基本要求

司法权威的强弱直接反映了法律在社会生活中的地位，树立司法权威对于提升法律在社会生活中的地位具有重要作用。司法权威意味着司法能够得到良性运行，将其所具有的功能进行有效发挥，进而促进司法公正、树立司法公信。〔1〕 亚里士多德指出，如果一个城邦，连法律威信都不能很好地树立和维持，那么便不能认为其建立了合法的政体。法律的权威应该是至高无上的，在任何方面，包括执政人员和社会公众，都应该毫无例外地尊崇法律。〔2〕 英国法学家戴西认为，法律拥有至高无上的绝对权威，这是任何专制权力都无法与之相抗衡的。〔3〕 凯尔森把权威认定为规范性秩序的特征，这主要是从合法性角度出发来强调的。〔4〕 拉兹认为，法律必须得到服从，这个前提是法律必须具有权威。〔5〕 由此看来，法律在社会生活中的地位与司法权威的强弱有直接

〔1〕 关玫：《司法公信力研究》，人民法院出版社2008年版，第124页。
〔2〕 [古希腊]亚里士多德：《政治学》，吴寿彭译，商务印书馆1965年版，第191～192页。
〔3〕 [美]科特威尔：《法律社会学导论》，潘大松等译，华夏出版社1989年版，第184页。
〔4〕 [奥地利]凯尔森：《法与国家的一般理论》，沈宗灵译，中国大百科全书出版社1995年版，第419页。
〔5〕 吕世伦主编：《现代西方法学流派》，中国大百科全书出版社2000年版，第233页。

的关系。例如,在英美法系国家,不仅仅是成文的立法,在司法程序中,法官所做出的司法判决以及社会中所形成的习惯都能够成为权威指令的渊源。这些规范性规则的权威性就来自社会公众对法律运行过程的信任,尤其表现在对于司法过程的信任。可以看出,司法权威越强,法律在社会生活中的地位也就越高。司法权威意味着两个方面:一是从法律的层面,对于法律的解释应当符合法律制定的精神,不能产生歧义,不能钻法律的空子,法律解释的观点应前后一致,区域与区域之间一致。二是法律的制定和实施都必须严格依照法定程序,避免在程序性事项上的不一致行为。

（二）建立在公信力上的司法才具有真正的权威

司法公信力是司法权威的根基,[1]只有建立在良好司法公信力基础上的司法权威,才能够真正得到公众的认可和信服,才能够拥有真正的威信。因为真正的法律权威来自社会公众的理念,这种理念在法律的实施和公众的社会行为之间形成一种媒介,当媒介作用得以很好地发挥,顺畅连接公众的决定、公众的行为以及公众行为的后果时,司法权威才能自洽。恩格斯曾说:“权威,是指把别人的意志强加于我们;另一方面,权威又是以服从为前提的。”[2]可以说,司法权威虽然不是硬性制度规定,但是却具有权力的属性,因为如果公众不服从法院判决,则会引发国家强制力的出现,运用强制手段使其服从。这样一来,确定某个社会规范是否属于具备权威性特征的法律规范,要做的就不仅仅是判断这条规范的制定出自哪个机构,由哪个机构来执行,而是需要考量规范所反映出的规则是否符合社会公众的心理表征,规范的适用效果是否符合公众的法律预期。因为仅仅依靠国家强制力予以保障的司

---

〔1〕 崔永东:《司法公信力建设的多重维度》,载《政法论丛》2022 年第 2 期。

〔2〕 中共中央马克思恩格斯列宁斯大林著作编译局:《马克思恩格斯选集》(第 3 卷),人民出版社 2012 年版,第 224 页。

法权威并不牢靠,不能使当事人自觉地遵循法院裁决,自觉地信服司法行为,反而会引发对抗情绪。所以说,权威的基础并不是权力的保障,而恰恰是威信的树立。司法权威作为一种重要的公权力属性,离不开公众对司法活动的信服,而这种信服只能建立在司法活动的合法性以及司法裁判结果的公正性的基础之上,这样一来,司法权威所带来的附加值便是司法公信力的提升。[1] 相反,如果司法权威仅仅依靠强制力予以保障,那么便也只能弱化为司法权力,不能够引起公众的尊重和共鸣,也不能得到公众自觉认可和服从。[2] 所以,司法权威的内涵必然包括威信的内容,是一种内发的影响力和感染力,是公众自觉的理性所推崇的力量。这种威信建立在良好司法公信力的基础之上,有信任才有信赖,有信赖才会服从,有服从才谈得上权威。

（三）良好的司法公信力对于树立司法权威具有积极的作用

司法公信力体现的是社会公众对司法机关、司法行为以及整个司法活动的认同和信服,在一定程度上反映着司法权威,其对法律权威的树立和巩固具有积极意义。司法权威更多关注的是司法所应当具有的威严和地位。这种权威很大程度上有赖于国家强制力的保障,但是以强制力来树立权威有其天然的弱势。一是国家强制力和司法运作都是需要国家财政支持的,运用国家强制力必然导致司法成本的上升,也会间接影响当事人的权利收益。二是每一个司法行为都需要国家强制力予以保障的话,便意味着当事人和社会公众对法院的司法裁判并不认可,甚至怀疑法院依法行使职权的能力,从而减弱其选择司法途径解决自己纠纷的意愿。这样一来,由于司法的被动性特征,相当大一部分社会矛盾纠纷不能够通过司法程序予以解决,这必然引起私力救济的增

〔1〕 季金华:《司法权威论》,山东人民出版社 2004 年版,第 34 页。
〔2〕 [美]科尔曼:《社会理论的基础》,邓方译,社会科学文献出版社 1999 年版,第 545 页。

多,严重影响社会秩序的稳定。进而,法院的威信将会降低,司法权威的基础也将会动摇。因此,如前文所述,司法权威的基础在于司法公信力的提升,虽然司法公信力不像司法权威那样更多地从司法自身角度出发,而是更多地关注社会公众对司法的主观认识和接受程度。这种认可和接受对于树立司法权威意义重大:一是能够有效地减少司法成本,社会公众自觉地运用法律维护自己的权益,自觉地遵循司法裁判恢复受破坏的社会关系,这在法治国家的建设中,是很积极的一面。二是真正高效的权威来源于公众自发的信仰,而并不单单依靠强权。正如不管是国家还是法律,只有建立在社会公众普遍认可的基础上,代表了大多数群体的普遍利益,才能够真正有效运作。[1] 良好的司法公信力状态是一种司法活动被普遍认可、司法裁判被普遍遵循的形态,在这样的状态下,司法权威不需要依靠过多的强权来保障,便能够真正得到树立和维护。

二、司法公信力促进公正司法

人类历史发展的进程中,无论哪个国家政权,社会控制都是其主要的目的和职能。而人治与法治这两种不同的社会控制手段和社会治理理念此起彼伏,也体现了法律在社会生活中地位的不断变化。司法在历史上的实践表明了法治在社会治理中的优越地位,法治在各种实现社会安定有序的途径中最为有效。法治建设的过程必然少不了法律的参与,而司法是适用法律、维护法律、推进法治建设的极其重要的一支力量。如果一个国家的司法机关或者司法工作人员都没有正常有序的制度,那么法律这一概念在这个国度也难以确立。[2] 然而法律条文本

---

〔1〕 [美]波斯纳:《法理学问题》,苏力译,中国政法大学出版社 1994 年版,第 103 ~ 105 页。

〔2〕 [美]E. 博登海默:《法理学——法律哲学与法律方法》,邓正来译,中国政法大学出版社 1999 年版,第 319 页。

身是静止的，将文本中的法律在司法活动中予以运用才是司法机关的主要任务。也即准确适用法律，通过司法审判以公正的程序实现实体的正义，建立或维护有利于人类社会繁荣发展的社会秩序。这是法律实施的动态过程，这一过程是法治建设的重要组成部分，而司法公信力对这一过程的顺利进行起着至关重要的作用。在法治社会，法律拥有至高无上的地位，公众尊重并且崇尚法律，对法治的追求、对法律的信仰以及对司法机关的依赖和遵从，是公众对待法律的基本态度。[1] 所以，法律作为一种生活状态和思维模式融入社会公众日常生活之中并成为调剂社会公共关系的最终准则之时，便能够逐渐建立起真正意义上的法治社会。

（一）公正司法是法治建设的要义

良好的司法公信力意味着社会公众信仰法律、信任和尊重司法，这是促进公正司法的思想基础。法治的实现不仅在于司法机关自身的努力，更重要的是公众的法律信仰。司法具有强大的生命力，仅依靠强权是不行的，还需要依靠公众的信赖。[2] 所以说，司法公信力对于司法而言，具有灵魂性的重要价值，是其生命存在之根本。如果司法公信力丧失了，司法也就趋于死亡。[3] 因此说，司法公信力的重要性甚至可以与法治相提并论。[4] 法治社会建设要求司法具备公信力。促进公正司法，也需要有社会公众的支持和配合，这种支持和配合主要基于对司法的自觉信任和尊重。如果社会公众能够普遍信任并尊重司法，便会自觉地服从司法。司法公信力不是单一的主体行为，而是司法机关、当事人和社会公众相互沟通交流的行为。司法机关公正地行使司法权，当

---

〔1〕［英］罗杰·科特威尔：《法律社会学导论》，潘大松等译，华夏出版社1989年版，第11页。
〔2〕杨建广等：《深化司法体制改革的理论与探索》，华中科技大学出版社2017年版，第29页。
〔3〕孙大伟：《诚信社会的司法指数研究》，上海社会科学院出版社2020年版，第55页。
〔4〕［美］罗尔斯：《正义论》，何怀宏等译，中国社会科学出版社1997年版，第95页。

事人能够感受到司法的严格公正,社会公众能够理性客观评价司法活动,这便是司法公信力最简单也是最正常的一种良好的状态。在这种状态下,当事人和社会公众也很容易形成对司法和法律的信仰,并具有相应的权利意识。公正司法对于司法机关的要求就是依法办事、依程序办案,形成公平公正的司法结果。对于当事人和社会公众而言,主要就是能够遵守法律、尊重法院的裁判结果、对法律有尊崇和敬重的心态。因此,可以说,良好的司法公信力能够使司法机关、当事人和社会公众都做到严格司法下的要求,对于促进严格司法意义重大。

(二)公正司法是促进司法公信力生成的重要因素

如何实现良法善治,学者历来众说纷纭,各国也有不同的治理实践。公正司法就是在司法领域实现良法善治的重要标志,也是良法善治的具体要求和实践过程。例如,对于行政诉讼,社会公众作为一方当事人参与诉讼,其是否有能力、有勇气启动行政诉讼程序,用法律的武器来捍卫自己的合法权益是关键因素;其是否信任司法能够秉公处理,在公正的平台上作出公正的裁决是行政诉讼限制政府权力能否取得良好效果的关键。社会公众的能力和意愿与司法公信力的良好状态有着直接的关系,如果公众没有能力,或者并不信任司法能够对行政权进行约束,那么司法的这项功能也就难以实现,政府在没有外界有效约束的情况下,在法治建设过程中也难以取得公众信任。因此,公平正义是社会公众感知法治建设的一把尺子,事关司法公信力生成的关键环节。可以说,公正司法是建构社会公众对司法内心确认的实质要素,社会公众对于公正司法的感知是其自愿服从、尊崇司法的意志自觉。

(三)良好的司法公信力是公正司法的应然结果

良好的司法公信力有利于社会矛盾和纠纷主要通过法律途径来解决,这是促进公正司法的重要方面。司法是化解社会矛盾纠纷的重要途径,也是最后一道防线。司法最基本的职能是解决纠纷、维护稳定、保障权利。司法职能的发挥与司法公信力的高低具有非常密切的联系。如果司法公信力状况良好,那么便意味着当事人和社会公众尊重和信赖司法,对法院作出的司法裁判能够接受,对司法所树立的社会规则也予以维护。这样,一方面可以节约司法成本,使被破坏的社会关系尽快得以恢复;另一方面可以取得良好的社会效果,法院的司法裁判可以对社会公众的日常行为形成一种导向,使其对自己的行为具有合理的预期。在良好的司法公信力状态下,社会公众都按照法律既定的规则行事,不按规则的行为都能够受到处罚和制裁,对于不合法行事的行为人都能够让其担负起责任;相反,在规则范围内行事的,都能够获得相应的收益和回报。因此,在公正司法的环境下,整个社会就会营造一种遵规守则的良好氛围,各自都在既定的规则范围内行事,社会秩序就能够得到很好的保障,这便是司法公信力良好状态的应然结果。

三、司法公信力提升法律地位

法治兴则民族兴,法治强则国家强。当前我国社会主义建设的重心当是以中国式现代化全面推进中华民族伟大复兴,现代化国家必须也必然是一个法治国家。中国式的现代化与法治化有机融合生成为中国式法治现代化。在法治轨道上推进社会主义现代化国家建设,意味着必须公正司法。而司法公正才能得到广大人民群众的衷心拥护与热情参与,才能让社会公众对司法过程看得见、感受得到。[1] 因此,司法公信力的良好状态是中国式现代化的必然要求的应然结果。在法治轨道上通过独具特色的法治体系和法治国家构建,将法治作为治国理政的基本方式,从主体、客体、内容和路径等方面综合发力,才能让司法公信力生成的基石更加巩固。其中,法律必将承担起重要的规范功能和

---

〔1〕 汪习根:《论中国式法治现代化的理论体系》,载《政法论坛》2022 年第 6 期。

社会作用,拓展法治保障的维度。

(一)提升法律地位是推动法治建设的前提和基础

"法者,治之端也。"法律在社会生活中应当具有突出性的地位,特别是在法治国家,法律至上的观念应当深入人心。因为在法治轨道上推进社会主义现代化国家建设的基础是法制健全,如果社会主义法制体系不断趋于完善,社会公众的行为就能更加规范,社会公众之间也能和睦相处,社会关系也能更加和谐顺畅。全面推进依法治国,不可能自发地生成,也绝对不会自然地实现,必须要有一整套与之相匹配的规则体系。在这个进程中,法律作为整个社会关系调节器的中心,在更高水平的平安中国、法治中国建设的进程中居于支配地位,起着关键作用。奉法者强则国强。法律自身具备的明确性、确定性和国家强制性特点,决定了法律是所有社会规范中对于调整社会公众行为最有效规范。社会公众的行为需要有章可循,有法可依,各个职能单元各司其职,这是治理社会的根基。治国有常,利民为本。法律,作为守护社会公平正义的强大后盾,是推进社会进步、追求法治的重要力量。所以说提升法律在社会生活中的地位也是法治建设的前提和基础。

(二)法律地位提升主要集中在法律实施的三个环节

法律对社会秩序的保障及其地位的体现,主要集中在法律实施的三个环节:一是立法。立法是实现法治的前提和基础,只有法律体系完备,才能更好地规范、引导社会公众的行为,更好地发挥法律指引、评价、预测、监督的功能,使社会公众能够有法可依、依法办事、循章而为,这样的状态是法治社会构建的良性基础。[1] 二是司法。有了完善法律体系的基础,接下来就需要公正、高效的司法来构建和保障社会主义法治了。因为社会的公平正义是法治社会的内在要求,而司法往往被视

〔1〕 张文显:《法理学》,高等教育出版社2011年版,第47页。

为实现社会公平正义的最后一道防线。作为法律适用的最主要的载体,司法具有打击犯罪、化解矛盾、救济权利、促进严格法治、维护社会秩序、实现公平正义等功用。持续深化司法体制综合配套改革,规范司法权力运行,形成公平和公正的社会环境,是法律地位提升的重要结果。三是执法和守法。在守法方面,有两大主体:一是社会公众,二是政府机关。社会公众能够遵纪守法,政府机关能够严格依法办事,是社会实现法治的内在要求。“理国要道,在于公平正直。”社会公众对于公平正义的感知是最直接的,而每一项法律制度、每一个执法决定、每一宗司法案件都是社会公众感知公平正义的桥梁。要把社会公平正义这一法治价值追求贯穿到立法、执法、司法、守法的全过程和各方面,并通过法律将保障公平正义价值的规则固定下来。

(三)司法公信力对于提升法律地位具有重要作用

在刑事审判方面,司法打击犯罪的功能颇为强大。这种功能若要得到社会的认可和尊重,也需要司法公信力处于良好的状态。公众认可司法判决的权威性,尊重司法对犯罪行为所作出的判断,便能加强司法对犯罪行为的打击力度,增强法律的威慑力。这对于提升法律的地位具有很直接的作用。在民事审判方面,司法发挥着调处矛盾纠纷、平衡双方权利的作用。在良好司法公信力的状态下,公众愿意将纠纷矛盾提交法院进行解决,自觉尊崇司法判决或者调解所确定的权利义务关系,并在社会上起到示范作用,使公众按照法律的规定进行日常生活,把法律规范作为人际交往的准则,法律在社会生活中的地位便自然提高。在行政审判方面,司法对公权力的运行进行了良好的制约,对于法律进行了良好的维护。最大限度地体现法律面前人人平等的准则,公众能够拿起法律武器来对抗公权力,维护自己的合法权益,在公众心中是法律至上的最好诠释。在树立规则方面,司法也发挥着很重要的作用,无论是通过个案的司法裁判,还是通过司法解释或者案例指导等形式,在社会上形成一种具体的制约,在一定程度上弥补了法律的原则性和滞后性。当然,司法树立规则的过程也是适用法律的过程,在这个过程中,法律的地位就得到提升和加强。而上述过程中司法作用的发挥都随着司法公信力的提升而增强。所以说,司法公信力对于提升法律在社会生活中的地位具有重要的作用。

第三节　强化法治意识

法律意识是社会公众对于法的认识,集中于对法的观点、心理、认知、思想等方面,是社会公众之于法的主观认识的客观呈现。相较于法律意识,法治意识是一种更高级的形态,是社会公众在参与社会实践,特别是司法实践中所潜移默化、日积月累形成的关于法治的认知、思维、观念和心态的结合体。[1] 全面推进法治国家、法治政府、法治社会建设,离不开社会公众的参与,而良好的法治意识,可以有效促进社会公众形成尊法、学法、守法、用法的行为范式,对于全面推进法治国家、法治政府、法治社会建设具有不可轻视的作用。法治意识的提升不能寄希望于道德约束,而需要良法善治,以制度的刚性约束树立稳定的社会预期,使权利边界清晰可见,避免非法治思维对法治思维的“挤出效应”。社会公众不应仅作为法治产品的体验者来看待或评判法治建设,更应推动社会公众从“法治享有者”向“法治参与者”转变,培育社会公众参与司法和法治建设的意识和能力,在司法公信力的建设中发挥其主体能动作用,并形成法治信仰和法治认同。进入新时代,我国社会的主要矛盾已经转化为人民日益增长的美好生活需要和不平衡不充分的

---

〔1〕 阮丽铮:《我国公民法治意识提升问题论析》,载《中州学刊》2021 年第 12 期。

发展之间的矛盾。人民日益增长的美好生活需要包含了对公平正义的需要，对和谐安定的需要，对法律权威的需要，对矛盾纠纷化解的需要。从法治实践中可以看出，形成整个社会的法治信仰和法治认同正是美好生活需要的内涵之一。而法治意识在很大程度上能够推动全社会形成办事依法、遇事找法、解决问题用法、化解矛盾靠法的行为习惯，推动社会公众法治思维和法治方式的形成，推动社会公众自觉运用法律的手段维护自己的合法权益。从这个意义上来讲，一个国家的法治发展程度与社会公众的法治意识呈现明显的正相关：国家法治发展程度越高，意味着社会公众的法治意识越强；同时，社会公众的法治意识提升，也将进一步助推国家的法治进程。因此，提升司法公信力，增强社会公众对司法和法律的尊崇和信任程度，将大大提升整个社会公众的法治意识。

一、司法及其公信力与法治意识

法治意识是社会公众的理性品质，是推进国家法治建设的基础，构成了一个法治国家的精神底蕴。所谓法治意识，就是“法律至上”“一切以法律为准绳”“依法而治”的意识。法治社会的主体应当是社会公众，社会公众所参与的社会事务及其所关注的国家事务和经济文化事业应当是法治社会的治理对象。增强社会公众的法治意识，一方面可以强化社会公众的权利意识，使其有效参与法律制定，让法律原则和具体的法律制度能够得到社会公众的普遍认可；另一方面有利于社会公众法律信仰的积聚，从而内化为社会公众自觉遵守法律规范的行动，按照法律规定行使权利，履行义务，形成法律至上的良好氛围。在一个社会中，公众的权利意识越高，法律规范所适用的范围就会越广，程度就会越深；但是如果社会公众缺乏普遍的权利意识和对法律的信仰，那么法律在公众心中可能也会被束之高阁。所以说社会公众的法治意识对于推进法治国家建设来说意义重大，而司法公信力的提升，就体现为公众权利意识的提高和对法律的忠诚信仰。

（一）法治意识对于推进法治国家建设意义重大

法律的权威源自人民的内心拥护和真诚信仰，法律只有得到社会公众的足够信仰，被内化于心，形成潜意识，由观念上升至信念，进而上升至信仰，才能够成为人们进行生产生活的基本遵循。社会公众是参与法治实践的主体，其作为法治建设的推动者和法治成就的享用者，是推动依法治国的强大主体，因而社会公众的法治意识是法治建设的基础。法治意识是法治实践的主观表达，是推动法治建设的思想基础。社会公众的法治意识是指符合法治国家建设的法律意识，是社会公众对法律规范和法律实施过程的自觉认同度最高的一种意识，直接影响立法、执法、司法、守法的各个环节。其对推进法治国家建设意义重大：首先，法治意识的提升有利于法治建设进程加快，当社会公众对法治的认识由感性上升至理性时，便意味着法治拥有了与之建设相匹配的法治意识，进而促进法治建设的发展和完善，为法治建设提供深厚的思想、理论和社会基础。其次，法治意识能够为法治建设提供强大的驱动力，通过培育和提升社会公众的法治意识，可以促进形成社会统一的行为评价标准和主流法治意识形态。法治建设其一是完善法律制度，而现今我国已形成社会主义法制体系，进一步就要求大力培育公众法治意识。因为基于人的社会属性，将会快速并深度地形成守法习惯，促使社会秩序良好运行，进而促进法治建设。最后，法治意识将进一步拓展法治建设的广度和深度，法治意识的深化程度，直接体现为社会公众自觉尊崇法律权威，自觉接受法律治理，自觉服从司法裁判，自觉宣扬法治理念。因此，社会公众的法治意识在法治建设中具有非常重要的作用：一方面，可以使法治深入社会生活的各个方面，拓展法治建设的广度；另一方面，社会公众的法治意识假以时日将会上升至法治信仰，深化法律规范的效用，进一步提升法律权威。

（二）法治意识的培育和强化始终在路上

“法与时转则治，治与世宜则有功。”法治主张依靠良法善治，以良法来治理国家，强调“权力来源于法律”、“法律至上”和“法律面前人人平等”等。法治意识是社会公众对法律发自内心认可、崇尚、遵守和服从，只有社会公众信仰法治、厉行法治，国家和社会生活才能真正实现在法治轨道上运行。而推进法治国家建设，就必须不断培育和强化社会公众的法治意识，不断增强人民群众对法律的内心拥护和真诚信仰，实现法律面前人人平等，努力使法律为社会公众所掌握、所遵守、所运用，以法律建构社会规则，让社会主义法治精神成为全社会的价值共识。社会公众的法律权利和义务应相统一，承担的法律责任应援用同一法律标准。因此，推进社会主义法治国家建设，必须增强全社会的法治意识，使社会公众成为社会主义法治的忠实崇尚者、自觉遵守者、坚定捍卫者，筑法治之基、行法治之力、积法治之势，在新时代新征程上谱写全面依法治国新篇章。这也必将是一个系统性工程，需要几代人为之努力奋斗。

（三）司法公信力对于强化法治意识至关重要

在古代，百姓解决纠纷的主要途径并不是司法，“击鼓鸣冤”能频繁出现在各种文学作品中，即从另一方面折射出百姓运用司法解决争端的稀有程度。中国历史上那些著名的“法官”，如包公、狄仁杰、海瑞等人，他们的职业其实都不是法官，他们第一位的职务是行政官员，只不过兼理司法。因此，当时社会上出现“往衙门里送钱”“找官老爷”“当街拦轿”等把希望寄托于当地官员而非法律的现象。加之“贱讼”、“厌诉”和“避讼”思想成为当时主流，上了衙门就相当于丢了颜面是古代百姓的普遍认知。而这些认知至今还会影响部分社会公众的认知习惯和行为习惯。比如当社会公众有需要解决的矛盾和纷争时，正当的司法途径可能并非其首要选择。这些现实情况表明,还有部分社会公众对于司法仍旧处于不信任的状态,同时也表明现今部分社会公众的法治意识依然需要加强。司法公信力是社会公众对于司法较为持续和稳定的认知状态或者倾向,其生成的过程就是司法逐步被社会公众认识、喜欢、信任、尊重、崇敬和信仰的过程,在这个过程中,一方面需要司法机关强化自身建设,拥有获得社会公众信任的内在力量。另一方面更需要社会公众的底层认知实现向法治的转变。这个过程不是此消彼长的过程,二者相互作用,彼此连接,内在共生,形成齐头并肩的态势,因此说,提升司法公信力对于提升社会公众的法治意识至关重要。

二、司法公信力引导公众知法守法

公众的法治观念是公众对法律的认识,由于公众的主体范围广,各个主体之间的知识背景、经验背景不同,对法律的认知、了解程度不同,所以对于法律的态度也会不同,可能是尊重、敬畏,也可能是利用、对抗。良好的司法公信力意味着司法机关能够理性平和化解矛盾,社会公众能够广泛地参与司法,切身感受到公正是如何通过司法得以实现的,在这个过程中对平等、权利和规则制度等有更明确的体会。

(一)公众从司法运作过程中认知法律

司法公信力的生成伴随着社会公众对司法的感受和认知,也正是社会公众在司法运作过程中对法律的感受和认知,催生了司法公信力。正如前文所述,严格的司法过程和公正的司法结果是得到公众信任和尊重的前提和基础,也是司法公信力生成的关键。司法公信力的生成,就是司法通过能够得到公众信赖的司法行为赢得当事人和社会公众认可和支持的过程。这个过程中不需要国家强制力进行威慑,靠的是公众基于对法律的信仰而形成的自觉。所以,司法行为是司法公信力生成的核心和关键,应当树立起公平、公正、公开的司法理念,努力做到公正司法、严格司法、为民司法等，让司法行为与当事人和社会公众对司法公正性的预期相符合，这也是司法公信力生成的最初路径。在这样的过程中，必然会影响社会公众对司法的认识和态度。如果司法活动严谨，法律意识神圣、法律制度完备，司法能够中立客观地解决纠纷，评判行为的合法与非法，为社会提供公平正义等，则会使公众从内心里自觉忠实于法律，尊重法律，信任法律。同时，公众也会充分地利用法律，把司法作为平衡利益、解决矛盾、实现正义的重要途径。因此，法律与公众之间的关系类似于“双赢”，公众乐于启动司法程序，司法能够符合公众对正义的期待，从而使更多的矛盾纠纷通过司法的途径予以解决，对社会公众来说，能有效地实现其利益，对司法来说，则进一步增进了其公信力和权威性。当然，如果司法程序不公开、不透明、不合法，社会公众也不会严格按照法定程序去进行司法行为，而会为了不同的目的，采用各种手段来规避法律、逃避责任。[1] 这样一来，司法公信力便没有生成的良好土壤，社会公众的法律意识、权利意识、规则意识等也不能得到很好的提升。因此，社会公众对法律的接受和认可伴随着司法公信力的生成而提升，司法公信力的生成必然包含公众对法律的敬畏和尊重，而社会公众运用法律的过程，也是其法律意识提升和强化的过程。

（二）司法公信力促进公众积极认知法律

司法公信力的生成可以有效促进社会公众依法行使权利、解决纠纷。在民事、行政和部分刑事自诉纷争中，司法一般被认为是被动和中立的。当社会出现矛盾和纷争的时候，司法机关不主动介入，而是遵循着“不告不理”的原则。只有纠纷当事人把矛盾提交给法院，提出其诉求，法院的司法权才得以运行。而当事人是否决定将纷争提交法院，与

---

〔1〕［美］帕特里夏·尤伊克：《法律的公共空间：日常生活中的法律故事》，陆益龙译，商务印书馆 2005 年版，第 70 ~ 73 页。

其权利意识和法律意识有相当大的关系,若其要采取司法的渠道解决纠纷,必须以诉求的方式向法院提交。而良好的司法公信力是促使公众选择利用法律解决纠纷的基础和前提。在良好的司法公信力状态下,社会公众将会把法律看作调整社会关系的权威的制度,任何主体都应当接受法律的约束。如果社会公众没有这样的认识和思维,不仅会加大纠纷解决的成本,而且也会影响社会公众对法律甚至整个司法制度的信心。而这样的认同与社会公众的司法经历和法律知识背景有关系,是对法律的一种信任。这种认知过程也与法院的司法行为息息相关,是其权利义务得到法律认可的过程。[1] 在这个过程中,主要是以证据作为沟通方式,正是通过举证质证,人们才能在诉讼的过程中更加认识、了解法律。[2] 司法公信力既包含着司法自身的信用,也包含着社会公众对司法的信任,是公众参与司法、司法与民意良好沟通的结果。当事人通过参与诉讼,提出自己的诉讼请求,反驳对方的权利要求,对法律规范的理解和适用进行争论,这个过程实际上也就是参与法律,积累或者是削弱司法公信力的过程。所以,不管是民事、刑事还是行政诉讼,也不管诉讼参与人的身份如何,这实际上都是在司法活动中感受法律、认识法律、评价法律的过程。在这个过程中,社会公众对法律的感受和评价,与司法公信力的状况密切相关,而这也直接地影响社会公众对待法律的态度,在此基础上,也逐渐形成社会整体的法律意识。社会公众只有在司法活动中感受到公平正义,才会相信司法、相信法律能够公正地定分止争,树立社会规则,构建有序的社会秩序,从而才能自觉地按照既定的法律规则去从事各种各样的社会活动,维持稳定的秩序

---

〔1〕[美]萨利·安格尔·梅丽:《诉讼的话语:生活在美国社会底层人的法律意识》,郭新华等译,北京大学出版社2007年版,第8页。

〔2〕[美]帕特里夏·尤伊克:《法律的公共空间:日常生活中的法律故事》,陆益龙译,商务印书馆2005年版,第76页。

结构。也就是说,司法公信力的生成,也即推动社会公众采用司法手段解决纷争、化解矛盾的过程。

(三)良好的司法公信力状态意味着公众能够自觉尊重和维护法律

法治强调立法、司法、执法、守法的过程都要严格按照法律。而对于社会公众来说,守法是其参与法治的最直接、最现实途径,当然,这是公众的一项权利,更是公众的一项义务。从古至今,都强调社会公众的守法义务,特别是现代法治国家,全体社会成员普遍守法,不仅是每个人应尽的义务,也是道德的底线。当司法公信力良好时,社会公众才会具有采用司法手段解决问题的意愿;才会按照法律程序参与诉讼,将精力集中于找寻证据、研读法律、提高认识上;才会更好地配合法院,积极参与司法,促使诉讼程序的公开、公平、公正;才会更自觉地接受法院裁判,履行法定义务。反之,如果司法工作人员自身都不按照法律严格办事,不能够保证司法的公正性,不能够很好地为当事人和社会公众答疑解惑,那么司法公信力就难以生成,社会公众也就不会将守法作为其应尽的义务而自觉加以遵守。法院职能的发挥,不能仅仅依靠国家强制力,也不能仅仅靠惩罚来震慑,在思想多元的今天,可能需要的更多的是用其自身的权威和公正来赢得信任,激发人们的自觉服从。而法律本身只是书面上的条文,其与社会的沟通和交流依靠的是司法活动和权利义务关系的改变。所以,法律影响公众的思想和生活主要在于两个方面:一方面是立法活动,即是将普遍的正义观以条文的形式确立下来;另一方面是司法活动,即适用法律的过程,通过强制力或者是自身权威的作用,使人们服从法律、遵守法律。[1] 因此,立法活动所创制的法律规范,如果要变成调整社会生活的权利义务关系,则最优途径应当

〔1〕［美］萨利·安格尔·梅丽:《诉讼的话语:生活在美国社会底层人的法律意识》,郭新华等译,北京大学出版社2007年版,第16页。

是将法律规范内化为公众的自觉行动。也就是说,通过司法活动宣传法律、宣示正义,让法律原则和法律精神内化为公众对法律的信赖和信仰,增进公众的法律意识,推动公众的自觉守法行为。而在这个过程中,司法公信力起着非常重要的作用,它是让公众对司法产生信赖的基础。正如前文所说,在司法公信力处于良好的状态下,公众选择司法解决纠纷的意愿就会强烈,司法便不会变得陌生,更不会使人厌恶,公众愿意接近司法、利用司法,进而选择相信司法。在这样的行为模式积累下,法律就会融入人们的日常生活,内化为公众的一种理性认知,成为其规划生活、从事交往、进行行为的一种权威的制度体系,进而将会以法律精神的形式内化和升华为一种强有力的信仰。综上所述,司法公信力反映着法律在社会生活中的作用,也表明了司法权在国家公权力结构中的地位。良好的司法公信力意味着法律在社会生活和权力结构中至高无上的地位,而这种地位也内化于公众心中而成为一种理性的自觉,在这种自觉信仰下,公众不仅会自觉守法,更会自觉护法,并在内心深处形成对法律忠实的信仰。

三、司法公信力培育公众法律信仰

推进社会的法治建设,离不开公众的法律信仰。伯尔曼的经典名言“法律必须被信仰,否则它将形同虚设”[1]被世人传颂。法律信仰是指在社会交往和日常生活中,社会公众对法律的直观感受进而产生对法律的心理认同,并内化为对法律的崇敬和坚守的信念。在法治国家建设的过程中,完备的法律体系、规范的法律条文是重要基础,但关键还是得依靠法律的实施,这一方面依靠的是国家强制力的保障,另一方面依靠的就是公众的法律信仰。而后者在法律实施中的作用举足轻

〔1〕[美]哈罗德·伯尔曼:《法律与宗教》,梁治平译,三联书店1991年版,第347页。

重。法律从条文到实施,从外在的强制到公众的自觉尊崇,法律信仰至关重要。[1] 可以说,法律信仰对于法治国家建设来说至关重要,法律如果不能深入公众的内心,不能成为人人所追求、信赖和尊重的一种精神状态,则很有可能不具备其应有的功能,不能很好地发挥功用。

(一)法律信仰是一种公众内心的心理状态

曾有学者对信仰的内涵做出了明确解释:它是人类意识对客观世界及自身生命过程的反映,是人类精神宇宙存在全面沟通与融合的愿望与努力。[2] 从这个内涵中,我们可以理解基于信仰的这种愿望与努力涵盖客观世界存在的,可被感知和量度的关于天文、历史、地理等一系列的科学和知识,也包括基于人们信以为真的科学和知识而衍生出来的纷繁复杂的情感、对象、行为和思维方式。由此延伸到法律信仰,可以把法律信仰界定为:一方面是社会公众对于法律的理性和科学认知以及对于法律天然崇敬的行为体验;另一方面是基于社会公众对法律认知的科学度和理性程度不断提升,进而产生对法律自内而外的认同和信任,是社会公众对客观法律的正向主观情感综合交织而升华的对于法律的心理感受。

也就是说,法律信仰是一种公众内心的心理状态,相较于司法公信力来说,更具有主观性。但是司法公信力与法律信仰也密不可分,因为司法公信力在很大程度上也表现为公众对司法在主观上的尊重与信任,信赖司法程序,认可裁判结果。同时,司法公信力还意味着法律在社会生活中至高无上的地位,这体现为法律的高度权威和公众对司法的高度信任,同样体现为公众对法律有着无比的信仰。此外,对法律的信仰表现在对法律的认同和服从上,而这种认同和服从体现在法律实

---

〔1〕 叶传星:《法律信仰的内在悖论》,载《国家检察官学院学报》2004 年第 4 期。
〔2〕 冯天策:《信仰导论》,广西人民出版社 1992 年版,第 102 ~ 105 页。

施的过程中。法律实施是法律展现其生命力的最重要途径,是通过司法、执法等方式来运作的。所以公众的法律信仰在一定程度上可以说是对司法行为和执法活动的信仰。而司法公信力也是在执法和司法过程中生成的,同时,公众对法律的信仰,需要通过其对司法的信仰来体现,因为司法是动态的,法律是静态的,公众实现权利、履行义务的过程就是把法律由静态变为动态的过程。所以说司法公信力对于培育法律信仰来说,是一个上位的概念。司法公信力不仅源于司法自身,而且与整个社会的法律信仰息息相关。良好的司法公信力对于培育公众的法律信仰具有非常积极的作用。

(二)法律信仰的产生与司法公信力息息相关

法律信仰的概念并非源于现代法,早在古希腊和古罗马时期,法学家们便已有对法律信仰概念的初步界定,形成法律信仰概念的雏形。随着文艺复兴运动在欧洲轰轰烈烈地展开,罗马法也随之复兴,加之自然法学派和启蒙思想家对于罗马法的进一步发扬和继承,除了对法律信仰这一概念进一步阐述,还身体力行维护法律权威,并且号召和培养社会公众对于法律的科学认知和崇高信仰,将法的正义价值进行了广泛的弘扬和宣传。如前所述,信仰的前提在于认同和服从,公众选择认同和服从法律,并不因为法律的强权,而是因为内化于心的那种精神,这种精神也来源于公众对法律的认识和评价,如果是正向评价,则会加强法律信仰的力量,公众就会更加认同法律、服从法律。法律的有效性在于受到公众的信任,而不是被强制要求,真正的法治国家,暴力机关并不是处处都存在的。公众对法律的信仰和尊崇,是其愿意拿起法律武器维护自己合法权益的重要促成因素,而这个因素的强弱与司法公信力的高低直接相关。在良好的司法公信力状态下,公众就会更多地利用法律,就会把法律当作矛盾纠纷解决的重要途径,进而也会将法律内化为心中的行为准则,并上升为法律精神来指引日常行为。如果一个国家的司法公信力状况很差,那么即便是再完备的司法体系也难以支撑起公众对法律的内心确信,无法促使人们利用法律去维护自己的合法权益。所以,司法公信力的高低与公众法律信仰的培育呈正相关:司法公信力越高,公众的法律信仰就越强;反之亦然。

(三)司法公信力促进法律信仰的培育

历史唯物主义观认为,促进法律信仰的培育在法治建设的过程中至关重要。首先,基于"法律是善和衡平的艺术",是社会公众所应普遍遵从的规则和秩序,法律的精神价值应当被作为社会性伦理文化而得以传播。早在古罗马时期,就有法学家宣扬法律的权威至高无上,法学家们走上街头,向普通社会公众宣扬法的价值和对生活的指引,加之社会公众切身感受到被法律所维护的市民生活更加有序,法律的权威被一步步树立起来,社会公众对法律的崇敬之情达到了历史至高点。由于社会制度和观念适应了当时生产力的发展,罗马帝国的经济实力迅速崛起,进而需要法律对经济生活的保护,因而又进一步促进了整个社会法律信仰的形成。当这样的正循环形成并加速运转,促成罗马城邦社会形成法治精神,进而促进罗马城邦国家由人治的治理模式转而向法治建设迈进,开始进行法治化的建设和改造。因而,时至今日,法学家们依旧认为,罗马的法治化进程与社会公众法律信仰的培育息息相关。其次,随着文艺复兴运动的发展,个性自由和解放、人与人之间平等的思想迅速传遍整个欧洲,被社会公众普遍认可,并久久不衰,成为推动封建等级和特权观念衰落和资本主义精神崛起的重要力量,逐渐形成了被马克斯·韦伯称为"资本主义精神"的新教伦理精神,这种"资本主义精神"对"信仰"的力量高度评价,并迅速形成社会公众对"信仰"的权威感和价值感。甚至对深受教会制度束缚的宗教信徒们也产生了深刻影响,使之转向对确定的法律规范和人人平等的法律价值产生浓厚的信仰,并且心甘情愿地被法律指引,投入生产生活活动。这便促使社会化大生产的到来，丰富和发展了国民经济，使人们切身感受到信仰法律所带来的生活巨变，进而进一步促成法律信仰的形成。在全社会的范围内凝聚了法律精神，为法治建设的推进和发展提供了强大的精神动力和有利的主客观环境。

从历史唯物主义观对于古罗马和西方国家的法治建设历程的回顾，能清晰抓住社会公众的法律信仰对于社会经济发展和上层制度建设的精神文明建设的关键影响，以及对于法治化进程和法治化程度的重要作用。由彼观己，我国在建设社会主义法治国家的进程中，也可以立足自身国情，并借鉴其他国家法治化进程的经验，尤其是重视社会公众的法律信仰这一关键环节在推动法治化建设中究竟是如何发力的。在法治化的建设中，重点培育社会公众对法律的崇高信仰和深情厚意，进而指引社会公众有序地参与到社会生产生活中，促进社会生产力的提升，进而进一步优化生产关系，形成以社会公众的法律信仰为关键变量，生产力促进生产关系变革，生产关系变革促进生产力提升的正向循环。从另一个角度来说，公众对法律具有普遍信仰，对于法治国家建设，对于司法公信力的生成和提高也都有着非常重要的促进作用。因为法律信仰是公众内心的认同，法律不需要外界的强制力来保障也能够得到很好的施行。这比起运用强制力来保障实施的法律来说，不仅仅是成本的降低，更是法律真正具有强大生命力的象征。因为法律由静态的规定转化为动态的行为，依靠的都是公众的自觉，这种自觉的力量是无比强大的。而这些都依赖于法律信仰的培育。可以说法律信仰是法律的根基，如果根基不在，不能够汲取足够的养分，不能够扎根大地起到稳固的作用，那么上面即便是被强权撑起来的枝繁叶茂，也终将经不起风雨的打击。所以，法律最重要的、最核心的要义并不在于写在法典中还是刻在石碑上，而是内化于公众心中的那份信仰。无论法律随着经济社会的变化而如何改变，这种内化于心中的信仰是亘古不变的，这便是法律精神，是支撑一个国家、一个民族长盛不衰的根本。

第四节　促进社会诚信

“诚信者，天下之结也”。社会诚信建设对于良法善治有非常重要的补充作用，对于公序良俗环境的营造具有非常正向的引导作用。党和国家对于社会诚信建设日益重视，2014 年 6 月 24 日，国务院印发的《社会信用体系建设规划纲要（2014—2020 年）》对部署建设社会信用体系、构筑诚实守信的经济社会环境具有指导性作用，其中专门确立了司法公信建设为社会信用体系的重要内容。2016 年 5 月 30 日，国务院出台了《关于建立完善守信联合激励和失信联合惩戒制度加快推进社会诚信建设的指导意见》，首次强调了诚信文化建设，为健全社会信用体系，加快构建以信用为核心的新型市场监管体制迈出了坚实一步。其中，司法作为诚信机制建设的重点领域，涉及多项制度构建任务，承担起司法诚信文化建设的重任。2016 年 12 月 22 日，国务院又出台《关于加强政务诚信建设的指导意见》，为加强政务诚信建设，充分发挥政府在社会信用体系建设中的表率作用，进一步提升政府公信力，推进国家治理体系和治理能力现代化指明了方向。2016 年 12 月 23 日，国务院办公厅印发《关于加强个人诚信体系建设的指导意见》，对加强个人诚信体系建设作出部署，指出要大力弘扬诚信文化，加快个人诚信记录建设，积极营造“守信光荣、失信可耻”的良好社会氛围。2016 年 12 月 30 日，国家发改委、中国人民银行、中央网信办等印发《关于全面加强电子商务领域诚信建设的指导意见》，为建立健全电子商务领域诚信体系，营造良好的市场信用环境作出指引。2019 年 7 月 9 日，国务院办公厅又印发了《关于加快推进社会信用体系建设构建以信用为基础的新型监管机制的指导意见》,标志着我国已将社会信用体系作为社会治理的新模式和新手段。2020 年 7 月 21 日,习近平总书记在企业家座谈会上发表重要讲话指出,企业家“要做诚信守法的表率,带动全社会道德素质和文明程度提升”[1]。由此看出,诚信社会建设是推进国家治理体系和治理能力现代化的内在要求。诚信社会建设必须以社会共识为引领、以法治建设为支撑,充分意识到司法信用是整个社会诚信体系建设的核心,社会诚信体系建设需要建立在司法公信的基础之上。因此,司法公信力的提升对于整个社会的诚信体系建设发挥着重要的功用,是社会诚信体系中最不容忽视的一份力量,应从法律文化、法律信仰等维度构建社会诚信体系。

一、司法及其公信力与社会诚信

诚信在社会体系中意义重大,无论是对于国家的进步还是民族的繁荣来说都是无比重要的。在建设社会主义法治国家的进程中,公众对社会诚信的呼声也是越来越强烈。社会诚信体系建设是一项复杂的工程,支撑这个庞大工程的根基在于司法的诚信。司法诚信的积累生成了司法公信力,是社会诚信体系重要的上层建筑。在我国,社会治理的主体包含着司法机关和司法工作人员,其对社会整体的影响很大。从社会信用体系建设包括的主要信用领域来看,其中的政务诚信和司法公信属于公权力的诚信。如果司法没有诚信,政务诚信就会打折扣。因为,司法是社会公平正义的最后一道防线,如果政务诚信出现问题引起争议,可以通过司法诚信进行救济、进行补救。但是,一旦司法诚信出现问题,出现危机,整个社会信用体系就会因无以寻求补救而导致其

[1] 习近平:《在企业家座谈会上的讲话》,载《人民日报》2020 年 7 月 22 日,第 1 版。

根基发生动摇，乃至引起整个社会信用体系的垮塌。所以，司法公信，才能取信于民，才能发挥司法裁判的公信力对社会活动加以规范、约束，才能正确引导公众对未来社会行为的预期和对社会价值的评判，才能有效引领道德风尚，推进社会诚信体系建设。

（一）诚信社会与法治社会密不可分

诚信社会是基于诚信的价值观而形成各种社会关系的社会形态，而诚信的基石是明确的社会规则，也是法治社会的基础形态。诚信社会和法治社会二者联系紧密，可以说良好的社会诚信建设对于法治社会建设有巨大的促进作用，而法治的推进又能反作用于诚信社会建设，对整个社会的诚信起到保驾护航的支撑。我们可以从不同的角度探寻二者的紧密关系。首先，随着社会信用体系的不断完善，随着法律保障诚信的机制日益受到社会公众的认可，随着立法、执法、司法和守法等各个环节对诚信的宣导，社会公众已然把诚信作为道德约束和行为约束的新标杆，对破坏社会诚信建设的行为，能够自觉寻求司法的支持，使失信行为不仅仅受到道德的评价，更能直接受到法律的制裁。从而提升法律权威，彰显法治精神，为推进社会主义法治国家建设营造良好的社会氛围。其次，随着我国深入推进法治社会建设，随着科学立法、严格执法、公正司法、全民守法作为依法治国的重要依托，随着良法善治深入社会生活的方方面面，法治与诚信深度融合的现实图景逐渐呈现，从司法宣传教育到诚信宣传教育，从社会主义接班人到司法机关专业工作人员，从农村、社区、学校到机关、企事业单位，实现整个社会崇尚诚信，崇尚法治的良好局面。可以说，法治社会建设引领着社会诚信建设。最后，法治社会建设和诚信社会建设同为国家治理体系和治理能力现代化的重要内容，依法治理和诚信治理良性互动，提升全社会的公共法律服务，使社会公众便捷参与和享受法律服务，特别是实现社会公共法律服务的均等化和全覆盖，使法治发展成果让人民共享是国家治理现代化的应有之义。诚信社会建设能够最大程度降低社会矛盾发生和激化的概率,全面防范可能存在的诚信漏洞和法律风险,引导市场参与主体诚信经营,自觉维护社会和谐友善秩序,进而能进一步节约治理成本,优化治理成效。因此,诚信社会建设与法治社会建设密不可分。

(二)诚信社会的一大特点即为司法具有公信力

诚信社会的美好蓝图中就有司法公信力大幅提升的画面,可以说,诚信社会的一大特点即为司法具有公信力。首先,科学的法律体系是构建诚信社会的前提。法律是法治的基础,良法是善治前提。司法具有公信力即意味着社会拥有公开透明、公平公正的法律体系,并且社会公众对于法律有较高的认知度,倾向于以法律作为行动预期指南,愿意采用法律手段处理争议和纠纷,对经司法裁判的争端具有较高的认可度。这就要求进一步完善法律体系,为诚信社会建设打下坚实基础。其次,诚信社会建设体现着司法公信力的要求。建设诚信社会的主要机制与提升司法公信力的保障机制高度吻合,大抵包含提升失信成本、守信收益和受害主体的维权收益,使失信收益、守信成本和维权成本大大降低,而这正是法律维护社会诚信而坚守的立法思维。最后,建设诚信社会正是提升司法公信力之内涵。司法公信力就其文化内涵而言,天然具有诚信文化,既是社会公众对司法的信任,又是司法对社会公众仰赖自身的自信。《管子·枢言》记载“诚信者,天下之结也”。现如今,诚信依然在社会公众心中起到导向作用,是提升司法公信力的内驱力。要建设诚信社会,就需要创新司法公信力提升机制,在全社会范围内实现诚信信息共享,实现诚信信息价值化建设,营造褒扬诚信与惩戒失信的文化氛围,而这些均是诚信社会建设的内涵。

（三）司法公信力促进社会诚信体系的构建

司法公信力强调法的运行和实施，徒法不足以自行，良法更需善治，善治便能促进建成诚信社会。这就需要司法机关重视对各类失信案件的审查和处理，效率要高、速度要快、执行要全面、宣传要到位，充分实现对守信主体和守信行为的平等保护以及对失信主体和失信行为的精准打击。涉及失信的案件向来备受社会各界关注，这就要求涉及失信案件的审理和办结能够经得起法律、社会、历史和国际社会的检验，形成的法律效果能够促进社会诚信建设；政治效果能够保障社会诚信建设；社会效果能够彰显社会诚信建设。具体而言，一方面，由点及面的一系列个案所累积的司法公信力可以有效推动诚信建设，比如对破坏生态环境和资源保护、食品药品安全领域侵害众多消费者合法权益等损害社会公共利益的行为进行公正的司法处理，能够最大范围吸引社会关注，引领社会公众的诚信观念。事实证明，司法公信力的提升有利于弘扬诚信精神，捍卫诚信原则，维护法律尊严，对推动社会诚信建设功不可没。另一方面，社会诚信体系天然包含着司法公信。诚信社会建设不能是面子工程，而应呈现内涵式发展。这就要求司法工作人员在审理涉及失信案件的过程中，不仅要关注案件的裁判结果，更要关注案件的社会性成因和诉讼参与人的一系列心理过程，并从中总结出预防失信违法犯罪的社会参与式路径。这样才能使社会诚信建设内外兼顾，实现标本兼治，形成多赢共享的诚信工程，在全社会各个领域、各个环节实现全方位、立体式、全过程的诚信内嵌，让失信主体和失信行为没有生存的土壤，真正让社会诚信体系建设落到实处。因此说，司法公信力是促进社会诚信体系构建的一味良药。

二、司法公信力维护诚信秩序

社会公众愿意将矛盾纠纷提交法院进行解决,在于其信任司法能够公平、公正地化解矛盾,并且是基于中立第三方的地位,形成的纠纷解决方案也具有终局性的效力。而司法公信力的生成就是将这种意愿予以强化,并且促使纠纷裁决的结果能够得到当事人和社会公众的普遍认可和自觉服从,从而真正实现司法化解矛盾、维护秩序的功能。在全面推进依法治国的指导思想下,建设社会信用体系的一个重要原则即是健全法制、规范发展。同时,信用法律法规和标准体系的形成和实施,必须辅以对失信行为的约束和制裁机制。这样才有助于培育和规范信用服务市场,维护信用服务市场,保护权益主体的合法权益,对那些破坏信用服务市场的行为予以严厉打击。从这个意义上讲,司法诚信积累的司法公信对于社会诚信体系的构建功不可没。

(一)司法公信力助推社会诚信体系建设

司法公信力的良好状态对于建立稳定社会秩序具有很强大的作用,这种作用主要体现在司法的规则树立和公众认可司法规则并主动予以遵循上。司法发挥其树立规则、引领社会风尚的功用,一是在具体的案件中以案说法,让公众在活生生的案例中受到法律的教育;二是通过司法解释或者指导性案例的途径形成一种普遍规则,并最终上升到立法层面。诚信是整个社会的基本规范,也是司法活动的最低要求。司法机关,特别是人民法院行使职权的主要方式就是审判,而审判活动最根本的内涵就是对当事人行为的法律评价,这种评价不仅仅体现在个案的裁判文书对当事人双方权利义务的确认上,更体现在树立社会规则,指引社会活动和公众行为模式上。司法对诚信体系建设的助推作用也体现在个案的司法裁判上,这是法院职能作用所决定的,通过裁判、执行等司法程序,向社会宣示合法行为,传递对案件事实进行法律评价的信息，引导公众按照规则行事，塑造社会主流价值观，充分发挥司法裁判树立社会规则的积极作用，维护整个社会的诚信秩序。举例说明，比如在消费者权益保护案件中，通过对违法经营者的打击，树立消费市场的规则；在合同纠纷案件中，通过对违约方的制裁，强化市场主体的诚信意识；在侵权责任案件中，通过对侵权行为人的惩处和受害人的保护，合理确定公平责任；在执行案件中，通过限制出境、打击拒不执行法院裁判罪等强制措施，来督促失信被执行人自觉履行义务等。总之，法院在行使职权，办理诉讼案件的过程中，打击失信行为，维护守信行为。此外，法院还通过司法公开等举措，宣示法律，增强司法裁判的公开性、透明性，也增强司法裁判的公信力，维护司法的权威性。如果司法公信力状况良好，案件当事人便会出于对法律或者说是司法的信任，自觉地按照司法的规则参与诉讼活动，并且对法院的裁决也能够自觉接受并执行；社会公众也会从个案的司法信息中获得相关的法律知识，引导自身按照法律规定从事社会活动。因此，司法机关运用司法权进行司法活动，不仅能更正失常的社会秩序，恢复稳定的社会秩序，也能对社会公众的行为进行规制和引导，进而对整个社会的诚信秩序加以维护。

（二）司法公信是社会诚信体系构建的基石

随着中国特色社会主义进入新时代，在推进国家治理体系和治理能力现代化的伟大征程中，加快推进社会信用体系建设的重要价值日益凸显。然而其艰巨性和复杂性决定了我们需要广泛调动各种社会资源，持续不懈地推进社会诚信体系建设。“法立于上则俗成于下。”习近平总书记反复强调，公正司法是维护社会公平正义的最后一道防线。因而，司法在国家治理体系中具有独特作用和最终裁决功能，司法机关应充分利用其特殊地位、发挥好其独特作用。深刻意识到参与社会诚信建设是人民法院参与社会治理创新的一条新路径，通过明晰权利义务关系使“失信成本”远高于“守信成本”，以司法诚信解决个案纠纷，坚决打击各种不诚信的行为，引导社会成员的行为预期，为人民群众提供一个抱诚守真、言而有信的良好司法环境，更好助推社会诚信体系建设。近年来，各级司法机关坚持严格执法、公正司法、诚信司法，通过民事诉讼、行政诉讼、刑事诉讼等程序解决失信行为引发的各种纠纷，打击失信行为和失信犯罪。坚持合法、准确、及时、完整的原则，积极深化司法公开，充分发挥法院裁判对社会价值观评估和行为模式的引导功能。突出司法公信对社会诚信建设的示范和推动作用，引导和教育当事人以及社会公众遵循诚信原则。始终坚持司法公信力建设，提升社会信用管理水平，营造诚信自律的社会氛围，推进整个社会诚信体系建设，创造更加和谐的社会诚信环境。

（三）司法公信与社会诚信的建设相辅相成

社会诚信建设与审判工作是紧紧联系在一起的，发挥司法制度约束作用，通过个案的公正审判弘扬价值、树立导向。为了建设司法公信，最高人民法院发布了一系列有关文件，各级人民法院也采取了相应的一些具体措施。亚里士多德有言：“法律能见成效，全靠民众的服从。”这里的服从应当包括信仰。信仰法律，才会服从法律，才会认可司法裁判。从社会诚信建设视角考察，可以说，信仰法律是建设社会诚信的前提。因此，可以说，在社会信用体系建设中，司法公信与社会诚信的建设是相辅相成的，司法公信对于建设社会信用体系的促进作用由此可见一斑。不断完善科学、规范的司法运行机制促进个案的审理公开、公正，不断优化司法机关与案件当事人的依法沟通，以良好的民意沟通机制促进公众对司法的参与，强化对司法的监督，进而增强对司法的信任。我们有理由相信，建设社会诚信价值观的司法裁判所能引领的社会诚信风尚的强大力量，由此而积聚起来的司法公信力可以被当作硬性指标，直接衡量着社会诚信体系的建设程度。反之，如果对于涉及失信案件的审判质量不高甚至判决不公,将会在社会上引起轩然大波,更有甚者可能会把好不容易由千千万万个公正裁判积聚起来的司法公信力毁之殆尽,社会公众将丧失对司法的信任,进而丧失建设诚信社会的基石。所以说,在社会公众的监督和支持下,不断提升司法的公正、公信水平,让司法公信在自身建设和提升的同时,亦在建设我国社会信用体系、改善我国司法环境以及建设社会主义法治国家中发挥其应有的作用。

三、司法公信力弘扬诚信文化

诚信在很大程度上表现为一种契约精神,这种契约精神主要是当事人双方的权利义务关系。履行契约精神,可以是依靠道德自律,也可以是依靠强权制度约束,还可以是依靠诚信文化所塑造的自觉。无论是通过哪一种方式,诚信在社会中都具有举足轻重的作用。当我们把诚信当作道德的标准来看待,也就是将诚信与人的修养和价值追求所融合的一种状态,是人们追求和向往的一种较高的道德境界,是受世人所尊崇的。按照诚信原则去进行生产生活,并不是出于其他目的,而是由于道德上的自我约束。如果在道德上能够树立起社会公众的诚信意识,那么社会主义诚信体系的建设将会具有很强的根基。因为从道德上来履行诚信义务,是一种内心的自觉。在经济人社会,人们进行行为的目的和标准是利益,如果诚信行为的收益较小,失信行为的收益较大,那么很有可能促使人们放弃诚信原则。因为失信行为可能会遭受舆论和道德的谴责,但是并不会损害其既得利益,也不会遭受其他的惩罚。所以说,市场主体很有可能为了追求自身利益的最大化而进行失信行为,抛开道德约束。但是如果失信行为在市场上和社会中蛮行,那么整个市场秩序将会受到很严重的破坏。因此,急需对失信行为有一定的约束机制。契约精神则在其中起到了重要的作用,而契约精神的发挥依赖的是制度的构建,通过制度约束,对失信行为予以惩戒,对守信行为予以认可,使失信者蒙受损失,守信者获得利益,这样才能使诚信在社会上具有很崇高的价值属性,通过制度的手段、他律的行为来普及诚信。

用制度的手段对诚信进行约束,最有效的途径就是上升到法律层面。将诚信制度纳入法律规范,将会使诚信具有明确的判断标准。因为违反道德而采取失信行为,仅仅可能受到舆论谴责,不会受到强制力的制裁;而违反制度进行的失信行为,则不仅仅会受到道义上的谴责,还将受到法律的制裁。因为社会的多元化,在道德约束下的诚信机制可能千变万化,当不同的价值诚信观念发生冲突,对诚信行为的诠释可能也有所区别。相比之下,诚信制度的判断标准就相对统一,而这种统一的、确定的评判标准才能更好地引领社会诚信行为。但是,也存在这样的现实问题,所有的法律法规都存在滞后性,也存在或多或少的制度漏洞,诚信体系的建设并不能仅仅依靠制度构建,也需要相应的文化建设作为软约束来弥补法律规定的不足。这样一来,硬性的制度规定和软性的文化氛围相结合,便会构成相对完善的诚信体系,并上升为人们的一种追求和信仰。这种文化力量的软约束,更是一种自觉的约束力量,对每个社会成员都会有着全方位的约束和控制。所以说,诚信文化的建设是构建社会诚信体系的最高境界,只有将诚信的理念上升至文化的高度,才能够真正形成信守承诺的自觉行动,才能够长期地维护好整个社会的诚信秩序。

(一)司法公信力是构建诚信文化的基础和保障

社会诚信要求各方主体在社会活动中要诚实守信,对于各种不诚信的行为,需要通过各种方式对其进行制裁。司法作为维护社会公平正义的最后一道防线,也是人们运用国家强权对守信行为予以保护的最后机制。当前司法在法治社会中的地位和作用日益明显,司法惩治失信行为、宣扬守法行为、维护社会秩序的功能日益突出。这种职能作用的发挥，一方面体现在通过审判来确认诚信行为，维护诚信秩序，为社会诚信体系建设构建法律保障；另一方面体现在通过司法的诚信行为，来引领社会诚信风尚，树立信守诚信的社会规则，对失信的行为人予以惩戒，对守信的行为人以胜诉判决等形式维护其合法权益，让诚信之人更加坚定诚信守则，失信之人受到道德和法律的双重制裁，进而在整个社会树立起诚实守信的道德风尚。当前我国法院在建设司法公信的道路上越走越坚定，在司法活动中坚持诚信司法，以事实为依据，以法律为准绳，解决了不计其数的因诚信问题而引发的各类纠纷案件，得到了很好的社会效果和法律效果，保障了守信人的合法权益。在这个过程中，司法程序和裁判结果也得到了社会公众的认可和尊重，不仅树立了诚信司法的良好形象，也为社会诚信的整体架构起到了保障。司法诚信是整个社会诚信体系建设的根基，地位特殊并且重要。因为抛开道德约束，司法是诚信在制度约束中的最后一道防线，也是最有效、能够得到国家强权予以保障的措施。所以构建社会诚信，这条最后的防线首先应该是诚信的楷模。假若在司法过程中出现了背信弃约、不守规矩、不讲法理的情况，那么不仅会在个案中造成非常不良的影响，还会在整个社会中产生司法不具有公信力、没有诚信的负面作用。这样一来，司法的失信行为将会影响社会公众对诚信守则的判断，误导公众对日常生活的良好预期，也会打击公众对法律的信仰和对司法的信任，大大降低司法公信力，动摇司法的权威性。同时还会降低公众采取司法途径解决纠纷矛盾的意愿，并对公众的理性认识、法律观念、道德理念造成反向指引。这些负面影响在诉讼过程中就体现为当事人伪造证据、滥用诉讼权利、不执行法院生效判决等情况，如果出现这样的情况，社会诚信必定无法得到很好的建设，诚信文化必定无法得到很好的宣扬。所以说司法公信力是构建和保障诚信文化的基础和保障。

(二)司法公信力是引领社会诚信文化的最好旗帜

如果诚信在公众日常生活中形成一种文化,便能形成公众的行为准则和处事规则。[1] 司法作为社会治理的一个重要环节,司法活动作为社会治理活动的重要内容,首先必须讲究诚信。因为司法领域的诚信是社会诚信的重要引领,是取信于民并且让公众守信的重要途径。此外,司法是社会纠纷最终解决的机制,是人民法院通过法律的适用代表国家公权力对社会行为的一种评判,也应当对社会诚信起到良好的示范作用。若想要这种示范作用得到良好发挥,必须依赖诚信的司法行为,也是通过司法来规范社会诚信行为的最强大力量,是法治的表征,更是法治的力量源泉。[2] 通过诚信的司法行为,让公众在司法过程中感受司法诚信,宣示诚信的价值理念,并在日常社会生活中以诚信作为价值准则,自觉履行诚信义务,并上升为对司法的信任和尊重,形成诚信的社会文化。这就需要人民法院坚持公正司法,合法行使审判权,在社会上营造起司法神圣、法律至上的氛围;也需要当事人和其他诉讼参与人合法地行使诉讼权利,提出诉讼主张,以证据为准来主张权利。在这样的诉讼活动中,无疑会通过司法的示范效应,在整个社会营造出一种诚信是良好美德的氛围。此外,司法通过刑事审判职能,有效打击恶意欺诈、坑蒙拐骗等严重危害社会诚信建设的失信行为,用司法的手段、以国家强制力的保障来向社会宣示一种诚信守则:遵守诚信的行为将会受到法律的保护,损害社会诚信的违法犯罪行为将会受到法律的严惩。司法活动的诚信,是在个案中彰显诚信文化的强大动力,也是将诚信文化推广到整个社会的有效渠道。通过司法诚信来引导社会诚信,引领社会公众将诚信融入生活,上升至理念。使社会公众以诚信的

---

[1] 王利民:《论人的私法地位——从一个制度的分析》,法律出版社2007年版,第90页。

[2] 贾宇:《权威与公正:法治国家司法之本》,载《人民法院报》2012年12月12日,第5版。

行为去进行活动，以诚信的做法来参与司法。同时，彰显法律对于守信者的保护和失信者的制裁，树立社会生活中的诚信标杆，使社会公众依照标杆行事，掌握好日常行为的准则，不做不诚信的行为，多行诚信之事。而上述司法诚信发挥作用的过程，既包含司法程序的合理与合法，也包含司法权运行的公正性、裁判结果的终局性以及司法队伍的高度职业化及公众法律素养的提升等诸多内容，这些都是司法公信力生成的基本要素。因此，可以说司法公信力引领着社会诚信文化。

(三)司法公信力是诚信文化建设的有力支撑

司法在社会生活中与经济、政治、文化等各个方面都关系密切，这些方面之间也相互影响、相互作用。在司法公信力良好的状态下，司法诚信对经济、政治等各个方面都有诚信引领的作用，进而促使整个社会诚信体系的完备。司法机关作为社会正义的最后“守护神”，既是社会诚信的保障者，又是法律的执行者，地位重要。所以司法机关应当坚持诚信，以诚信立己，进而推动整个社会诚信体系的建设，成为有力助手，也是撑起社会诚信体系建设的重要力量。推进社会诚信体系建设，需要大力加强司法诚信建设，一方面，要从制度建设的高度确保法官的诚信，司法的运作靠的是法官，法官的诚信行为是司法诚信的现实体现。在实践中，法官应当以诚信立身，作为社会诚信的引领者，推进社会诚信建设。另一方面，作为社会诚信建设的重要主体，社会公众在司法活动中的诚信行为也相当重要。当事人和其他诉讼参与人诚信地参与诉讼，诚信地行使诉讼权利，严格按照法定程序参与诉讼，如实陈述事实和主张，积极配合法院进行诉讼。通过诚信的诉讼活动，得到良好的案件处理效果，不仅严格按照证据规定和程序规定，还能够使裁判明确、理由真实充分，使公正的个案裁判得到社会的认可和认同，使法律效果和社会效果相统一，实现情与法的兼容。[1] 如此，通过诚信的诉讼活动，静态的诚信价值得以动态张扬，邻里家庭和睦信任的新风尚得以倡导，各类市场主体诚信交易得以鼓励，企业诚信守法经营得以引导，诚信有序劳动关系的形成得以促进，诚信的社会风尚得以形成，司法诚信在整个社会诚信中起到引领和保障的作用，有效地推进社会诚信体系建设，从而发挥诚信执行昭示善良规则的积极作用，形成公众对社会诚信的正确导向。

---

〔1〕 周强：《全面落实司法责任制　切实提升审判质效和司法公信力》，载《人民司法》2019年第19期。

第三章　司法公信力现状的实证研究

关于我国司法公信力的现状，既有一些宏观的、总括性的阐释，对司法公信力作出一个高低之判；又有很多实证的研究成果，通过问卷调查等方式，对当下我国司法公信力的现状进行勾画与描述。"量化"是对实证方法研究司法公信力的统称，目前的实证研究状况如下：一是对量化的研究更多集中于量化的必要性、可行性及维度，并未涉及"如何量化以及怎样量化，更能揭示它本质"的问题，也未论证其量化标准合法性、合理性与科学性密切配合的问题。二是评价指标及体系多元，包括综合性或亚综合性的评价体系及专门性的评价体系，在不同的评价体系下，使用的话语不一，侧重点不同，未能形成统一的实证认知。三是现有的测评更多关注客观数据，未关注作为感知主体的人的接受方式和状态，缺失从纸面数字向鲜活公正感受转换的过程，倾向于对司法裁判结果做指标性表达，存在司法公信力的感受偏离。学者们认为，对司法公信力进行评估，不能够单独看待司法自身的评估结果，也应当，或者说是更应当关注社会公众对司法的评价。这样的评估既能够体现出公众对司法的意见和需求,也能够通过满足公众的司法需求来改进法院工作,取得更好的司法效果。对司法公信力的评估应当最大限度地体现公正性,所以评估问卷的设计、评估工作的开展都应当有一个公正的程序。对于评估结果,法院也应当正确运用,将结论作为提升司法水平的重要参考。所以,学者们大多采用调研的方式对司法公信力进行研究,以数据为支撑,得到了一些对司法满意度的客观评价。司法机关也会采取类似的调研方式对司法公信力予以研究和评价。

司法满意度其实是一个量化的概念,是公众对司法活动认可和信任的程度,这是建立在公众对司法的了解的基础上的,是公众内心对司法的评价,只是这种评价以客观的数据表现出来。公众对司法满意度的概念,表现为公众与司法需要交流沟通,这种沟通的渠道也即是司法公信力树立的一种方式。对司法者来说,服务意识是司法的观念,这种服务不是口号,而应该是类似于让公众满意这样一种清晰的、可以实现的内容。在此基础上提出对司法进行评价的量化的方法,就是前面提到的公众满意度。这样一来,可以达到测评司法、测评司法公信力的目的,使之与司法改革的目的相适应。所以也可以说,司法满意度的调查,是司法理念的一种更新,也是评价方式的一种改革。

从司法满意度的层面来考察人民法院的司法公信力,对研究了解司法公信力的现状是一种十分重要的途径,而且能够在一定范围内了解公众对司法的认识和看法,掌握公众对司法的信任情况。但是,司法公信力的评价标准并不是单一的,更不是只能用公众的司法满意度来进行涵盖。例如,一个法院的裁判公正与效率较高,当事人服判息诉状况良好,是否一定意味着司法公信力相对较高?有没有可能出现社会公众满意度反而不高的背离现象,或者涉诉当事人满意但公众不满意?如果出现这种背离的现象,又是什么原因导致的?诸如此类的问题,都必须通过严密的实证观察来进行描述分析，才能对司法公信力状况作出一个相对全面、客观、深入的把握。所以说，满意度调查是一种重要的方式，但绝对不能局限于此，还应采取多重的实证手段。此外，简单地得出当下司法公信力高低的结论，往往也会产生“只见树木、不见森林”的偏颇，不能准确把握司法公信力生成的根源性问题。

出于上述考虑，本书在实证研究中主要着力于描述现状，对素材的选择主要包括：一是全国法院的司法统计数据，力图通过近几年的数据展示与分析来勾画司法裁判公正、效率与效果的总体轮廓；二是能够说明司法公信力现状的典型案例；三是问卷调查结果，调查对象分为法律职业共同体、涉诉当事人、社会公众三个群体来进行，力求反映这三个重要群体的主观认知，以此探究司法公信力状况；四是就一些访谈对象对司法公信力的见解进行归纳总结。具体来讲，本书采用问卷调查的方法对相关指标进行实证研究，根据不同类型被访者对各个指标的权重进行评价，进而依据评价的结果打分，以充分尊重受访者的意愿为核心，采取匿名调查方法，尽可能确保调查结果的真实可信度。这些实证研究包含了公众对司法的信任情况、对司法裁判的接受程度、不同社会主体（包括职业法律人、诉讼活动参与人以及社会公众）对司法的客观看法，力图较为全面地描述出人民法院当前的司法公信力状况。

第一节　法院案件质效的内部技术性考察

对司法公信力现状进行实证研究，首先要考察的就是人民法院案件质效的内部情况，这关乎案件审判执行的公正、效率以及效果，每个指标都是司法公信力生成的直接因素。在司法实践中，司法公信力的生成是一个涉及面众多，相关因素复杂多变，随着时间不断变化与社会司法需求的改变紧密联系的变量。因而在研究司法公信力的过程中，必须以全面的、变化的眼光对其进行实证研究，研究指标体系的建构也必须具备时效性、可变性和复杂性。这就要求在整个调查问卷的设计中，既要遵循主题，紧密结合司法公信力提升，针对司法公信力的概念和特征，关注司法公信力生成的过程，将一系列的因素标准化、指标化，使其真正能够反映司法公信力的内涵。还需要充分考虑评价的时期、目的和对象，遵循一定的原则进行指标构建，并赋予指标一定的导向作用，使得社会公众在进行问卷填写的过程中，就能够提升对司法的认知，同时也能向社会公众反映，人民法院正在为切实提高司法公信力做足努力。因此，本节重点针对案件的公正情况、效率情况以及效果情况来进行探究。关于人民法院案件质效的内部技术性考察，在各项评估指标的设置上，就必须符合法院案件审判的特点以及司法公信力生成的重要因素，同时结合社会当前的司法需求、政策导向、学术前沿进行设计、研究和细化。在具体进行评估的过程中，不应单单局限于法律学科和统计学科的范畴，而应综合法律学科、统计学科、管理学科、政治学科、经济学科等方面，进行有机结合，综合设计调查问卷，问卷问题的措辞尽量符合被调查者的法律认知及思维习惯，避免公众难以理解的法律专业术语，更亲民化、形象化，同时把握好问题的长短适度，努力降低问题理解的难度，消除歧义性表达，尽量多用社会公众的一致性认知措辞，避免出现表达误差。对人民法院当前司法公信力的状况进行研究，首先应该对法院案件的审判质效情况进行了解，这是法院自身的职能所在，体现为案件审理的公正、效率与效果情况。审判是法院的最重要职责，这个职责的完成情况对于司法公信力的状况有最直接、最根本的联系。因为审判是人民法院体现自身能力，展示裁判水平的体现，也是社会公众了解司法的重要渠道。同时，从理论上看，法院案件公正、效率与效果状况与司法公信力的现状呈正相关，案件审理的质效情况越好，司法公信力也应该是更良好的状态。

20世纪初就有类似于企业产品质量评估的方法被引入政府机关，对其自身的绩效进行考核，这种做法在管理中起到了很好的效果，也被我国加以借鉴。审判质效评估在司法体制改革的过程中作用非凡，是改革成效的量度尺。它指的是通过司法审判机关各部门的综合性统计资料，运用多向度指标评价体系和评价技术，对标案件质量评估的标准化模型，进而对案件质量进行指标性的量化，以此来反映全国各级司法机关、各级审判部门乃至各个司法工作人员的案件审判绩效。随着司法体制改革的推进，审判质效评估体系建设也随之提上日程。与此同时，"系统理论""目标管理""控制理论""激励理论"等学说被运用于司法管理，案件质量评查、法律文书评查、庭审评查等司法机关内部技术性评估机制应运而生，以回应我国司法实践中较为突出的案件质量以及司法公信力不高等现实问题。在审判质效评估取得阶段性成效的同时，人民法院更需要通过科学化、精准化的审判管理，使审判权运行更加规范、高效，使法院的办案效率、质量、效果越发稳定，司法公信力不断提升。

一、案件公正情况

案件公正情况是司法追求的重要目标，也是体现司法公信力生成的重要方面。具体而言，案件公正情况对司法公信力生成的影响至少体现在以下三个方面：第一，社会公众是否倾向于采用司法手段解决矛盾纠纷，如果整个社会的案件公正情况非常乐观，普通社会公众便易于相信自己所经受的矛盾纷争能够被司法公正对待，给予恰当的解决。因此，案件的公正情况是法治社会的重要内容，也是影响司法公信力生成的先决条件。第二，司法机关及其工作人员的社会形象是否能够得以良好树立，如果社会公众具有崇尚司法的观念，便会对司法机关及其工作人员给予充分的信任和尊重,司法机关及其工作人员作为法律的代言人和法治建设的执棒者,便会拥有充分的社会信任基础,这也是司法公信力生成的首要标准。第三,社会公众对生效裁判是否能够充分信任和尊重,如果接受裁判的双方,尤其是败诉的一方能够认可裁判结果,了解相关法律和社会生活中风险承担的规则,进而更好地投身到生产生活之中,那么便是案件公正情况最好的体现。在这个过程中,司法机关的生效裁判作为法律实施过程的重要环节得以充分维护,实现了法律效果和社会效果的统一,便能进一步提升法律权威,使法律得到充分确立和尊重,这是司法公信力生成的有力支撑。

(一)立案公正情况

从立案开始,案件的公正情况已经受到各方主体的评价,对于司法公信力起到了相应影响。每个立案事项的登记,就意味着每一个诉讼当事人在司法系统中拥有了一套独一无二的卷宗,在其中记录下当事人及诉讼参与人的立案日期、事由、证据、审判流程、审理结果等一系列与其息息相关的法律信息。每一套司法卷宗,都是法院与社会公众链接的有力纽带,是每一位法官运用法律定分止争、化解矛盾的最好载体,也是社会公众对于司法公正追求的文本记录。每一本司法卷宗都体现了个案公正,一系列个案公正的累积便聚集成司法公信力。因此,卷宗的质量就与司法公信力的生成密不可分,立案工作的开始就是卷宗“生命”的源泉。在立案登记之下,立案难现象将会大幅度减少,可以更大程度地保证当事人诉权,同时给社会公众选择诉讼解决纠纷提供很大的便利条件。尽管如此,立案登记制下的立案公正并不意味着将一切纠纷交由法院来审理解决。因为对于纠纷当事人来说,立案登记保障的是依法应予受理案件的当事人诉权,并未扩张法院案件主管和管辖的范围。从立案上看,审查工作的质量逐步完善。立案变更率逐年下降,立案的差错率逐年下降,立案的规范性日益增强。立案是社会公众走近司法、运用司法化解纠纷的门槛,立案工作的进展直接影响司法工作的展开,也影响当事人及诉讼参与人对于法院的第一印象。常言道,第一印象非常重要,将在很大程度上影响社会公众对于司法的评价。因此,立案的公正情况是法院案件质效实证研究的关键一环。

当然,立案公正不仅仅体现在法院工作的量上,更需要在立案环节做到无错立、无漏立,同时做到认真审查,既要积极保护当事人的诉讼权利,又要为审判工作的及时、高效提供服务,兼顾立、审、执各环节,审慎立案,在第一环节做到无错案。加强案件风险评估,做好导诉、释明工作。同时,需要始终把热情服务与严格执法结合起来,不断改进工作方法,提高立案效率,建立和完善大立案工作格局,顺应审判规律的必然趋势,在从收案到结案的整体工作中做好文章。立案的公正情况具体体现在如下环节:审查和登记立案、接待诉讼当事人,审限、执行期限的监督管理、办理案件排期、公告、送达、诉前保全、收取诉讼费用、司法统计、案卷装订、归档等程序性、行政性事务。这些程序性环节看似琐碎,但是每一个具体的流程都是司法公信力生成的组成部分,都不能够放松,需要努力强化系统性案件流程管理,对内要提高办案质量、增强工作效率、促进廉洁办案;对外要在方便诉讼当事人、减轻诉讼当事人负担等方面做足文章,树立人民法院高效、公正、廉洁的职业形象。

同时,立案工作除了在外在形象上能够让当事人感到司法的温度,在真正帮助当事人解决实际问题中更能体现立案公正。比如,对于一些简单的案件或者当事人之间争议差距不大的案件,可以在立案环节就召集双方当事人进行诉前调解,如果调解不成功,则立案后转业务庭审理。这样不仅能够方便当事人及时解决诉讼纠纷,降低当事人诉讼成本,保证当事人的合法权益得到提前实现,将矛盾消化在立案过程中。同时还能节约司法成本、节省人力资源,提升司法效率。因此,对于符合一定条件的简单案件实行适度立案调解是值得鼓励的尝试。如果立案调解不能解决当事人之间的矛盾纠纷,那么也可以针对在立案阶段当事人对诉讼程序并不了解的情况,正确引导当事人诉讼,让当事人对整个案件的审理程序有了初步的了解,告知当事人诉讼风险和诉讼须知,在受理案件的同时,提前提醒当事人提交规范的证据材料,充分发挥诉讼当事人的主动性,使当事人在开庭和审理中有充分的准备,然后及时转入司法程序,从而缩短开庭时间,这样也有利于案件的审理和执行。

(二)审判公正情况

从审判上看,案件审理质量不断提高。从满意度上看,调解结案的满意率远高于判决、裁定结案的满意率。[1] 因此,审判是否公正,在当事人看来,可能更多的考量因素并不在于案件判决与法律规定的契合度,而是在于自己是否感受到权益受到保护。因为在当事人的眼中,“合法权益”并不完全是基于对法律的认知,而是在大部分情况下基于情感的认知。同时,案件的事实真相是非常难以还原的,很多案件的真实事实很难得到证据的支撑,因此也不可避免地出现类似“辛普森”案件的情况。在这样的情况下,诉讼的调解工作就应当引起充分重视。在充分尊重案件参与人的诉权基础上,使“能调则调、当判则判,判调结合、案结事了”落实到整个审判的流程之中,把调解工作做到位。在整个调解过程中,综合运用法律、心理、社会等多个学科和视角,深挖争议的本质,明确焦点的底线,摸准双方的利益平衡点,采取双方都能接受的方式方法,全程增强当事人对法院调解工作的信任程度、当事人的调解意愿。在这样的大环境之下,就全国而言,案件的公正情况也在不断提升。在当前案多人少矛盾突出、案件复杂性日益加剧的情况下,全国法院的公正指数能如此进展,反映出法院司法能力的提升,以及对公正

〔1〕 孟祥沛:《司法公信力的本质属性及其对评估指标的影响》,载《政治与法律》2021年第12期。

的执着追求。从司法公开上看,对程序公正有很强的促进作用,更好地保障了实体的公正。

(三)执行公正情况

执行是审判活动的最后一环,也是非常关键的一环,对于司法公信力的生成起到“临门一脚”的作用。再公正的判决,如果得不到执行,那么在整个诉讼过程中所生成和累积的司法公信力便会烟消云散,甚至产生负面效果。因此,最高人民法院对于执行难的问题追根溯源,全国法院坚决打赢执行难“攻坚战”,积极探索执行的新方法和新途径,大量执行案件得以顺利执结,对于司法公信力的生成起到非常重要的促进作用。当然,虽然执行难将被攻克,但是执行的公正情况依然是司法公信力生成的重要因素,执行工作的价值取向也依然是司法工作的重要追求。关于执行工作的价值取向,学术界一直有着诸多争议,这些争议主要可以划分为两大阵营:甲方阵营认为执行工作应当以最大限度地实现执行依据确定的债权作为最终的目的。也就是说,在经历司法途径后,只有权益得到实现的,执行工作才算做到位,哪怕在执行的过程中,并未严格遵照法律规定的程序,也被认为是执行公正,坚决排除了只走“过场”的执行工作。乙方阵营则将程序公正放在首位,只要按照法律规定的程序走完执行流程,执行的公正性便得以实现,哪怕最终依法确定的债权并未得到落实,也不排除执行公正性的体现。经过深入分析和对比,我们可以发现,两大阵营观点的冲突在于执行的过程和结果之争。是执行的程序正义更重要,还是执行的结果正义更重要?是执行的程序正义更能体现执行公正情况,还是执行的结果正义更能体现执行公正情况?公正的执行程序应当体现为当事人能够充分地实现其权利,还是体现为严格的程序制度甚至形式主义倾向?

本书认为,应当从执行工作本身的特性来分析。执行工作和立案工作、审判工作都属于司法程序的一部分,只是程序的先后不同。执行工作不同于立案工作、审判工作的特点在于，其是一种司法的救济手段，并不是每一个司法程序都必然要经历的阶段。救济的对象是司法程序中相对正义的一方，也是相对弱势的一方，用来维护司法裁判的权威性和社会的平衡性。既然是一种救济手段，就分为救济成功和救济不成功两种结果，而救济不成功的风险不应该仅仅由司法机关来承担。这就相当于医生救治病患，有救治成功和救治不成功两种结果，而救治不成功的风险也不能仅仅由医护人员来承担。在执行过程中，债权人的债权能否最终实现，不仅取决于法院的执行情况，更大程度上取决于被执行人的履行能力。在执行过程中，被执行人的履行能力，从学术研究上可以被分为有履行能力、相对有履行能力和绝对无履行能力三种情况。对于前两种情况，司法机关可以通过一定时间的努力来帮助债权人实现债权，但是如果确属第三种情况，那么司法机关也很难帮助债权人实现物质上的补偿，只能在精神上实现对其债权的法律认可。由此可见，司法机关的执行工作最终能否真正帮助债权人实现债权，更大程度上取决于被执行人可供执行的财产，而并非只是司法机关的执行工作。在市场经济中，风险无处不在，承担风险的最终受体应当是参与市场活动的主体，而并非法院。比如，债权人在决定与债务人之间形成债权债务关系时，就应当意识到债务人有可能无力偿还，也就应当担负起偿还不能的市场风险。因此，如果在执行工作启动并经过执行工作人员的努力后，最终因为债务无力履行而执行不能，那么就只能由债权人承担相应的损失，不能归责于法院的执行工作。

从上述分析可以看出，执行工作的结果在很大程度上并不是由执行工作来决定的，那么执行结果正义也就不应当成为执行公正最终所追求的价值。如果必须要在结果正义和程序正义中选择其一，那么就执行工作的特点来说，执行工作最终的价值取向应当是执行程序的公正性。因此，执行的公正情况很大程度取决于执行程序的每个阶段，是否能够得到当事人、诉讼参与人和社会公众的认可。同时,公开执行信息,向社会公布执行立案标准、启动程序、执行收费依据等,可以带动公众对执行工作的关注和理解。让当事人和社会公众能提升思维认知,意识到执行工作的结果并不完全由人民法院负责,程序公正作为执行工作的价值取向,并不意味着只追求程序上的公正,对债权人的利益缺乏相应的保障。而恰恰是在追求程序公众的过程中,才能充分保障债权人的合法权益,遵循市场规律,让债权人意识到还需要承担相应的市场风险。从法理学角度出发,程序违法就是实体违法,程序公正是实体公正的保障,在我国七大法律部门中,程序法作为重要且独立的法律部门,绝不是形式主义。而恰恰是民事、刑事、行政等司法程序的设立,才能最大限度地保障债权人的合法权益。与此同时,债权人和社会公众若都能客观地看待执行工作和执行结果,便能客观地对执行公正情况进行评价,司法公信力便会逐步生成。

二、案件效率情况

公正和效率是司法追求的两大目标,本书上文讨论了案件的公正情况,接下来,我们讨论案件效率情况与司法公信力生成的现实关系。

(一)立案效率情况

自2015年5月1日起,全国法院全面实施立案登记制。实施立案登记制后的首个工作日,全国法院立案数量超过67,000件,与同期相比增幅超过20%。最高人民法院发布的《中国法院的司法改革(2013—2018)》白皮书显示,人民法院立案登记制改革以来,截至2018年年底全国法院登记立案数量超过6489万件,当场登记立案率超过95%。[1]在立案登记制下,只要是有明确的被告的、符合立案条件的都要立案,

〔1〕最高人民法院:《中国法院的司法改革(2013—2018)》,人民法院出版社2019年版,第41~47页。

并且实行现场立案、现场缴费、现场领取开庭传票一站式诉讼服务，立案门槛大幅度降低。可以说，立案登记制推动立案效率大幅提升，很大程度上解决了社会公众反映强烈的"立案难"问题，切实保障当事人诉权，增强了社会公众对于采用司法手段解决纠纷的信念。在这样的立案效率支撑下，尽可能地减少当事人的诉累，让当事人对法院、对法官有一种亲近感、信任感，赢得了当事人以及社会公众对法院工作的信任和支持。

为了进一步提高立案工作效率，认真对待每一位当事人，使当事人开庭前一次性完成全部诉讼事务，避免多次往返增加讼累，让社会公众感受到司法为民的温暖，让社会公众感受到公平正义就在身边，2019年7月底，在京津冀和长三角地区法院实现了跨域立案；8月底，在全国各海事法院间实现了跨域立案功能；9月底，全国中基层法院已基本实现跨域立案功能，并在全国法院组织开展了跨域立案演练工作，有效地保障了人民群众到全国任何一个中基层法院均可申请跨域立案服务。截至2019年年底，全国法院共提供跨域立案服务17,269件，其中提供省内跨域立案服务13,935件，跨省（市、区）服务3334件。通过跨域立案系统申请立案的案件数量呈现出明显的上升势头，月均增长率达到300%。[1] 这反映出跨域立案系统确实满足了群众的迫切需求，既避免了当事人长途奔波，又节约了时间和经济成本，获得当事人的一致好评，切实提高了人民群众的司法获得感。

在跨域立案服务下，当事人或代理人可以在家门口的法院进行跨域立案申请，有效地跨越异地诉讼的数字鸿沟，有效地解决异地诉讼难问题。与此同时，立案工作也更应当不断提升效率。例如，探索建立立案应急机制，在出现当事人众多的情况时，及时分流业务骨干，增派窗

〔1〕 最高人民法院：《中国法院的司法改革（2013—2018）》，人民法院出版社2019年版，第36～40页。

口工作人员,根据立案现场需求开展工作,减少当事人等候时间,保障立案工作的高效有序开展。实现网上立案,由立案法官通过法院审判流程管理系统内网进行审核,将诉讼从“让当事人跑腿”变成“让数据跑路”。与此同时,立案法官无需重复录入信息,可大大节省立案成本,提升立案工作效率。通过简化填充文书、启用语音录入系统等措施简化立案流程,提高立案效率。例如,制作诉讼材料清单,由当事人填写变为当事人打钩,时间缩短至原来的1/5;通过语音录入系统,解决打字慢、专业法律术语错别字等情况,提高当事人与立案人员的录入速率;注重提升业务能力,立案窗口工作人员变“被动”服务为“主动”服务,每名工作人员都应熟知立案、管辖权、保全、再审等各领域专业知识,并能真诚帮助当事人。种种措施都在保证立案效率,真正让当事人时刻感受司法的温暖,提升当事人对司法的认可度和满意度,促进司法公信力的生成。

(二)审判效率情况

从人均结案数上看,全国法院法官的年平均结案数也在不断提升。2021年,全国法官人均办案238件,一审服判息诉率88.7%,二审后达到98%,长期未结诉讼案件同比减少16.3%,在案件压力增大情况下,审判质效指标持续稳中向好,人民群众对司法公正的获得感不断增强。[1] 但是也会受到地区差异的影响,不同地区法院法官的年平均结案数也有很大差距,有些法院的年平均结案数不断趋高,也有些法院的年平均结案数很低。从案件审判效率上看,全国法院的审判效率水平也是不断上升的。各地法院也采取一系列手段,对审判效率进行加强。比如,采取将积存案件数纳入审判质效考核、严格控制不计入审限的时

〔1〕 周强:《最高人民法院工作报告——2022年3月8日在第十三届全国人民代表大会第五次会议上》,载《中华人民共和国全国人民代表大会常务委员会公报》2022年第2期。

长、强化审委会督办作用、畅通当事人对审限变更的知晓和异议渠道等多种方式,着力解决案件隐性超审限问题。对涉及传统民事案由的民事案件裁判文书进行质量评查,梳理问题,进一步规范裁判文书制作,提升裁判文书质量。从审限内结案率来看,效果也很好。

截至2019年6月末,各省(区、市)法院新收各类案件总数同比增加189.0万件,上升14.54%;审执结案件总数增加174.1万件,上升17.14%;结案率上升3.57个百分点;审执结案件数同比增加174.1万件,上升17.14%;未结案件数增加1.8万件,上升0.30%。在新收案件同比大幅上升的情况下,实现未结案件数基本持平,意味着人民法院的审判效率大幅提高,形成了审判执行工作平稳有序、稳中有进的良性运转态势。良好的审判效率数据,是人民法院向改革求效率、向创新求效率、向理念求效率的结果。在案件数量激增的背景下,如何保证审判效率,是各级人民法院努力的方向。通过司法责任制改革,充分利用简易程序,集思广益,强化争议焦点概括能力,化繁为简,科学拟订裁决处理方案。强化流程规范,对于举证通知书等通用性程序类文书样本和庭审记录设计规范化样本,对金融借款、民间借贷等类型化案件进行裁判要点的提炼,拟定庭审提纲和文书说理的范本,为送达工作和庭审记录提供了便利。坚持调判结合,对于调解可能性较大、判决难度不高的案件,指导助理拟订调解方案,撰写裁判文书。既不浪费时间在调解方面,也不浪费时间在判决方面;既不勉力促成双方调解,也不放过调解机会。同时有效运用庭前会议,强化庭前会议和庭前证据交换制度运用,对无实际争议的案件,庭前即组织调解;对争议较大的,运用庭审提问环节和举证责任分配,促使当事人形成合理判决预期。对案件类型相似或当事人有所重复的案件,集中安排同一时间段开庭或公告送达,加强庭前沟通、庭审释明,减少开庭次数,审中提炼判决思路、要点,形成腹稿并简要记录,提升案件审判效率,推动审判执行工作稳中有进、优质高效发展取得积极成效。

(三)执行效率情况

如前文所述,执行追求的公正价值不仅体现在结果上,更体现在程序上。公正与效率永远是司法工作所追求的价值,执行工作也应当如此。在追求执行公正的同时,还需要明确,“任何迟来的公正都可能构成不公正”,执行期限拖延对当事人一方或双方会形成极大的损失和浪费。因此,执行期限不可以遥遥无期,在更多时候,合法权益的实现带有极强的时效性。执行的效率也应当是司法工作追求的重要目标。司法实践表明,执行案件的增长是一个长期趋势,执行程序的及时终结是执行效率的一个重要体现。执行程序设计的初心,一定不是为了延长司法期间,而是为了尽可能满足当事人的诉讼参与权,方便当事人充分行使其权利,限制法官行为,规范债权实现流程,对执行的公正性起着非常重要的作用。增加、延长或者减少任一环节,都会破坏执行的公正性。从这种意义上来看,追求执行的效率一定要建立在程序合法的基础上,对执行程序进行适当、必要的简化,应当坚决避免为了追求效率而不考虑程序要求的做法。同时,我们应当看到,执行的公正与执行的效率并非矛盾关系,因为公正执行要求执行的规范性,而执行的规范性有利于执行效率的提升。

理解了执行公正与执行效率的关系,再来看一下执行效率情况与司法公信力生成之间的关系。2019 年上半年全国法院新收案件继续保持增长态势,新收各类案件总数同比增加 189.0 万件,上升 14.54%;审执结案件总数增加 174.1 万件,上升 17.14%;结案率上升 3.57 个百分点。从上述数据可以看出,执行效率正在稳步提升,这就意味着当事人实现自身权利的速度也在稳步提升。与此同时,执行的规范化程度也在稳步提升。因为,规范执行行为加强对执行程序的管理,不仅是实现基本解决执行难目标任务的需要,也是提升执行效率的重要手段。规范的执行行为能够加快对财产的调查、控制和处置。对被执行人财产的调查、控制是案件能否执行的关键，对被执行人财产的处置是案件能否执行的兑现。如果执行行为不依靠规范，只是依靠执行人员的工作经验，那么势必造成对财产调查、控制的程度各不一样，法院与法院之间不一样，法院内部不同部门之间不一样，案件与案件之间不一样，这种不一致的执行行为，会凭空增加当事人对于司法公正的臆测，破坏司法公信力的生成。如果规范执行行为，减少因人为差异而造成的互异，即便是刚刚走上执行岗位的工作人员，也能够对财产的调查、控制按照一套规范的程序执行，在执行立案后及时发布财产申报令，快速启动财产调查，对查到的线索尽快核实，对找到的财产在规定时间内控制，对未申报或申报不实的要进行惩处，那么执行的效率性和公正性便能同时保证。因此，从长远来看，规范执行行为对于执行效率的提升是十分必要的。并不存在"讲规范就没有效率，要效率就没有规范"的情况，执行效率与规范执行能够良好兼顾，在规范执行中提升了执行效率。执行的规范性和高效率对司法公信力的生成意义重大。

心理学上有一条著名的"峰终定律"[1]，这条定律基于我们潜意识总结体验的特点：我们对一项事物的体验之后，所能记住的就只是在峰与终时的体验，而在过程中好与不好体验的比重、好与不好体验的时间长短，对记忆几乎没有影响。从这个意义上来说，当事人对于执行结果的感受，甚至比对整个审判过程的感受更重要。也就是说，执行结果与当事人的司法满意度关系非常大。在执行实践中，有不少执行财产因没有及时处置甚或没有处置，使原本有财产的案件未能及时兑现，大大影响了司法公信力的生成。而执行与审判相比具有特殊性：对审判而

---

〔1〕 该定律是2002年诺贝尔经济学奖获奖者心理学家丹尼尔·卡纳曼(Daniel Kahneman)经过深入研究提出的。研究表明，人们对体验的记忆由两个因素决定：高峰(无论是正向的还是负向的)时与结束时的感觉，这就是"峰终定律"(Peak-End Rule)。

言，无论法律关系多么复杂、矛盾多么大，最终总能将其审结；而执行不一样，执行结案的终极目标需要用物质来兑现。针对执行不能的案件，最高人民法院于 2016 年 10 月 29 日出台了《关于严格规范终结本次执行程序的规定（试行）》，明确对客观不能执行案件适用终结本次执行程序结案的条件，同时也发布了执行转破产程序的司法解释，对执行不能案件的处理指明了标准和路径。同时，在科技日新月异的今天，充分利用信息化、科学研判、科技发展等力量，进一步提升执行阳光化，聚焦执行智能化与可视化目标，真正实现高效执行、规范执行、公正执行的目标。

三、案件效果情况

案件的效果情况是指，在案件从立案到审判再到执行的过程中，所起到的法律效果、社会效果和政治效果。其中，法律效果是指案件审判的过程和结果符合法律要求，有利于弘扬法治精神，维护法制的统一、尊严和权威。社会效果是指案件审判有利于实现社会公平正义，有利于维护社会和谐稳定，有利于促进社会文明进步。政治效果是指案件审判要符合党和国家的大政方针政策的要求，有利于巩固党的执政地位，有利于维护国家安全和人民利益。从司法实践来看，案件的效果情况直接影响司法公信力的生成。当案件审判的法律效果、社会效果和政治效果都能够很好地兼顾并向社会公众展示，法官不会因为追求审限内结案率而忽略案件的法律、社会和政治效果，放松对程序公正、行为规范的要求，这样一来，司法公信力便会极大程度提升。

（一）立案效果情况

在立案登记制改革实施后，是否会出现新的“立案难”问题？“立案”的效果情况是否会相较立案审查制而大幅下降？随着进入诉讼案件数量的大幅上升，是否必然伴随诉讼周期大幅延长的情况？立案登记制究竟能发挥多大作用？司法资源能否都得到有效利用？这些都与立案的效果情况息息相关,也与司法公信力的生成息息相关。立案的效果情况主要包含案件立案之前的释明分流工作,立案职能部门能力的进一步提升以及案件“繁简分流”的进一步细化。这样一来,既能充分保障当事人诉权,又能充分应对急速增长的案件量,实现登记立案的常态化,使案件的效果情况得到大幅优化,取得良好成效。

针对立案前的释明分流工作,主要是我国目前部分公众的法律意识还不完备,律师代理制度也并非强制执行的现状下,当事人需要从人民法院提前了解到诉讼风险、案件主管、管辖等问题的专业知识。因此,近几年我国的诉讼服务中心,包括诉讼服务大厅、诉讼服务网和诉讼服务热线“三位一体”的建设正在如火如荼地进行。在诉讼服务大厅,配备自助查询、网上立案、免费打印等一系列的便民举措,方便诉讼当事人一次性完成所有事项。虽然立案工作不会针对案件的实质性问题进行审查,但是为了诉讼当事人的切身利益,也为了司法资源的高效运行,应认真落实当场登记立案原则,一次性告知当事人所关心的与当事人诉讼权利有关的所有问题。譬如,人民法院针对诉讼材料的准备、诉讼风险的承担等问题主动对当事人进行必要的提示、解释,便会很大程度防止出现因当事人对法律不了解而违背其真实意愿“被动”立案。否则,既会增加当事人的讼累,也会浪费司法资源。这时,立案前的释明工作便能很大程度提高立案效果,一是借助此环节分流出一批本不应进入诉讼的纠纷,二是释明应以当事人坚持起诉为界限,防止“不立不裁”现象借道释明提示再次出现。

针对立案部门的职能提升,在立案登记制下,对于案件是否能够进入司法程序的标准降低了很多,不需要针对实体问题进行审查,只要符合法律规定的形式要件即可进入司法程序。因此,在立案部门的人员分配上,便不需要专业的审案法官,只需要法官助理或书记员即可完成。原本在立案庭工作的法官,可以承担新的审判职能,这样也可以防止在职能突发转换下，立案法官以思维惯性来裁决案件是否符合诉讼要件，通过立案裁定的形式直接将不符合诉讼要件的案件裁定驳回，违背立案登记制的初心，防止以登记之名行审查之实。同时，在立案登记制下，立案部门要能够熟练地承担起对案件“繁简分流”的职责，把“繁”和“简”的标准具体化，将案件进行初步分类，让案件根据自己的特征进入不同的流程，让简单案件实现又好又快审理，让疑难复杂案件能够分配到更有经验和能力的法官手中。

针对“繁简分流”的进一步细化，也是关乎立案效果的重要环节。目前，在我国司法体制下，小额诉讼程序、速裁程序以及先行调解程序都是可以由当事人选择的便捷程序，方便当事人快速解决矛盾纠纷。相较于普通程序的诉讼方式规范、受理程序严格、审结期限较长等标准化流程，简易程序则在流程上简便了很多，受理、传唤、开庭、审理等各个环节都极大程度地简化，能够大幅度提高案件的审结效率。因此，简易程序从理论上来说，可以很好地减轻当事人诉累，方便当事人诉讼，提高人民法院的办案效率，及时解决当事人之间的矛盾纠纷；与此同时，还可以极大程度地降低诉讼成本，遵循诉讼经济原则，化解立案登记制下“案多人少”情况激增的矛盾，为人民法院相对快速、及时地审结案件，继而集中时间和精力审理复杂、疑难案件铺平道路。但是在现阶段，这些简易程序并未充分发挥其纠纷“泄洪”功能，究其缘由，主要在于认定案件为简易程序的过程，以及简易程序的审限要求及送达难度都在很大程度上让审判法官有抵触情绪。如果能够解决这些困难，充分有效地运用法律规定的多种简易程序快速审理案件，便能实现既依法保障了当事人的诉权，又不让大量案件长期处于未结状态。因此，就需要针对“繁简分流”进行进一步细化，对轻刑判决、小额诉讼、简易程序、支付令督促程序、实现担保物权等简易案件，在立案环节就做好分流，保证进入司法流程的案件能够“各得其所”；同时积极推进多元化纠纷解决机制建设,加强诉调对接、诉前调解和立案阶段的司法确认,为群众提供高效、便捷、低成本的纠纷解决方式。此外,对于明显不属于法院主管、管辖的案件进行有效的分流。在这个过程中,要对“恶意诉讼、无理缠讼”等情况进行清晰的界定以及相应的惩治,同时也应着重做好诉讼诚信的宣传和提示工作,警示潜在恶意诉讼当事人。通过警示、发现、惩处、赔付等方式,保证有限的司法资源充分运用到恰当的地方。

(二)审判效果情况

审判质量和效果是人民法院审判工作的生命线,当案件能够分门别类进入审判流程,审判的效果情况就是当事人及社会公众尤其关注的环节。特别是一些新类型的疑难复杂案件,处理得当,便会赢得司法公信力的提升;处理不当,便会损害已经建立的司法公信力。因此,对于审判法官的法学理论素养和丰富审判经验的要求也与日俱增。如果法官的政治、业务素质强,知识更新速度快,司法能力高,便极有可能在案件审判中得到当事人认可,在裁判生效后得到当事人认同,生成司法公信力。同时,法官不仅业务能力很强,思想素质也高,审判作风扎实,工作方法恰当,最终做出的裁决不仅符合法律要求,还能在整个审判过程中引导当事人崇尚法律,增强法律的尊严,提高当事人和社会公众对司法的信任,生成司法公信力。还有很多法官的裁判文书制作能力非常高,制作精良的裁判文书不仅在个案上能够以理服人,更能够在整个社会起到示范效应和宣传效果,对司法公信力的生成起到事半功倍的影响。

(三)执行效果情况

“执行难”一直是整个司法系统乃至整个社会面临的难题,是各种社会问题和矛盾叠加、交织的集中体现。根据“峰终定律”可知,在整个司法公信力的生成因素中,执行环节是非常重要的一环。周强同志

2018 年 10 月 24 日在第十三届全国人民代表大会常务委员会第六次会议上所作的《最高人民法院关于人民法院解决“执行难”工作情况的报告》显示，2016 年至 2018 年 9 月，全国法院共受理执行案件 1884 万件，执结 1693.8 万件（含终本案件），执行到位金额 4.07 万亿元，同比分别增长 105%、120% 和 76%。

“执行难”的形成原因纷繁复杂，既有内部的原因，又有外部的因素。坚决打赢“基本解决执行难”攻坚战以来，法院内部影响执行效果的因素越来越少，更多的还是来源于外部因素。首先是极个别被执行人拒不履行生效法律文书，通过多头开户、各种财产形式登记在他人名下等方式逃避债务，甚至并不在意对自己“老赖”身份的公布。还有极个别被执行人通过虚假诉讼、不断提出不予执行申请或异议、隐匿无形资产等方式，拖延甚至抗拒执行。同时，随着社会主义市场经济的不断发展，当前各类新型金融资产、投资权益等财产形式日趋多样，对于这部分财产的认定及查控困难重重，尤其是对于股权代持、隐名投资等情况，这些都并非法院执行人员凭借一己之力便能有效执行的财产。一些涉及房产、土地使用权、股权等权属争议的案件，标的额非常大，执行款项也非常大，同时涉及的债权债务关系也非常复杂，甚至还牵涉很多第三人的权益，执行起来矛盾重重，难度骤升。此外，被执行人履行义务的给付形式，在现阶段并不单单局限于金钱给付，还有不少金钱买不到的给付行为，譬如赔礼道歉、抚养及探视子女、腾退房屋、赡养老人等，这些行为是很难单纯使用金钱来促成执行的。

近年来，我国生效裁判文书的自动履行率逐年提升，这是司法公信力状况向好的重要体现。同时，也要看到还有相当一部分未自动履行的案件进入执行程序。在进入执行程序的案件中，还有一类被称为“执行不能”的案件，这类案件中的被执行人已经完全丧失了履行能力，这种客观上不能执行的案件在执行案件中也占有很大的比例。据最高人民法院统计数据,约有18%的案件是“执行不能”案件,这类案件所涉及的债务有法人债务和自然人债务。负有这类债务的被执行人在客观上确实没有可供执行的财产,并非法院的问题导致无法执行。就法人债务而言,被执行人几乎都处于“僵尸企业”的状态,债权人云集,债务数额巨大,没有任何效益和现金流,甚至没有可供执行的办公场所。就自然人债务而言,特别是一些人身损害赔偿、交通事故、刑事附带民事诉讼等案件,被执行人本身就处于社会的底层,没有任何积累财富,轻微的债务对他们来说都是天大的灾难,确实无任何可执行财产。但是对于这种“执行不能”的案件,法院并未束之高阁,而是基于效率和司法资源的考虑,将“执行不能”案件的执行程序暂时终结,把执行信息公之于众,接受整个社会的监督,发挥社会公众的能量,及时发现可被执行的财产,最终兑现胜诉当事人的合法权益。在此,需要澄清的是,司法实践中遇到很多当事人及社会公众对于“执行不能”案件误解的情况。他们认为只要是生效的法律文书,依托的并不是被执行人而是国家的司法信用,就必然能够得到执行。此观念下对法院的执行工作异常苛刻,要求法院承担与被执行人的“连带责任”。综合各国司法实践,“执行不能”案件的风险都属于债权人应当承担的市场风险,需要通过社会救助、个人破产等制度来协同解决,并不能够简单归因于法院。在一些国家,“执行不能”案件甚至不属于申请执行的范围,不能进入执行程序。因此,总体来说,我国法院的执行效果情况是能够生成司法公信力的。

第二节　不同主体对司法公信力的主观评价

司法公信力的状态是不同主体对司法的评价进行综合评判的结果,因此对司法公信力的实证研究应当注重对社会公众中不同群体的主观评价进行综合分析。对个人的观点进行整合性的归纳，在最大范围内开展调查研究，尽最大可能消除误差，避免个别观点代替整体观点的情况，使得结论的真实性最接近应然的状态。此外，法律作为整个社会的规范，司法作为社会的公权力，也是应当接受不同群体的评价的，这种评价在某种意义上也可以说是对司法的监督。司法是一种公共服务，是代表国家行使司法权力，按照法定的程序履行职责，适用法律解决纠纷的专业活动，接受社会公众的监督是必然的责任和义务。但是如果以全体社会公众作为评价对象，不但在技术上很难操作，在结果上或许偏差会随着理解差异而进一步拉大。所以，需要确定合理的受访主体与受访范围。在信息化的今天，自媒体蓬勃发展，司法活动与公众的日常生活关系密切，也日渐受到公众的关注。当事人及其他诉讼参与人、国家机关、媒体网络、法学专家和社会公众都会有基于个案的主观想法和意见，都可以对司法机关、司法工作人员的司法活动和司法能力进行评价。这些评价汇集起来，并且通过社会舆论表现出来，就形成了对司法公信力的主观评价。而不同主体的认知水平、信息掌握、价值观念等存在差异，其基于对司法行为这种客观性行为的主观评价也不相同。对司法公信力进行考察，就需要针对不同主体对司法公信力的不同看法以及形成的原因进行深入的分析。同时，在调查分析的过程中，还应注重结合诸如分层抽样、聚类抽样等统计学方法，尽量保证调查过程科学有效。对于数据收集的责任方，应当交由中立的第三方机构，并且辅以特定主体对数据采集的过程进行监督，以确保数据所反映出来的司法公信力状态符合数据提供方的真实评价。还应注意的是，同一主体在不同时间节点对于司法的信任状态是会发生变化的。譬如，一个当事人输了官司时，哪怕面对的是公正的判决，也会在一定程度上因自身情绪而降低对司法的评价；一位社会公众刚看到一篇关于冤假错案的报道，可能会不自觉地忽略其他众多公正的判决，从而在该特定期间内降低对司法的评价；一位法学专家刚被邀请到某一法院开展讲座，并且参观了该法院先进的科技法庭和规范的诉讼流程，可能会在当下因对该法院的司法改革步伐倍感欣慰而提升对全国司法公信力状况的评价。因此，对于司法公信力的实证研究也需要根据实际情况开展定期和不定期的评价。

一、职业法律人的评价

（一）法官的评价

法官是直接行使审判权进行裁判的，其既是司法公信力能否生成和提升的关键，又对司法公信力的现状应该有着最直接的感受。法官对司法公信力的评价，即便不能说是最客观的，也应该是最全面的。因为法官是整个司法程序运行的直接参与者和全程参与者，对司法活动具有最直观和最深刻的了解和感受。首先，法官对司法公信力的评价与自身的职业尊严息息相关。法官职业具有天然的神圣性、权威性色彩，在法治社会不断推进的今天，法官的职业尊严也在与日俱升。理想信念并非与生俱来，需要在反复学习、实践中精心提炼、浇灌。法官的职业尊严事关人民法院审判职能的正常履行，基于此，法官可以建立以知识为基础的司法信任从而维持法官职业尊严。同时，也应从外部不断完善法官权益保障措施，有效地维护法官合法权益，为法官依法履职强力护航，提升法官的职业尊严。其次，法官对司法公信力状态的评价在与当事人及诉讼参与人的互动中获得。新时代法官的裁判行为和过程并不是孤立的，而是在建立在与当事人依法沟通之上。在法官办案过程中，不仅需要秉公办案，还需要让当事人也感受到法官办案的公正性。这就要求法官在裁判过程中坚持以人民为中心的发展思想，通过对案件的公正审理，切实帮助群众解决实际问题与困难，满足人民群众日益增长的司法需求。然而，在司法过程中，当事人双方是相互矛盾、相互对立的。当事人对于事实的认可和对于结果的期待往往高于双方利益的平衡点。在这样一种矛盾关系中，法官很难仅仅通过公正的裁判就获得双方当事人的理解和信任。因此，有必要教育引导当事人和社会公众正确、理性地对待法官的裁判，依法冷静地表达自己的诉求，学会尊重法官、遵守法律，信赖、维护法治秩序。最后，法官对司法公信力状态的评价也与整个社会的法治化程度有关。当前法院面临的司法环境日益复杂，在实践过程中，法官审判案件更需要尊崇内心的职业道德并且坚持正义，避免外界的干扰，依据自己对案件的客观情况进行公正的判断。这就需要在国家法治化和司法体制配套改革不断深化的进程中，积极营造风清气正的法治环境，维护法官的合法权益，净化执法司法环境，保障法官的人身安全，激发社会正能量，确保司法权有效行使。总之，在新时代新形势下，法官作为司法公信力生成的重要角色，其对司法公信力的评价直接影响着的业务能力和职业修养，使他们在裁判案件的过程中，不断追求公平正义理念。也直接影响着社会评价，为当事人和社会公众维护法律权威和司法秩序起到引领作用。

（二）检察官的评价

检察官是国家监察权力的行使者，检察官对法院司法活动的评价可以体现为非常重要的法律监督意见，也可以体现为非常严肃的、法律性的抗诉行为，这些都是会产生法律后果的。因此，检察官在司法活动中也具有很强的参与性，甚至能够在很大程度上影响司法活动的运行。具体来说，检察官履行宪法和法律赋予的法律监督职责主要体现在以下两个方面，在这些法律活动的过程中，检察机关对司法的评价就蕴含其中。一是通过实施批捕、起诉等法定职能，对刑事犯罪予以打击。在这个过程中，检察官见证的更多的是司法程序上的事项，通过对司法程序是否公正的感知来判断司法公信力的强弱。二是通过实施法律监督的职能，对司法的公正性予以维护。在这个过程中，检察官很难对司法公信力的良好状况进行认可,因为其是纠正司法行为的偏差,这种偏差会弱化司法公信力。可以说检察机关的评价具有很强的监督作用,一是由于检察机关代表的是国家的公权力,其所掌握的司法机关的司法行为相对来说比较权威。这样一来,检察官对司法的评价在公众看来也就比较权威,比较容易引起公众的信任。如果检察官给予司法的是正面的评价,那么就会基于累积效应,形成司法公信力的放大效果。如果检察官给予司法的是负面的评价,那么也会造成公众对司法更强烈的不信任。二是由于检察机关所行使的监督意见,都是进入法律程序的,法院必须对其予以回应。这对于提升司法水平和司法能力具有积极的推动作用,而司法自身的公正状态是提升司法公信力的根本,所以说重视检察官所代表的检察机关的评价,对提升司法水平很有意义,对于提升司法公信力水平也很有意义。

(三)律师的评价

从实行国家统一司法考试的准入制度以来,法官和律师已成为我国法律职业共同体。作为重要的职业法律人,在评价司法公信力的主体中也占据着主要的地位。法官和检察官是国家公职人员,代表国家行使公权力;而律师多为自由职业者,其与当事人和社会公众的联系更为紧密,地位也相对平等,所以在公众心中是其利益的代表,公众愿意选择信任这一利益共同体的言论。同时,律师作为职业法律人,对法律相对熟悉,对司法的运作也相对了解,其可以从专业的视角来看待司法,给当事人和社会公众以专业的引导。因此,律师对司法公信力的评价有其重要的意义和独特性。但从目前我国的情况来看,律师对司法公信的总体评价仍有待提升。有些律师认为部分法官并不尊重律师。即便是有些法院出台方便律师安检、阅卷、参与诉讼等措施,在实践中仍然不能完全改变长期以来形成的传统。此外,律师取证难的问题依然存在。如果律师的合法权益不能够得到保障,律师职责的行使遇到各种各样的障碍,那么律师对司法公正的感受度以及对司法的信任程度也会降低。所以要严格贯彻罪刑法定、罪责刑相适应、程序正义等理念和原则,重视律师辩护意见,真正做到有罪则判、疑罪从无,充分保障律师的合法权益才能让其感受到司法的公正,信任司法的能力。

(四)法律专家学者的评价

法律专家学者对司法能力的评价建立在理性思维的基础上,比较全面客观,具有一定的理论高度。与法官、检察官、律师的评价不同,法律专家学者对司法公信力的评价可能更倾向于学理性的思考。所以专家学者可能更多地关注司法理念,当前,在司法理念上,强调更多的是法官的中立性和司法活动的公正性。而学者们对司法的关注和对司法公信力的评价,大都通过学术理论和学理性的分析而得,基于此,学者们的著述、文章等向社会公开,便能引导社会公众对司法公信力的认知。当前学者们对司法的关注点大多集中于司法改革上。在审判机制改革方面,学者们认为最高人民法院推行主审法官制的改革很切实际,能够为法官的公正审判创造条件,也能够在一定程度上提升法官的整体素质。学者们的观点和评论会促进社会公众对司法的认知,其正面的评价会引导公众对司法产生好感和信任。但是,如果法院系统存在一些负面现象,这些负面现象也会通过学者的笔尖呈现于社会公众面前,从而降低公众对司法的信任度,有碍于司法公信力的生成和提升。所以说,法院和法官自身的形象还是根本,学者们对司法的评价相对理性、客观,根本上就是基于司法自身的状态来发表自己的观点。当然,学者们也基于自己的研究领域,针对不同的司法过程进行自己的研究。有针对实体问题的,有针对程序问题的,有针对法官素质的,等等。所以,司法在全过程的公正状态便尤为重要。每个过程、每个环节都可能促进司法公信力的生成和提升,也可能阻碍司法公信力的生成和提升。

二、当事人及诉讼参与人的反应

建设法治国家必须要培育社会公众的法治信仰,可以说社会公众法治信仰的提升是国家法治化进程的标志和内在需要。因为全面推进法治化进程,内在就需要最大范围内的社会公众认可法律、尊重法律、崇尚法律。亚里士多德曾言,“法律能见成效,全靠民众的服从”“邦国虽有良法,要是人民不能全部遵循,仍然不能法治”等,都是对社会公众的法治信仰对于国家法治化推进的重要价值的论述。而想要培育社会公众法治信仰的一条重要路径就是培育当事人及诉讼参与人的法治信仰。同样,要想对司法公信力的状况进行实证研究,也离不开当事人及诉讼参与人的主观评价。在社会公众中,当事人和诉讼参与人是最直接接触司法、参与司法活动的主体,其对司法最为了解,对案件的客观事实也最为清楚。当事人和诉讼参与人对司法的评价大部分是基于其在个案中参与司法的切身体会所作出的,具有很强的可信度。但是由于个人的主观色彩以及案件的利害关系,使其很难作为一个中立的角色来评价司法,同时,当事人和诉讼参与人的评价相对来说具有一定的局限性,与整体的司法状况是有一定区别的。所以对于他们的观点也应当辩证地看待。

(一)采用诉讼方式解决纠纷的选择程度

在我国古代的诉讼理念中,民众并不认为诉讼是解决纠纷的最佳途径。人们更愿意采用私力救济的手段来解决纷争,这种厌诉的心理在中国法律思想史中也有很明显的痕迹,历朝历代的思想家、法学家们也都对此有过论述。将诉讼的消失作为以和为贵的重要途径,也表现了整个社会的法律思想,即诉讼是万不得已的事情。在当代,随着法治社会的建设,依法治国的思想逐渐深入人心,公众的权利意识、法律意识都得到了很大的提升,公众不再普遍地认为走入法院大门是一件很没面子的事情，取而代之的是法院的案件逐年攀升。厌诉的观念逐渐边缘化，公众渐渐将司法渠道作为纠纷解决的重要渠道。在法治建设不断推进的过程中，全民的法治意识都在不断增强，与此同时也逐渐地深化对权利的保障，更加强烈地追求社会的公平正义。特别是随着司法公开不断深化，法院工作规律、程序要求、成绩和问题都更多地展现在公众视野之下，公众对公正司法、严格司法、文明司法有了更多期待，对审判工作中有案必立、程序正义、执行规范等也有了更高要求。因此，选择一个最为适当的诉讼类型，成为目前当事人实际解决纠纷的首要思考，提高诉讼在多元化纠纷解决方式中的地位、增加职业法律人的人数、增强公众的法治观念等都会提高社会公众采用诉讼方式解决纠纷的选择程度，也会影响当事人及诉讼参与人对司法公信力的主观评价。

（二）对法院生效裁判的接受程度

法院作为裁判的主体，尽可能平衡当事双方的权益，一份公正的裁判能够保证天平的平衡，却不可能出现形式上"双赢"的局面，也就意味着只要经过判决的案件就一定会有胜诉方和败诉方。对于败诉方而言，想要让其认可裁判结果便已需要详尽说理，更不用说是让其在情感上支持法院。因此，当事人对于生效裁判的接受程度就可能与现实的司法公正情况产生偏差际。当事人的错误看法与认识，就可能导致司法公信力评估的指数下降。对于当事人来说，案结只是逗号，事了才算是句号。当事人对法院生效裁判的接受意味着纠纷的解决，当事人最明显的特征应当是按照法院判决予以执行。然而个别当事人只要败诉就联想到法官是否不公正，而不去考虑自己的证据是否有问题，自己的行为是否符合法律规定。最典型的反面例子即为少数败诉当事人缠诉、滥访，客观上对法院的司法公信造成了冲击，也必将影响当事人对法院生效裁判接受程度的实证数据。因此，在司法审判过程中，法官在案件审理阶段组织双方当事人的调解及案件审结后的及时回访,向当事人释法明理,促使当事人在服判息诉的基础上主动履行义务,实现“人和”的背景下,探究当事人对生效裁判的接受程度,将会更有实践意义。

(三)履行法院生效裁判确定义务的自觉程度

当事人及诉讼参与人对司法信任的最大表现就是认可法院裁判,并自觉履行法院生效裁判所确定的义务。裁判是否需要经过强制执行程序才得以履行是衡量司法是否具有公信度的标志之一。每一件需要强制执行的案件,虽然可能与当事人无履行能力等有关,但也可能是因为部分诉讼当事人对裁判结果不认可,不能自觉履行法院所确定的义务。如果部分案件执行落空将会损伤在审判阶段生成和积累的公信力。为了促进被执行人履行裁判确定的义务,不同法院也采取了很多方式。比如,在判决作出前与当事人进行沟通,明确自觉履行法院生效裁判文书是每一位公民尊重司法权威、信仰法律的开始;树立当事人自觉履行裁判文书的正面典范,促进当事人自觉履行生效裁判文书确定的义务;对符合一定条件的执行案件实行公开听证,引导当事人当庭举证和发表意见,增加执行过程透明度;晓之以理、动之以情、释之以法,最大限度避免当事人质疑法院裁判的公正性;严格落实判后答疑的相关规定,促使当事人服判息诉,实现从“要我履行”到“我要履行”的转变;通过电话或回访的方式对未履行义务的当事人再次提醒,进一步提高履行法院生效裁判确定义务的自觉程度。

三、社会公众的认知

法律思维与公众思维是有差异的,一般来说,来自社会公众对司法公正的认知低于司法体系的自我评价。司法自身的考评机制大多是从自身出发,对于结案数、结案率、公正指数等指标进行考量。这样的考评机制虽然有其客观性,但是也由于没有与公众形成互动,不一定能够得到社会公众的认同。公众作为社会主体的重要组成部分,对司法的了解和认识虽然可能没有当事人和诉讼参与人的深度,但是社会公众的主体基数很大,在媒体的放大效应下,很容易形成整个社会的共识。所以说社会公众的评价对于司法公信力来说非常重要,其客观性和理性认知是司法公信力得以提升的关键。在当下公众普遍的法治意识得以提升,公众对司法活动报以浓厚的兴趣,并进行相应的评价。这种个体的评价被媒体聚合起来便形成力量强大的社会舆论。社会公众对于法律的观念在当前时期,还更多停留在感性层面,缺少理性的支撑。更多的是一种情感认知,而并非知识和技能认知。因此,在对社会公众的主观评价进行综合分析时,应充分考虑其可能折射出来的情感因素,以及基于司法改革的过程中可能被触碰到的利益而产生的不满情绪,并因此对司法公信评价的结果与真实情况有所偏离,剔除掉一些不正当的因素后,再对社会公众的主观评价进行综合分析。

(一)司法公正的公众认同度

从历史的长河中走出,从法的雏形到法的社会认知,从习惯法到成文法,从法制建设到法治建设,中国的法的发展并不像西方国家那样与宗教紧密相连。但是中国法的发展也有其相伴相生的依托,即“礼”,也即普遍存在于社会之中,被社会公众普遍认可、普遍遵从的道德。如《唐律疏议》里记载“德礼为政教之本,刑罚为政教之用,犹昏晓阳秋相须而成者也”。古代的礼与近代的法有相似之处,比如都约束人们的行为,都对人们的思想产生影响,都反映统治阶级的意志等,但是二者仍有很多本质的不同,如礼治更趋向于人治,是为人治服务的,而法治与人治天然相反。“礼”更多的是规范社会的交往生活,以民商事的惯例居多;“法”更倾向于对社会的管理,以刑事规则居多。在我国古代的文化发展过程中,法与礼作为两股非常重要的力量,互相交织、渗透配合,共同影响社会公众的思维观念。特别是在发展初期,礼的力量更强大,对社会的影响也更宽泛,因此人们对于礼的教化更为尊崇,而对法治并未形成信仰,这就形成了"人们崇尚礼教—礼教维护权力权力干预矛盾—人们更崇尚礼教"的文化循环。在这样的一个闭环中,恰恰把司法公信力赖以生存和发展的法治基础排除在外,无法使法治成为调整社会关系的主流手段,这也就没有办法为司法公信力的生成提供优质土壤。在这样的文化环境中,社会公众并不把矛盾化解、纠纷处理的希望寄托于司法,而"司法公信力低—社会认同度低—司法利用度低—司法公正影响小—司法公信力难以生成"的循环也难以使社会公众对司法公正形成理性的客观评价,阻碍司法公信力的培育和生成。

在当下,从实证研究中也可以看出,社会公众对司法的情感呈现出复杂图景:一方面期望得到司法的保护,另一方面又会些许质疑司法的能力;一方面对司法存在畏惧不敢近身,另一方面又急切需求司法进入生产生活发挥作用;一方面对司法的运行规律并不了解,另一方面又会根据既往的经验试图挑战司法的权威。从法理上讲,司法公正主要涵盖两方面内容:实体公正和程序公正。实体公正更多体现为社会公众对裁判结果的正义感受,程序公正更多体现在整个司法过程中社会公众的公平感受。对于实体公正的调查研究表明,大多数当事人和社会公众对裁判结果的正义认可度较高,但是也能看出,还是有部分社会公众和当事人对于司法公正的感受并不友好,甚至对司法机关能够公正处理纠纷持怀疑态度。由于历史原因形成社会公众对司法存在这样或那样的偏见,导致社会公众对于千万个公正的裁判感受并不强烈,但是对于一个可能存在瑕疵的裁判却会产生极强的不信任感。也正因如此,想要在司法体制改革的过程中积聚司法公信力,确实需要突破重重观念上的阻碍。

(二)司法参与度

司法参与度也是司法公信力指标的一个有力量度,只有社会公众愿意参与司法,在司法活动中形成对司法的正向感受,逐渐积聚才能形成司法公信。而我国还有部分社会公众对于诉讼的观念停留在"不好的事情""丢面子""最麻烦"等看法中,特别是对于"被告"身份。因此,我国的法治建设是优先于社会公众的法治意识而发展起来的,正如调查研究显示,有高达80%以上的社会公众对司法工作不了解或基本不了解。[1] 心理学上有一个著名的实验证明,人们对于自己熟悉的事物,只要不反感,那么大概率会倾向于有好感。而高达80%以上的社会公众对司法工作缺乏了解,就意味着绝大部分社会公众很难对司法产生天然的情感,也就更难参与司法活动。[2] 司法参与度的提升意味着社会公众与司法机关有着良性互动,在这对关系中,主动方应当是司法机关,譬如通过主动公开司法信息,扩大对外宣传窗口,保障社会对司法工作充分的知情权;主动邀请社会公众参观法院、参与庭审,引导社会公众理性对待诉讼,合理看待审判结果;主动拉近与社会公众的距离,通过法官判前释明和判后答疑,尽最大可能让当事人真正理解司法裁判的依据并真切感受到司法的温度,增强司法裁判的可信度;全方位地拓展社会公众了解司法的渠道,不断通过各种手段宣扬法律至上、信法守法的法治文化,缩小社会公众与法官认知上的差距;支持社会公众了解司法的需求,加强审判作风建设,提高司法行为及其依据的透明度,尽最大努力让社会公众通过正当且公开渠道了解司法;提供社会公众了解司法的帮助,尽最大可能实现社会公众与司法之间关系的良性

---

〔1〕 李树、何玥:《调解与信任:司法调解对司法公信力影响的实证研究》,载《制度经济学研究》2020年第1期。

〔2〕 唐应茂:《司法公开及其决定因素:基于中国裁判文书网的数据分析》,载《清华法学》2018年第4期。

运转,从而提升社会公众参与司法的动力和能力,在此基础上实现司法公信力的提升。

司法参与关乎社会公众与司法的良性互动,司法参与的提高,特别是社会公众参与司法程度的提升,是保证司法公正的基本条件。司法参与具有相对的互动性,这种互动性表现在它需要建立在社会公众对司法和司法活动的行为以及认知的基础之上,并能够影响其社会交往行为,甚至使社会公众能够对自身及周边行为进行法律评价。切实提高社会公众的司法参与,是立法更符合科学、更趋于完善的保障条件之一。司法参与作为社会公众参与司法实践的现实指标,能够及时反映和反馈法律规范在实际操作中的瑕疵和漏洞,并且能够为法律的完善和修改提供先期的实践积累。司法参与是社会公众全过程适用法律、体验司法公正的重要环节,司法机关及其工作人员对司法参与的保障程度,直接决定着社会公众的司法感受。如果司法机关及其工作人员对司法参与的保障度较低,既不可能帮助社会公众正确理解法律,对社会公众关注的案件给予耐心细致的法律解释,也不可能面向社会公众透彻分析案情和处理案件,社会公众对司法公正的感受机会就将缺失。因此,培养司法机关及其工作人员保障社会公众司法参与的意识,是保证司法公正的重要条件。同时,社会公众参与司法也是法律实施过程的重要体现,社会公众参与司法包括适用法律维护自身合法权益、打击犯罪等,也包括遵守法律,运用法律规范对相关行为进行合法性评价,这个过程并不是对司法机关的简单服从,而是与司法活动形成互动,一方面对于诉讼活动是否能够顺利进行产生行为或舆论影响,另一方面对司法活动进行全面的社会监督,当这样的互动建立在理性和科学的基础之上,便会对司法公正的实现产生推动作用,进而会对社会公众关于司法公正的感受产生加强作用。反之,如果社会公众司法参与不能得到良好的维护,不仅不能产生上述良性互动,还会降低社会公众对司法工作的评价，影响司法公信力的积聚。综上所述，社会公众的司法参与对于司法公信力的生成至关重要。

（三）司法满意度

司法满意度是司法公信力的量化标准。司法作为上层建筑的重要方面，理应接受社会公众的满意度评价，以此来衡量司法工作是否能够适应社会发展。司法满意度建立在社会公众司法参与的基础之上，基于自身对于立案、审判、执行等一系列司法活动的感受，或者基于自己对司法内容的认知，而产生的对司法（包括司法机关、司法程序、司法工作人员、司法形象等）的满意程度。在这里，司法满意度指的就不应当是每一个社会公众的满意度，而是整体社会公众对司法的心理评估，反映的是社会公众对于司法的认知和崇信的程度。这就要求在实证研究中，受访社会公众的基数要大，只有如此，才能够最大限度避免个别偏差。

在对司法满意度进行实证研究的基础上，我们也可以探究数字背后的原因。司法机关在运用法律进行司法裁判的过程中，需要严格遵循法律进行，哪怕这个过程可能导致当事人（如败诉方）或者社会公众（如关注辛普森案的社会公众）不满，也不能动摇"以事实为依据，以法律为准绳"这一基本原则。社会公众的司法满意度与司法工作能够承载的满意度之间存在差距。排除确属司法不公的情况，还存在客观因素。一方面，在具体的司法案件中，法官裁决的依据是当事人能够提供的证据材料，基于证据材料尽可能还原案件事实，但是由于法官不可能经历现场、当事人举证能力有差异、有些证据材料难以留存等原因，法官只能依据现有证据和审判经验尽可能接近事实真相，而难以完全还原全部的案件事实。加上每个人都会存在认知的局限性以及基于各种原因出现的认知偏差，法官依据的法律事实就未必是当事人心中的客观事实，因此可能导致裁判的结果与当事人的期望不符，当事人很难产生司法满意度的情况。另一方面,为了追求司法效率,在程序法中都会有相应诉讼时效的规定,但是由于司法宣传不到位、社会公众的法律认知偏低等因素,不是所有社会公众都对司法效率的相关规定有足够的了解,如果出现错过诉讼时效主张权利而得不到司法机关支持的情况,当事人可能会把责任归咎于司法机关,认为其不作为,自然也很难作出对司法满意的主观评价。综上所述,社会公众的司法满意度是司法公信力生成的重要指标。

第三节　司法公信力现状的理论解析

本章前两节重点从客观的法院案件审判质效数据以及主观的不同主体对司法公信力的评价两个方面来反映和分析我国司法公信力的现状。从总体效果来看,反映司法公信力状况的数据指标整体向好,但是也有法院案件质效情况与当事人及社会公众存在认知偏差的情况。本章的调查数据主要针对这种偏差进行理论上的解析,分析研究社会公众对司法信任度不高的深层次原因,社会公众与司法主体看待同一事实的不同视角,全方位、相对客观地对司法公信力现状进行理论解析,揭示司法公信力作为法院裁判社会效果的理论概括、司法公信力生成的内在机理。

一、审判质效的提升并未带动司法公信力状况的明显改善

(一)审判质效与司法公信力的理论联系

司法公信力的状况与审判质效有着非常强烈的关系,审判质效和司法公信力像一对孪生兄弟,可以说审判质效对司法公信力的提升有着质的作用。诚然,不可忽视我国目前司法权运行状况良好、审判质效不断提升的现状,同样也不能忽视公信力还不够高的事实。厘清审判

质效与司法公信力生成之间的理论关系，对于从司法机关自身出发促进司法公信力的生成意义重大。

总体来说，司法公信力与审判质效联系紧密，审判质效的提升与司法公信力的提升应呈现明显的正相关。首先，审判质效是司法公信力质的评价标准。审判质效直接影响着司法公正，而司法公正是社会公众评价司法的重要心理量度。司法的公正与否，直接影响社会公众对司法的评价，也直接影响司法公信力量度曲线的走势。其次，审判质效是司法满意度的主观反映。如前所述，司法满意度是社会公众在参与司法的过程中所形成的主观感受。虽然社会公众对审判质效的认知并不一定准确和专业，但是对审判质效的感受却是真实存在的。正如不会演戏的观众也能准确评价出影视剧的优劣，不完全了解法律和司法活动的社会公众也能够对审判质效的提升与否做出主观的评价。最后，审判质效也是司法自信产生的优良土壤。司法公信力包含他信（社会公众、诉讼参与人、监督主体等），也包含自信（司法机关及其工作人员）。诚如一个自信的人方能迎接他人的欣赏，司法机关及其工作人员的充分自信，也是能够促进司法公信力提升的重要因素。当司法机关及其工作人员切身感受到审判质效在逐步提升，认识到司法工作在逐渐进步，也会产生职业尊荣感和自豪感，进而促使审判质效进一步提升，形成促进司法公信力提升的正向循环。总而言之，从理论出发，审判质效与司法公信力的生成呈现明显的正相关，二者紧密相连、内生互嵌、彼此影响。从司法机关内部出发，将提升审判质效作为司法机关工作的重点任务，长此以往，司法公信力必定能够得到积聚。

（二）司法机关在审判质效上所做的努力

从实证调查研究中可以看出，在努力提升审判质效上，各地法院可以说做了大量的工作。以为经济发展提供强有力的司法保障为例，首先是发挥审判职能，护航辖区企业发展。严惩刑事犯罪，依法打击涉企犯罪,优化企业发展环境。保护劳动者合法权益,支持企业解除合同、合理调整岗位等行为,促进互利共赢。妥善审理企业在设立、生产经营、兼并、破产重组等过程中引发的各类案件,促进经济结构优化调整,强化对民营企业、中小投资者合法权益保护,使不同市场主体得以平等发展,营造公平公正发展的市场法治环境。其次是延伸审判职能,营造良好发展环境,依托法院综合信息系统,定期对受理的案件进行分类梳理,对劳资纠纷、合同签订履行、司法管辖、劳动用工、知识产权保护、安全生产、诚信机制建立等问题进行归类,提出解决方案。推行全员帮扶责任制,与企业建立定期联络制度,向企业征集困难问题,开展点对点法律服务;组织不同审判领域的司法服务专项团队,对企业进行走访,了解其司法需求,宣讲典型案例并提出对策,提供法律帮助,提高企业依法经营管理、依法发展的能力。开设涉诉及涉台企业绿色服务通道,加强诉讼指导,降低风险,为生产经营"甩包袱"。最后是完善工作机制,为企业发展提供保障。找准法院工作与促进经济社会发展的结合点,建立健全重点企业重大经济活动提前介入机制,帮助企业从法律层面论证其即将要进行的重大经济活动的法律风险及可行性,并有针对性地对其法律风险进行评估并提出相应的法律咨询意见。公开工作职责,提供更加便捷的法律咨询、案件查询、诉讼指导、判后答疑服务,确保企业反映的问题在第一时间得到答复和解决。定期召开研讨会,对企业的发展情况进行研究,找出问题,研究解决方案;总结经验,督促进一步落实,尽力使司法活动能够得到公众的认可。但是即便如此,在实证研究中,依旧存在对司法权不尊崇、对司法过程不信任、对司法主体不尊重以及对司法评价不客观等情况。[1] 因而,从理论上讲,司法公信

[1] 吴宝珍等:《从法理学看中国司法公信力建设》,载《首都师范大学学报(社会科学版)》2013年第3期。

力的生成并不是仅仅依靠法院自身的力量就可以,也需要得到当事人和社会公众的配合和理解。

（三）审判质效的提升与司法公信力状况的改善不成正比

根据理论分析,审判质效与司法公信力呈现明显的正相关,并且司法机关着实下大力气提升审判质效,在数据上也确实见到了成效。与此相对应的司法公信力也应得到长足的积累,社会公众对司法工作的认可程度也应有相应的提升。然而事实却不尽如此,虽然各地司法机关为提升审判质效煞费苦心,不断创新审判执行手段,尽力提高裁判质量,以期最大限度获得社会公众的认可,然而在实践中,服判息诉率还是未能持续高位呈现。[1] 这当然与社会公众的权利意识觉醒有关,可是也从侧面反映出涉诉当事人对案件裁判结果不能够充分接受的心理。现实数据与理论猜想相左,就需要重新验证影响司法公信力生成的因素。当与司法机关内部技术性的审判质效指标对比,与当事人和社会公众紧密相关的一些指标的变化会更大程度影响司法公信力的相关数据。比如法官审判过程中是否精神饱满,穿戴是否符合身份,面对当事人是否有足够耐心,是否能够倾听当事人陈述并且准确总结出争议焦点,是否能够充分尊重当事人的权利等,都能够直接影响当事人的感受。因此,我们可以进一步分析,司法机关内部的审判质效固然重要,但是如果不能够被当事人和社会公众切身感受到,或许也很难赢得其尊重和认可。因为人是感性的动物,比起冷冰冰的数字,人更能被有温度的司法服务和有深度的释法明理打动。如果仅仅追求审判质效的提升,或许使用人工智能(AI)技术,比单靠人力能取得更好的效果。但是试想,如果是AI法官,即便和人类法官做出一模一样的判决,进行一模一样的流程,是否能取得当事人和社会公众的认可呢？至少在目前

[1] 王心禾:《应关注对促进和解和服判息诉工作的评价》,载《检察日报》2020年9月2日,第2版。

阶段,答案是否定的。因为法律的适用是有生命的,而有生命的司法活动才能够赢得社会公众的尊重和认可,从而生成司法公信力。综上所述,提升审判质效对于促进司法公信力生成至关重要,但是想要促进司法公信力真正的生成和积聚,则需要让审判质效的提升由数字一步步转变为社会公众能够感知到的司法温度。

二、当事人对诉讼的利用程度并未带动对裁判的接受程度

(一)司法参与度与司法公信力的理论联系

法院行使审判权是被动的,只有当事人到法院提出诉请,法院才能够依照法定职权、按照法定程序对纠纷予以裁决。司法权自身的这种属性要求其树立起自己的良好形象,提升自己的能力,才能够有效地被当事人和社会公众运用。如果司法过程不被当事人和社会公众信任,司法不具有权威性,社会公众将不会自觉情愿地把纠纷交付法院进行裁决,而是转而寻求其他的公力救济途径,甚至是非法的私力救济途径。这样一来,司法程序便不会被启动,司法职能也不能够得到发挥,司法的功用也就随着时间的推移而逐渐消退。不仅仅是民事案件,行政案件和刑事案件同样如此。所以说,司法能够得到当事人和社会公众的信任,也就是说司法具有高度的公信力才能够使司法机关的功用得到很好的发挥。当前,社会公众对诉讼在利用程度很高,突出的反映就是逐年攀升的案件质量。但是,司法公信力的状况并不仅仅由当事人对诉讼的利用率来影响,而更大程度上在于当事人对法院裁判的接受程度。因为愿意将纠纷提交法院,只是对司法信任的第一步,而乐于接受法院的裁判,才是司法公信力状况改善的有力支撑。

(二)公众的诉讼参与度

虽然当事人对诉讼的利用程度不断升高,但从当前当事人对裁判的接受程度来看,还有提升的空间。具体而言,一是社会公众对法律及

司法的信心还有待提升。根据实证研究,社会公众对法律及司法表现出极强信心的只有不到30%,甚至参与立法、执法、司法等各环节的法律专业人士对于法律及司法的信心也未达到机制信任。[1] 在社会公众法治意识还有待加强的大背景下,社会公众对司法的每一次信任危机都会危害到司法公信力的生成和累积。社会公众只有在对司法产生信任的基础上,才能进一步崇尚法律,主动积极守法,对正义的审判振臂欢呼,形成司法公信力生成的正向循环。二是社会公众的法治信仰还有待提升。实证研究显示,社会公众认为当前社会"有法可依"的比例高达80%以上,然而对于"执法必严"的认可度却不到60%。法律是统一的,但是执法路径和方式在全国范围内却存在不一致的情况。这也会间接或者直接地影响社会公众的法治信仰。三是利用法律的程度不断提升。实证研究显示,社会公众遇到纠纷需要调处时,能够想到司法途径的高达90%,甚至在争端双方争执白热化时的最后输出即为"我们法庭见"。似乎社会公众对于司法的纠纷裁判功能更加欣赏。然而最后真正选择采用司法手段解决纠纷的只占30%。这一方面表明我国多元化解纠纷矛盾的方案得到了很好的落实,另一方面也表明,社会公众对诉讼的参与度还有待提升。

(三)公众对诉讼的参与度和信心值不成正比

如前所述,在法治化的进程中,社会公众参与司法的意愿在逐渐加强。然而,实证研究显示,在司法裁判进行过程中,当事人对司法裁判的结果持乐观心态的不足60%,社会公众对司法裁判的结果持乐观心态的不足70%,相较于采用诉讼进行矛盾纷争解决的比例小了很多。[2] 从中可以看出,社会公众更愿意参与诉讼,但对于能够通过诉讼

〔1〕 袁正等:《不确定性、司法信心与信任》,载《经济评论》2017年第2期。

〔2〕 周赟:《当下中国司法公信力的经验维度——来自司法一线的调研报告》,载《苏州大学学报(法学版)》2014年第3期。

维护合法权益的信心却显示不足。司法裁判为当事人接受的最高境界是当事人主动接受,但是由于当事人经济人的属性,对其不利的裁判必然会影响其接受程度,况且法院是平衡利益的,不可能让纠纷双方都得利。只能是在双方利益之间找到一个平衡点,进而尽力化解双方的矛盾。但是即便是如此,也会造成一方甚至双方对裁判结果不满意的情况。这时候就需要国家强制力来予以保障,也就是说依靠强制力来实现裁判的被接受性。然而如前文所述,如果全部依靠强权来提高裁判的可接受性,那么不仅不能够从根本上化解纠纷矛盾,而且可能会引发更多的社会矛盾。所以,从司法的角度来讲,需要提高裁判的可接受性,在审理案件的过程中合法适用程序,充分举证质证,说明裁判理由等,这些最终都归结于提高司法公信力上。也就是说,司法公信力的提升才是增强当事人对裁判接受程度的良方,仅仅看当事人对诉讼的利用程度的表象,并不能有效地反映出实际的问题。而增强当事人和社会公众对司法裁判的信心,对于当事人尊重裁判过程、接受裁判结果都至关重要。因此,提升社会公众对司法的信心,激发社会公众对法律的热情,培养社会公众对法律的信仰,是提升司法公信力的现实路径。在这个过程中,法治精神将在全社会逐步广泛形成,知法、守法、用法的良好氛围也将在无形中逐渐优化,社会公众对司法的信赖将达到一个新的高度,一幅法治中国的美好画卷将会一帧帧浮现,建设社会主义法治国家的历史使命也终将达成。

三、社会公众对司法的了解并不完全符合个案的真实情况

(一)司法满意度与司法公信力的理论联系

司法公信力是司法工作追求的重要目标,司法满意度是检验司法工作的最高标准,二者的决定因素和产生过程均指向法院裁判的社会评价。司法公信力作为法院裁判社会效果的理论概括,体现的是社会

公众对司法制度、司法机关、司法工作人员、司法权运行过程及结果的信任程度;司法满意度作为法院裁判社会效果的通俗表达,反映的是社会公众对司法的认知和认同状况。二者在本质上是一致的,都以司法裁判为核心对象,同时都以社会评价为关键结果。因此,司法公信力与司法满意度的研究核心应是法院裁判的社会评价。这个核心问题又涉及一系列问题:司法的哪些因素是可评价的? 司法满意度中的满意度评价标准应当如何界定? 哪些因素令社会公众感觉到司法的存在与公正? 哪些因素构成社会公众认知的"司法公信力"? 怎样理解司法评价与社会评价的出入与结合? 这些问题在以人民为中心的法治建设进程中都是根本性的问题,其研究与解答直接关系到司法公信力的建立与司法满意度的提升,对于深化司法体制改革、彰显司法公正、让社会公众感受到公平正义意义重大。

因此,在提升司法公信力的过程中,需要注重对司法满意度的界定和评价。一是注重揭示司法公信力与社会公众满意度的本质关系与核心问题。司法公信力作为法院裁判社会效果的理论概括,社会公众满意度作为法院裁判社会效果的通俗表达,二者在本质上是一致的,都以司法裁判为核心对象,同时都以社会评价为关键结果。因此,二者的核心问题应是法院裁判的社会评价。二是注重明确社会公众的范畴,建立社会公众满意度评价标准。社会公众满意度相对动态、主观,有赖于描述与测量,需要定性研究与定量研究的结合。从逻辑角度看,研究社会公众满意度首先需要解决如何界定"社会公众"的范畴与建立评价标准等系列问题,包括为什么要评价、谁来评价、评价谁、评价什么、如何评价等基本问题,即评价功能、评价主体、评价对象与问题、评价体系构建等问题。三是注重解析法院裁判的社会评价,为深入推进司法体制改革提供学理支撑。依据"定义评价→量化评价→反思评价"的逻辑思路,融合实证分析与规范论证方法,基于"技术+价值+实效"的分析框架,研究法院裁判社会评价的基本维度、客观指标及主要评价方式,探讨法院裁判社会评价体系的构建和实证结果。

(二)社会公众对司法的认知较为主观

司法公信力主要是通过社会公众对司法工作人员行为的认知和评价而体现的,而社会公众对司法的认知较为主观,对法院工作的了解也并不深入,对司法权运行的过程并不明晰。比如,有实证研究显示,在是否清楚法院判决结果由谁决定的问题上,62.33%的被调查对象选择清楚,37.67%的选择不清楚。其中,选择清楚的被调查对象中,认为判决结果由承办法官决定的为12.79%,由合议庭决定的为19.18%,由庭长决定的为6.62%,由分管院长决定的为4.11%,由院长决定的为2.74%,仅有46.35%的被调查对象选择要根据案件情况具体确定,还有3.65%的被调查对象认为判决结果还受其他因素影响。[1] 这些数据从客观上说明社会公众对司法的了解程度相对较低,在这样的状况下,很难让社会公众对司法进行理性、客观的评价。同时,正是由于对司法过程的不了解甚至是误解,也很容易受到当事人或者媒体的影响,形成偏见式的主观印象,加上历史文化、公众认知与个体偏好等复杂因素,都应当予以充分的考量。

(三)"媒体审判"对社会公众的认知影响较大

新媒介的产生、网络技术的发展使得传媒环境发生变化,信息的传播方式发生了深刻的变革,媒介力量的强大加大了司法公信力维护的难度,甚至出现误导公众的"媒体审判"。传播渠道的多元化打破了信息传播时间和空间的束缚,极大地丰富和拓展了人们的信息来源,报纸、杂志、广播、电视、网络等各种媒介都成为人们获得信息的渠道。媒

---

[1] 郑方辉等:《区域法治评价:主观评价何以低于客观评价?——以"珠三角"城市为例》,载《广东社会科学》2022年第2期。

介之间形成了复杂的相互交织、共同作用的关系，尤其是互联网的迅猛发展已经深刻影响着人们的生产生活方式，对人类传播活动更是产生了深远的变革。加拿大传播学家麦克卢汉的媒介理论认为：每一种新媒介的产生都开创了社会生活和社会行为的新方式，电子媒介重构了人们思维与行为的“尺度、速度、模式”，也重构了时间和空间。[1] 随着互联网发展而产生的交互式传播技术的普及和新媒体的出现，传统的大众媒体受众成为可以随时随地发布信息的传播者，甚至通过网络讨论形成舆论，反过来影响大众传媒，“双向信息流动模式”已经逐步取代大众传媒的“精英发言”“舆论主导”的单一信息流动模式。基于适应新传媒环境，以及提升司法公信力、推动司法公开、保障公众知情权的需要，法院信息传播也在不断加强，主要发布方式有举办新闻发布会、记者招待会、新闻通报会、建立门户网站发布司法信息，以及通过接受记者采访向社会发布司法新闻信息。

第四节　司法公信力建设的多方参与情况

一、司法系统内部对司法公信力建设的参与情况

（一）检察监督提升司法公信力的实践表现

检察监督指的是以检察机关为主的司法监督主体对司法活动的监督，是推动建设社会主义法治国家的重要保障。检察监督是中国特色社会主义法治体系的重要环节，对司法活动的检察监督，更是确保法律统一适用、司法高效公正的坚实力量。检察监督可以在大司法系统内

〔1〕［加拿大］马歇尔·麦克卢汉：《理解媒介——论人的延伸》，何道宽译，商务印书馆2000年版，第221页。

部预防和解决可能存在的司法不公、执法不严等现象，加强对司法活动的监督，对司法权既是保护又是制约。实证研究显示，案件受到司法监督的当事人司法满意度明显高于案件未受到司法监督的当事人司法满意度，社会公众也更倾向于认可和信任经由司法监督的司法裁判。[1]由此可见，对于当事人和社会公众而言，司法检察机关相当于独立的第三方，在当事人和社会公众的感受中会对案件审判的公正性予以加分。

进入新时代，加强检察机关法律监督，是更好满足社会公众司法新需求的重要路径，针对不同司法领域，进行全方位系统性的监督，在刑事、民事、行政和公益诉讼等社会公众关注的重点领域，着重提升检察监督整体质效。譬如，优化不同层级间的民事检察办案机制，加强基层行政检察工作，完善公益诉讼的权利救济体系等，重点适应新时代人民群众的期待。在推进社会主义法治体系完善的过程中，检察监督要注重社会公众对司法活动的整体性、综合性和内在性感受特征，追求全面的协调统一，也即"四大检察"[2]的协调发展。通过检察监督，加大力气解决"对人民法院巡回法庭和跨行政区划审判机构等审判活动的监督""对审判工作中自由裁量权行使的监督""行政执法机关不依法向公安机关移送涉嫌犯罪案件的监督"等实践中较难的问题，提升司法的可信度和公正度，为提升司法公信力打下良好基础。

（二）检察机关行使监督权的法律依据现状

世界各国对于检察机关行使监督权都非常重视，检察机关行使监督权在司法活动中发挥着多方面的作用。在英美法系国家，"检察官通常依赖警方和其他侦查机关对被指控犯罪行为进行调查，但检察官在其他机关尚不足以解决侦查问题时，得肩负起侦查涉嫌非法活动的责

〔1〕 韩成军：《司法公正权威与检察监督的关系》，载《当代法学》2015 年第 6 期。

〔2〕 2021 年 4 月 16 日，最高人民检察院发布《"十四五"时期检察工作发展规划》，提出"四大检察"规划的顶层设计。

任当确定无疑”。[1] 在大陆法系国家，“检察部门承担的职责是，一旦得知犯罪行为，就要对此进行调查。检察官被认为是中立、客观的官员，承担着发现真实的准司法职能；对事实的认定，无论是否支持其最初的怀疑，发现事实真相都是检察官的职责”。[2] 在不少国家，检察机关具有很高的地位，即使不比审判机关高，也比侦查机关要高。我国在宪法中明确规定，人民检察院是国家的法律监督机关，其应当履行对司法活动进行监督的职责。这是我国法治体系的重要功能赋予，对完善整个司法制度和司法体系具有十分重要的意义。

从我国当前对检察机关检察权的法律规定来看，一是集中于检察机关对司法活动进行监督的范围、方式、程序及保障措施。例如，针对重大、疑难案件，检察机关有建议权；针对民事执行案件，检察机关有监督执行权；针对行政诉讼活动，检察机关有监督要求权等。二是集中于对检察机关监督权的规范和约束。例如，针对不敢监督、不愿监督、不善监督的规范和约束；针对刑事立案、侦查、审判、刑罚执行等各个环节的法律监督；针对裁判不公、虚假诉讼、审判活动中的违法行为等问题的监督；针对通过民事调解损害国家利益和社会公共利益的职务犯罪监督等。三是集中于对法律监督各环节协调配合的相关规定。例如，针对行政诉讼中行政机关和司法机关的配合；针对接受监督与依法行使职权之间界限的明确；针对执法司法工作人员支持检察机关法律监督的相关规定；针对检察机关自身协调配合能力提升的相关规定等。总之，检察机关行使监督权的法律依据已相对全面明确，对确保司法公正和司法权威、提升司法公信力奠定了良好基础。

（三）检察监督与社会公众的衔接现状

如前所述，检察监督为保障司法公正做出了很大努力，但若想真实

---

〔1〕 张鸿巍：《美国检察制度研究》，人民出版社 2009 年版，第 74 页。
〔2〕 [德]托马斯·魏根特：《德国刑事程序法原理》，江溯等译，中国法制出版社 2021 年版，第185 页。

反映在提升司法公信力的具体指数上，则需要与社会公众的感受相连接。在检察实践中，人民监督员制度便是经过不断探索演变落地的，司法机关与社会公众相连接的具体制度，是社会公众监督司法、参与司法的重要形式。2021年8月2日，中共中央印发《关于加强新时代检察机关法律监督工作的意见》，对完善人民监督员制度，拓宽群众有序参与和监督司法的渠道作出了具体规定。一是重点解决好“自己选人监督自己”的问题，在人民监督员的选任和管理上做好文章。不再只囿于检察机关推荐人选或商请其他单位推荐人选，而是扩大选任范围，同时积极探索人大代表担任人民监督员的模式和制度，为人民监督员制度功能的更好实现打下了“人力”基础。二是重点解决好人民监督员可监督案件的范围过窄或不明晰的问题，对重点环节和重点案件进行人民监督的明确规定，对于应当纳入监督范围但在实践中还未纳入监督范围的，及时进行论证并进行范围调整。对容易出现侵犯当事人合法权益和其他违法违规办案问题的具体流程和具体环节进行规范。三是重点解决好保障人民监督员知情权和参与权的问题，针对人民监督员查阅案件台账的权利进行保障，流程进行简化；针对人民监督员跟踪案件回访进行相应的保障；针对人民监督员的学习培训及能力提升进行方案设计等。

总而言之，当前司法系统内部对司法公信力建设的参与情况随着我国法治建设的进程日益加深，各项制度都在不断完善，各项举措都在不断推出，各项保障条件都在不断完善。这在很大层面上反映出司法系统内部对于司法公信力的生成和提升所做出的努力。从检察监督制度的落实，到检察监督权的行使与保障，再到人民监督员的推陈出新，每一步都扎扎实实地为我国法治建设添砖加瓦。当然，任何制度在其诞生之时就可能滞后于社会发展现状，并且伴随着历史的局限性，司法系统内部的各项提升司法公信力的举措制度也不可能完美，仍然需要在司法改革的进程中不断完善，不断为司法公信力建设贡献力量。

二、当事人及诉讼参与人对司法公信力建设的监督情况

（一）当事人对司法公信力建设的参与

当事人作为案件的直接参与方，对于案件的关注度是所有主体中最高的，同时，也因其直接参与案件的特点，相关言论会被社会公众以“内幕消息”而获知并予以传播。因此，当事人面向社会公众所发表的关于司法活动的正向言论，将会在司法正能量宣传中呈放大效应，进而在司法公信力建设中也会以事半功倍的效率予以表现。反之，如果当事人面向社会公众发表不利于司法公正的负面言论，将会以指数级的裂变速度加速传播，对司法形象造成难以预估的损害。基于当事人在司法活动中的独特身份和特殊功能，其对司法公信力建设的参与便在具体的调查研究中呈现如下特征：一是当事人的服判息诉率直接影响其对司法的满意度，服判息诉率是当前法院审判质效的重要指数，具体表现为当事人能够接受和认可法院裁判，真正实现矛盾纠纷的化解。避免涉诉信访案件的形成和激化，以提升司法公信力。二是当事人对司法程序的感受与对司法公正的感受同等重要，共同支撑起其对司法活动的满意度，具体表现为当事人对通过法律之外途径干预案件的事项及其关注，哪怕相关干预并未对裁判结果造成影响，也会削弱当事人对司法活动的信任度，进而影响司法公信力的生成和累积。三是当事人对法官的一举一动格外留意，法官庭审之外的言行举止也会在很大程度上影响当事人对司法活动的信任度，具体表现为大部分当事人一生可能只会经历极个别案件，所接触到的相关审判工作人员也是全国审判队伍中的极少数，但是对于每个当事人来说，其对所接触的极个别审判工作人员的印象会上升至其对整个司法审判系统的感受，若其所接触的审判工作人员审判作风端正、司法行为规范、职业素养颇高，那么当事人对整个司法系统的印象也就会随之加深；反之，则会在很大程

度上阻碍当事人对司法系统信任感的建立。

(二)诉讼参与人对司法公信力建设的参与

随着市场经济的发展和法治中国的推进,社会公众的权利意识逐渐增强,参与司法审判活动的专业需求也日渐高涨,在这个过程中,就会有更多的鉴定人员及鉴定机构、翻译人员、勘验人员、专家辅助人等独立的第三方作为诉讼参与人进入司法审判环节,参与到司法公信力的生成之中。其参与的身份既包含作为司法公信力的评价主体,又包含司法公信力的建设主体。一方面,作为评价主体,诉讼参与人对于司法的程序和实体都会有自己独特的感受。调查问卷显示,越是对诉讼参与人出具法律意见书的程序有严格要求,并且在执行过程中有严格监督,充分保障诉讼参与人的独立性和专业性,诉讼参与人对司法审判活动的信任度就越高。反之,如果出具相关证明略显随意,虽然对于诉讼参与人而言,时间成本较低,但是在诉讼参与人的主观感受中,却缺少了对司法审判活动的敬畏。另一方面,作为建设主体,诉讼参与人的中立性、专业性和职业性都会对案件裁判结果的社会可接受度造成影响。法院公布的数据显示,诉讼参与人一审案件的参审比率呈现下降趋势,二审案件的参审比率呈现上升趋势。可见,在一审案件中引入独立诉讼参与人的比例相对较低,这也与一审案件进入二审程序的比例有正相关。同时,如果诉讼参与人未按照职业要求,做出不符合客观事实的鉴定意见书或专家证明,对于整个诉讼过程都会产生影响,甚至会直接影响裁判结果,严重破坏司法公正,进而影响司法的权威和公信力。

(三)律师对司法公信力建设的参与情况

当事人作为化解矛盾纠纷的首要需求主体,绝大多数并不具备参与诉讼的专业素养,并不能够畅通无阻进入诉讼程序,加上当事人与法官之间沟通的语言不一致,因此为了便捷当事人参与司法审判活动,提升司法效率,律师便是在司法活动中参与诉讼流程的很重要的角色。律师与诉讼参与人类似,都拥有司法公信力的评价主体和建设主体两个身份,但区别之处在于,律师由于是一方当事人的诉讼代理人,其对于整个案件而言有其天然的倾向,与独立的诉讼参与人不同。在这个过程中,一方面,律师作为建设主体,可以通过参与化解与代理申诉来提升司法公信力,对当事人答疑解惑,释法明理,与法院和社会第三方合力化解矛盾纠纷。这个过程就是当事人和社会公众累积对司法信任度的过程,也是律师参与建设司法公信力的过程。另一方面,律师作为评价主体,其对司法活动的评价不仅会直接影响司法公信力指数,同时由于其和当事人的委托代理关系以及自身的专业性,也会直接影响当事人对司法活动的主观评价。

三、人大及媒体对司法公信力建设的参与情况

(一)人大对司法公信力建设的参与情况

人大是司法的母体,是司法工作监督的重要主体,承担的是宪法和法律赋予的重要职责。人大开展司法监督,对推动法治中国建设、维护和实现社会公众合法权益、促进司法机关公正司法、提升司法公信力起着积极重要的作用。从一定意义上说,人大监督实践的过程,就是参与司法公信力建设的过程。具体而言,一是司法重要信息要报送人大。人大通过对司法机关的工作计划、办案数据、年终总结进行监督,及时了解司法机关相关工作情况,提高监督司法工作实效。二是人大参与司法活动。比如通过旁听庭审、调查研究、听取汇报、召开座谈会、查看有关台账、个别访谈等方式了解司法办案情况。进一步增强法治意识、为民意识,聚焦人民群众期盼,对社会影响重大或者群众反映强烈的相同类型案件,主动拓展渠道,可通过专题调研、审议专项工作加强监督。在充分调查研究的基础上实施依法监督、正确监督、有效监督,忠于宪

法权威,忠于公正司法。三是加强人大与司法机关的沟通和联系,寓支持于监督之中。人大对司法的监督应在认真听取司法机关提出的建议和意见之上,帮助解决工作中遇到的实际问题,做到真联系、取得真效果,支持和促进司法机关开展工作。人大对司法信息的掌握,对司法活动的参与,对司法工作的支持和促进,都对司法机关依法行使职权有着很强的促进作用,进而增强人大对司法公信力建设的参与。

(二)媒体对司法公信力建设的参与情况

媒体所引导的舆论是司法公信力建设的重要力量,特别是微博、微信等新媒体迅速发展,抖音、快手、视频号等自媒体流量激增,其引导的舆论走向对促进司法公正、提升司法公信的影响越来越大。媒体舆论在参与司法公信力生成的过程中也承担建设主体和评价主体两种角色。一方面,媒体舆论作为司法公信力生成的建设主体,其关注执法办案信息,以正确的方式传播真实的司法审判活动情况,对可能影响司法公正的案件审判提出意见、建议和批评,对极少数司法工作人员的不良作风进行如实报道和反映,对各项法律规范进行宣传报道等,都在抵挡司法负能量,宣扬司法正能量,对司法公信力的建设起到积极的推动作用。但是,基于媒体自身追求时效性、轰动性的属性,有可能会出现失之偏颇的报道,违背司法工作的规律,从而破坏司法公信力的生成。另一方面,媒体作为司法公信力的评价主体,不仅仅代表自身的观点和感受,还会影响社会公众对司法活动的感受。这种影响分为积极层面和消极层面:从积极层面看,媒体通过严谨正确的法治新闻报道和案件报道,对于宣传司法正能量、普及法律知识、营造良好的法治环境有积极作用;从消极层面看,媒体如果对重大敏感案件炒作渲染,仅凭当事人一方的描述对审理中的案件发表倾向性的评论意见引导舆论走向,对司法机关尚未正式确认的案件事实进行宣传报道,干涉司法活动、影响司法公正,在宣传过程中形成"预先定罪""情感审判"等情况,则会严重影响社会公众对司法的信心。

(三)司法公信力建设的外部环境

司法公信力建设是一个系统性的工程,除了从司法系统自身出发,通过公正司法、严格执法、提升形象等来聚集司法公信,还需要有司法公信力生成的合适土壤,也就是司法公信力建设的外部环境。促进司法公信力建设良好外部环境的营造,在实践中重点体现为三个环节。第一,从司法机关自身出发,通过司法体制改革的不断深化,改善司法运作过程中对地方财政的被动依赖,对于人、财、物进一步解放束缚,保障司法公正。同时,在司法机关内部,着重纠正行政化倾向,改革审判委员会的运作模式,提高终审判决的既判力,维护司法权威。第二,从司法机关与相关机关单位的互动出发,改进人大与司法机关的关系,增强司法机关对人大监督的认识,变被动接受监督为主动要求监督,在接受监督的过程中提升自身的司法能力。改进政府与司法机关的关系,行政机关与司法机关互相尊重,同时双方都严格遵循法定程序,对于刑事、民事案件,行政机关要充分尊重司法机关的审判权,对于行政诉讼,严格落实行政机关一把手出庭应诉,提升各类案件的审判公信力。第三,从司法机关与媒体的互动出发,改进司法机关与媒体之间的关系,通过符合司法工作规律和案件事实的宣传报道,提高社会公众对司法活动的特征、司法机关的功能、司法审判的性质以及司法宣传的作用等一系列与司法公信力生成紧密相关的环节的认识。在这个过程中,作为司法机关,应当主动引导舆论,公开非涉密的庭审信息、案件信息和判决文书,定期召开新闻发布会,建设官方微信、微博账号,通过深入浅出的方式对司法公正进行宣传,加强与媒体及社会公众的互动,就重大疑难案件进行解惑释疑,增强当事人和社会公众对法院裁判的理解以及对司法制度、司法程序和审判规律的了解,营造司法公信力建设的良好环境。

第四章　影响司法公信力生成的主要因素

从前面实证的角度对司法公信力进行的研究中可以看出,对司法公信力的生成具有影响的因素很多,评价的主体多元,标准也不统一,既有历史的、社会的、政治的、经济的、文化的等诸多司法之外的原因,也有司法自身的因素;既有司法体制方面的因素,也有司法工作人员行为举止方面的影响;既有当事人对司法过程的感受,也有社会公众的法治观念等。此外,司法本身的权力和权威也是司法公信力生成和提升的基础。因为司法权就是一种神圣的权力,其本身就具有公信力的内涵。但限于本书的研究范围,笔者拟从以下几个方面分析影响司法公信力的因素。

第一节　司法权的良性运行

司法公正一直是学术界和实务界共同关注的价值目标,集中于对“实体公正”和“程序公正”的追求和探讨。从实体公正和程序公正的二元对立,到实体公正与程序公正的互促共存,经历了从“重实体、轻程序”的传统理念到二者并重的价值理念转变。在这个过程中,实体公正的权重在不断增加,对于社会公众来说,其参与司法、感受司法的合法路径得以保障,司法公信力也日渐积聚。因此,司法权的良性运行,一方面体现为对于纠纷的公正裁处,实现结果的正义。然而,实体公正并不意味着绝对的真实,法律事实和客观事实的偏差可能导致实际的司法公正与社会公众感受的司法公正不相一致,更何况如果一个案件得不到公正的处理,那么即便程序再完美,过程再严谨,也很难得到当事人和社会公众的认可。另一方面也依赖于司法过程的严谨和公正,实现过程的正义。过程的正义有利于保障法律的正确适用,有利于保障案件裁判的结果正义,有利于保障审判人员司法权的合法运行。试想,如果在司法审判的过程中,审判流程未能严格依照法定程序,审判人员未能展现职业的法律素养,案件裁判未能依据法定格式,那么即便结果是正义公正的,也很难获得当事人和社会公众的认可。因此,司法权的良性运行意味着司法的实体公正和程序公正都能够得以实现,二者实现正义的统一,由此,才能实现司法的公正状态。

司法的公正状态能够给整个社会带来一种长期的信用体系,是司法活动追求的终极目标,也是司法公信力得以生成的重要影响因素。公平正义是人类共同追求的价值目标,更是司法的灵魂和生命之所在,是司法能够得到当事人和社会公众信赖的根本。因此,司法的公正状态是司法机关以及司法工作人员在履行其职责过程中能够秉承追求正义的心理,并实现纠纷矛盾的公正化解的一种状态。[1] 对司法公正的追求是司法机关和司法工作人员的永恒目标,具体到个案中,公正也应当是其追求的最高价值。只有这样,司法才能够赢得公众的信任,树立

---

〔1〕 董皞:《司法功能与司法公正、司法权威》,载《政法论坛(中国政法大学学报)》2002年第2期。

司法公信。常言道,社会上出现不公平的现象是可以理解和改变的,但是如果司法裁判有了不公正的因素,则会像污染到水源一样,造成难以弥补的恶果。所以说司法公信力生成的源头就是司法的公正状态,司法的公正状态也是司法公信力得以生成的根基。同时,司法公信力意味着公众对司法公正的认可和期待,这种主观意愿也会形成一种强大的约束力,促进法官提升司法能力,严守职业道德,中立公正地审理案件。由此可知,司法公信力与司法公正是相互促进、密不可分的,司法公正是司法公信力的衡量标准,司法公信力是司法公正的价值尺度,二者共同体现在司法权良性运行的过程之中。

一、司法的公正状态

"法"自文字诞生,就与"公平"有着密不可分的关系。《说文解字》言:"法:平之如水,从水。"渐渐地,当"法"承担起治国理政的重任时,公平公正更是"法"的最大价值。司法作为法的运用的重要环节,其公正状态是司法价值追求的根本要义,也是影响司法公信力生成的重要因素。如前所述,司法的公正状态主要体现为实体公正和程序公正,在社会主义法治国家的建设过程中,司法的形象公正也是司法公正状态的重要体现。三者共同推进司法公正状态的达成,促进司法公信力的生成,增强社会公众对司法的信任感。

(一)实体上的司法公正状态

实体上的司法公正状态主要指的是案件处理的结果是公正的,是严格按照法律规范,对案件事实进行探究,对证据进行举证质证,对双方当事人的权利义务进行合法分配的情况下所形成的。[1] 在理论界,对实体公正的构成也存在不同程度的争议,就其构成要件而言,就存在

〔1〕 陈一云:《证据学》,中国人民公安大学出版社 1991 年版,第 115 页。

两要件说和两种四要件说。但就司法的实质和社会公众的感知与批判而言，要件并不是最主要的，重要的是实体上的司法公正状态到底如何。实体上的司法公正状态主要是通过法院的审判活动来实现的，在这个过程中，法院通过司法裁判确定双方权利义务关系，实现正义状态的恢复和保障，使案件的处理结果处于一种公正的状态。若要达到这种理想的状态，必须在司法权的行使过程中，做到严格司法，正确适用法律、严格遵守法律。在这个过程中也要及时地解释法律，做到释法明理。此外，实体的公正状态还强调公平这一要素。因为不患寡而患不均，在同等情形下，不能得到同等或者类似的处理结果，便会影响人们对司法公正性的看法。[1] 具体到司法裁判，从纵向看，在不同的历史阶段，对于案情类似的案件，法院应当做出类似的裁判；从横向看，在不同的地域，针对案情类似、主体不同的案件，法院也应做出类似的裁判。

（二）程序上的司法公正状态

程序是否公正是当事人和社会公众能够最直观地进行感受的，司法能否赢得当事人和社会公众的信任，与程序是否公正关系重大。程序能够使正义以看得见的方式实现，保障实体的公正性，使所有的司法活动都按照法定的程序来走，使当事人和社会公众不对司法产生合理怀疑，增强裁判的可信任、可接受性。司法公信力的生成，与程序是否公正关系密切，长期以来存在的重实体轻程序的理念是造成当前司法公信力不高的重要原因之一。司法机关要严格恪守程序，按照法定程序去行使职权，在立案、审判、执行等各个环节都要将程序正义落到实处，以最大限度地消除因程序瑕疵而影响裁判的公正性，引起当事人和社会公众的怀疑。此外，程序正义与实体正义相辅相成，也决定着当事

〔1〕［日］谷口安平：《程序的正义与诉讼》，王亚新、刘荣军译，中国政法大学出版社 1996 年版，第 101 页。

人的实体利益。程序的不公或瑕疵会直接影响当事人的实体权益。法院运用法律行使职权的目的是追求社会正义,这个前提和保障在于严格遵守程序,按照法律规定的方式去行使审判权。我们常说程序公正可以保障实体公正的实现,但是实现了程序公正并不意味着就实现了实体公正。这个命题反过来说却是成立的,因为如果程序不公正,那么司法活动必然难以得到当事人和社会公众的认可,也即所谓的"毒树之果",实体的公正性也就荡然无存。程序公正也有其自身的重要功能,其中最重要的可以说是监督制约功能。因为在审判的过程中,每一个环节都有法律的明确规定,法官明知,当事人和社会公众也是明知的。所有参与诉讼的人都应当按照法定的程序去进行诉讼活动,法官可以对违反程序的当事人采取强制措施,当事人和社会公众也对法官的行为进行监督和约束。在这样一种相互制约的机制之下,可以有效地纠正程序偏差。如果没有相互监督制约的功能,那么再完备的程序规定也将被束之高阁。这也就凸显出程序公开的重要性了,只有程序完全公开,才能将所有的审判活动置于阳光之下,使参与诉讼的所有主体都能够平等地适用程序规则,也都能够准确地把握和监督其他主体的行为,这样一来,程序的功能便能得到最好的发挥。有学者认为程序仅仅具有工具上的意义,是保障实体公正实现的工具,并不认为程序公正具有其独立的价值意义。[1] 但是也有很多学者对此持反对意见,认为程序不仅仅具有工具性的意义,也具有其自身的目的和价值。[2] 其认为,程序自身的目的和价值在于其公开公平、自愿参与、及时中立等,这些都并不依附于案件处理结果。随着社会法治进程的不断深入,公众对法律的了解不断加深,对程序的认识,对程序公正的地位也在不断改

---

〔1〕 徐亚文:《程序正义论》,山东人民出版社2004年版,第196~199页。

〔2〕 孙笑侠:《法的形式正义与实质正义》,载《浙江大学学报(人文社会科学版)》1999年第5期。

变。所以，程序的公正状态也应当得到充分的重视，以其自身所具备的职能和价值来实现其保障实体公正、提高司法效率的功用。

（三）形象上的司法公正状态

窥一斑而见全豹，观滴水可知沧海。社会公众对法院工作的认知，正是来自每一位司法工作人员的行动和态度。当今社会是人与人打交道的社会，在司法活动中也是如此，所有的法律程序的适用都是通过人来完成的。当事人对司法的感受也是通过与以法官为代表的司法工作人员的接触所了解的，所以说司法工作人员的形象公正状态对司法公信力影响很大。法官是连接法律和社会公众的纽带和桥梁，法律通过法官作用于社会，社会通过法官形象地了解法律。[1] 法官在当事人和社会公众心中是正义的执掌者，其本身应当是公正的，其形象对公众的影响颇为重大，直接影响司法公信力的生成和提高。有些学者在分析司法公信力时指出，“法官是法律的主要实施者，具有高素质的司法队伍群体是司法取得民众尊敬和信任的人格载体，司法公信力与法官素质的高低有很大关系”。[2] 也就是说，法官代表着司法机关甚至是整个法律制度，公众通过与法官的接触来了解法律，法官在整个法律适用的过程中居于纽带的地位。所以，法官的形象就关乎着法院的形象，同时在公众眼中也是整个法律制度的代表，法官的形象、素质都是公众评判司法的指标，也都与司法公信力的状态密切相关。[3] 有很多形象的比喻，说法官是正义的守护神，也是正义的化身，还是掌握司法权的“舵手”，法官的素质和能力是司法裁判水平的集中体现，而司法裁判水平则直接影响当事人和社会公众对司法的评价和看法。[4] 同时，法官对

〔1〕［德］拉德布鲁赫：《法学导论》，米健等译，中国大百科全书出版社1997年版，第100页。
〔2〕田成有：《守护正义——当代中国法官的知与行》，人民法院出版社2010年版，第194页。
〔3〕左卫民、周长军：《变迁与改革——法院制度现代化研究》，法律出版社2000年版，第234页。
〔4〕高铭暄、陈璐：《略论司法公信力的历史沿革与实现途径》，载《法学杂志》2010年第7期。

司法公信力的提升并不是其自身的行为所致，而是有赖于司法的程序性制度设计，包括采用正当的裁判程序和执行程序，让公众在透明的法律下看见法官最大限度地客观反映案件事实，严格适用法律程序，准确解释法律条文，最终实现案结事了。当事人在公开信息不足、自身和媒体监督乏力的情况下，可能对法官的司法行为存在怀疑和猜测。[1] 所以说，各地法院都采取不同措施来提高法官队伍的整体素质，有从青年干警入手的，有从整个队伍建设出发的。总之，都是为了通过提升法官的素质和能力来提升司法公信力。

无论是从理论上，还是从实践上来讲，司法工作人员的形象对于司法公信力的提升都至关重要。在法律实施的过程中，法院的地位非常重要，法官是实施法律的重要助手。[2] 公众对司法的信任是因为他们相信法官的司法行为是公正廉洁的，是能够维护公平正义的。社会公众信赖法官，首先在于信赖其公正廉洁的职业操守，容不得不廉洁的因素存在。[3] 社会公众对司法的信仰及其对法律的信仰不会自发形成，而是靠司法工作人员的司法行为引领的。而司法工作人员的形象公正状态具体应当包含着司法工作人员行为的规范性，裁判的专业性和品德的良善性。一是行为的规范性。这是对司法工作人员最基础的要求，司法工作人员行为的规范性，意味着法官的行为特别是程序行为和裁决行为必须严格遵循法律规定。增强司法结果的可预测性，让当事人从审判活动的过程中感受到法律的权威与尊严，对于司法而言也能有能力接受公众的质疑和监督。二是法官进行司法审判的专业性。这要求法官要有广博、扎实的专业知识。在社会主义市场经济中，法律服

〔1〕 刘元元、李晓艳：《"信用"重塑与"信任"重建——司法公开视域下司法公信力的提升》，载《人民法治》2015 年第 6 期。

〔2〕 [美]德沃金：《法律帝国》，李常青译，中国大百科全书出版社 1996 年版，第 361 页。

〔3〕 [美]亨利·J. 亚伯拉罕：《法官与总统：一部任命最高法院法官的政治史》，刘泰星译，商务印书馆 1990 年版，第 77 页。

务、法律研究、法律实践的单位或者个体的组织结构体系构成重要一环,处于恒定精细专业化状态下持续演进。法官为了更好地履行自身职责,掌握扎实的法学理论功底和娴熟的案件审理技巧意义重大。长期实践经验也可以说明,法官有着丰富的社会经验和渊博的知识,更能够得到当事人的信任,得到社会公众的尊重,也更能有效地促进司法公信力的生成和提升。三是司法工作人员品德的良善性。这意味着司法工作人员不仅应当在专业上精英化,还应当智慧与道德并存。简言之,司法应当是良善的,才能引起公众的认可和信任,这种良善的具体反映就是司法工作人员的良善性,这就要求司法工作人员要中立公正,自觉抵制影响其公正行使职权的各种行为。[1] 也应当同时具备理性和良心,拥有实现公正、追求正义的内心根基。司法的良善性关乎法律所维护的整个社会的公平正义。[2] 法官的行为除要受到严格的制度约束外,更应该以其自身道德修养自觉恪守法律规范。[3] 也正因为如此,很多国家的法律将司法良知纳入法律体系之内。我国法律虽然并未纳入良知,但是《法官法》《法官职业道德基本准则》都对法官自身修养进行了明确的规定。总之,形象上的司法公正状态是司法公正的重要构成,也是影响司法公信力生成的重要因素。

二、司法的效益状态

司法效益的合理化与科学化追求,既能提升司法机关的工作成效,又可为司法公正的实然状态提供数据支持,是深化司法改革的重要抓手。基于法律经济学对司法效益进行价值重构,客观公正地评价司法

〔1〕 俞亮、张驰:《提高法官素质是增强司法能力的根本途径》,载《北京交通大学学报(社会科学版)》2006 年第 1 期。

〔2〕 李修源:《司法公正理念及其现代化》,人民法院出版社 2002 年版,第 285 页。

〔3〕 史尚宽:《宪法论丛》,台北,荣泰印书馆 1973 年版,第 336 页。

贡献,方能实现司法公正和司法效率的有效统一,避免“迟来的正义亦非正义”的公众感受,真正实现有效的、不打折扣的司法公正。司法公开制度作为一项创新性的法律监督制度,顺应了我国法治建设的实践要求与发展方向。在推进司法公开制度落实的过程中,对司法工作的法律效益、经济效益和社会效益进行综合分析,探究其对司法效率和司法公正的影响度,进而形成影响司法公信力生成的因素统合结果,推动司法公信力各要素之间的良性互动,实现司法效率与司法公正的同步发展,促进司法公信力的生成和提升。

(一)法律效益

法律效益是法律收益与法律成本之比,是评价和衡量一个国家法治水平的重要标准和维护社会公平正义的重要条件,是司法活动永恒追求的价值目标。[1] 从宏观层面看,司法资源的配置情况影响着法律效益(包括法律的外部效益和法律的内部效益)的实现。从微观层面看,法律的各项社会收益与成本之比影响着诉权保护和程序优化的均衡,影响着司法审判功能的实现,影响着法治建设的推进情况。在追求法律效益的过程中,以司法公正为突破口,不断提升司法自身运转过程中的收益与成本之比,适时调整法律政策,使法律获得动态效益;以个案中的司法正义为重点,运用法律的激励效益、诉讼效益、震慑效益、产权效益,确保社会公众在每一个案件中感受到公平正义;以平衡不同社会主体权益为落脚点,借助法律的博弈、预测和规范功能,通过提升立法效益、执法效益、司法效益、守法效益等,确保社会的和谐稳定和经济的平稳运行。法律的成本与效益分析属于法律经济学的研究范畴,通过成本—效益分析可以看出,法律效益优势影响着经济效益、政治效

---

〔1〕[美]斯蒂文·沙维尔:《法律经济分析的基础理论》,赵海怡等译,中国人民大学出版社2013年版,第178页。

益、文化效益、社会效益、生态效益,法律成本的不断降低,法律收益的不断提高,更进一步推动了法治的发展。在人类法治发展史上,公正被视为法律的化身,是评价法治建设的首要和主要标准。但自法律经济学诞生以来,如何使法律适用更加效益化成为世界各国法治建设的重点,也是司法改革的重要目标。

法律的广域适用特性决定了对其进行评价应有多维视角——既应有公平正义的理论探讨,也应有法律效益的具象考察。通过调查研究发现,法律在特定领域和层面的运行效益不高,存在成本高、效益低的问题。这一方面与社会公众对相关法律的认知状态有障碍相关,将从经济效益、时间效益两方面严重影响社会公众参与司法的热情;另一方面也与可能存在的司法瑕疵和司法不透明相关,将影响社会公众对司法活动的评价,进而影响司法公信的生成。司法实践中,通过量化分析司法公开制度将对中国司法带来怎样的法律效益,如果不进行司法公开,将会在多大程度和范围内产生司法资源浪费、诉讼效率低下、诉讼成本过高等现象。分析影响法律效益实现的主要障碍,弥补可能存在的不足,确立成本效益理念,以期实现降低法律成本、提高法律效益的目标。

(二)经济效益

经济效益虽然不是法治建设过程中的首要因素,但却是影响司法公信力生成的重要因素,是法律在运行过程中所产生的社会福利。其受法治建设中司法资源配置、司法技术使用、经济发展环境等诸多因素影响。在追求司法公正的同时,也须按照法治发展趋势提高整体经济效益,满足法治建设良性发展要求,节约交易成本、促进经济发展,使经济效益和司法公正水平均有所提高。在现代法治国家,法律一经确认,便会依据属地原则、属人原则和混合原则等对其所辖范围内的所有主体产生约束力,对相应的权利义务进行规范和确认。任何人均无权将他人排除在法律的效力范围之外,这就要求法律在诞生之时,就必须考虑适度与有效,既能维护公平正义的社会秩序,又能促进社会活力的激发。

公平正义的司法是法治国家建设的重要环节,是解决社会矛盾纠纷的最后屏障,更是构建和谐社会的重要保障。在新时代法治建设的进程中,除应做到司法公正、司法权威之外,还需要有效的司法监督,保证法律的适度,尊重社会公众的主体地位,以最小的成本达到最大的效益,确立政府职能的合理界限,把握好政府与市场的关系,促进社会经济发展,实现社会和谐,实现司法经济效益最大化。通过前文的实证分析可知,司法活动的经济效益即社会公众对司法的利用状况对司法公信力的生成产生的积极影响。法律的成本与效益分析是一枚硬币的两个面,以司法的经济效益为研究对象,探索司法公开方式对司法经济效益的影响,从而探索出增加司法经济效益最佳路径。

(三)社会效益

社会效益是法律对社会所产生的正面影响,主要体现于司法资源、诉讼资源和人力资源等社会资本的节约。随着全面依法治国的推进和落实,我国法治建设快速发展,司法在社会中扮演着越来越重要的角色。作为法治中国建设的前沿阵地,司法活动具有维护法治生态、引领法治创新、促进法治发展等社会责任,因此提升社会效益必须首先重视社会责任。应当从理论和实践两个层面系统研究司法社会效益的构建过程,基于社会效益最大化,揭示司法社会效益与司法公信力建设良性循环的作用机理,通过充分利用整合资源,找到司法社会效益得以确立的支撑,促进社会公平与正义,打开以司法社会效益推进司法公信力生成的进路。在司法社会效益与司法公信力之间架起宽阔的桥梁,既能加快社会秩序尤其是法治秩序的形成,把司法公信力生成从结果追求的静态模式推进到过程追求的动态模式;又可从表面的司法程序推进到深层次司法心理建设，提高社会法治信仰水平和社会公众的法律认知水平，为司法机关提供法治能量，为全面推进依法治国提供理论引领和实践路径。

司法的法律效益、经济效益与社会效益之间不可分割、相互依存，对司法的法律效益、经济效益与社会效益的研究有助于深化司法体制改革，促进法治建设。[1] 要深入全面地剖析法律效益、经济效益与社会效益相互作用的过程机制，还需要通过进一步的实证分析和系统研究，通过多案例比较获得对法律效益、经济效益与社会效益动态循环过程的深刻透视，以此更好地推动法治建设，促进司法公信力的生成。

三、法官的素质状态

司法权力运行从程序启动到作出裁判的整个过程中，法官行为对司法公信力生成的影响至关重要。在追求公平正义的新时代，作为司法权行使的关键主体——法官，成为法治中国建设的重要力量。法官不仅仅是一个能够影响社会的发展与公平正义实现的职业，更是能够直接影响社会公众对法律和司法信仰的正义守卫者，是新时代法治建设的参与者、经历者、思考者，其素质状态是让社会公众得以“感受”司法公平正义的必需桥梁与必要媒介。[2] 法官的责任意识是践行“公正和效率”的基石，是主动要求提高政治思想素质和业务素质的动力和源泉。法官的司法能力是为社会公众提供公正、高效、权威司法服务的重要支撑，是国家政治稳定、经济发展、社会和谐有力的人力保障，是能够满足社会公众司法需求和公正期待的能力后盾。[3] 法官的为民意识是

〔1〕 程金华：《法院案件工作量测算的“中国方案”——司法大数据时代的探索方向》，载《法律适用》2020年第3期。

〔2〕 吴英姿：《法官角色与司法行为》，中国大百科全书出版社2008年版，第55页。

〔3〕 孙辙：《司法的实体公正、程序公正及法官的行为公正》，载《法律适用》2022年第3期。

执着地追求司法公正、努力维护社会公平正义的思想信念，是巩固法治的根基、维护正义的源头活水、树立社会公众对司法信心的最后一道防线。法官的质量决定着正义的质量，法官的素质状态反映着司法权的运行状态。在社会公众心中，法官是司法机关和法律的化身，是法院形象的具体化，是公众参与司法、了解司法、感受司法的直接对象，在整个司法活动中居于核心地位。法官的法学理论水平、处理案件的能力、适用法律的能力、综合协调的能力以及审判实践经验等都直接影响社会公众对司法公正的感受，直接影响司法公信力的状态。

（一）责任意识

社会公众对司法不公的意见更多集中在司法工作机制上，司法公信力不足很大程度上与司法体制不合理有关。增强法官的责任意识，能够使法官真正在思想上增强历史使命感和政治责任感，自觉把思想和行动统一到追求公平正义上来。努力提高法治思维和法治方式，把握司法规律，充分发挥司法职能作用，找准司法定位，认真对待每一起司法案件，以事实为根据，正确适用法律，扩大办案的法律效果和社会效果。

法官的责任意识提升，一方面与法官自身的道德修养、思想境界、政治素养有关，其基于自身的自律意识能够知敬畏、存戒惧、守底线；另一方面也与责任承担的体制机制有关，使法官在健全完善的司法责任体系中敢负责、能尽责、真担责。在司法体制改革中，司法责任制改革可谓“牛鼻子”，旨在通过制度设计寻求制衡法官自由裁量权与保障法官依法履职的平衡。[1] 在全面落实司法责任制中，需要对司法责任制进行适应司法权运行规律的改革，重视划清权责、依法履责；进行符合法官职业特点的追责制度改革，注重科学考责、有效追责。在改革深入

〔1〕 陈卫东：《司法责任制改革研究》，载《法学杂志》2017年第8期。

推进落实过程中，冲破思想观念的障碍，坚持有序放权与有效监督相统一；突破利益固化的藩篱，推动新型审判权力运行机制不断健全完善；打破既有的运行惯例，深化责任保障机制建设。与此同时，在数字化的进程中，源于数字技术运用产生的“去责任化”趋势，更需要加强法官的责任意识，树立科学的责任观，[1]在拥抱技术的同时借助数字技术建立和完善符合时代特征的司法责任体系，以促进并实现审判质量、效率和司法公信力明显提升。

（二）司法能力

“推鞫得情，处断平允，为法官之最”是古代先哲对法官司法能力和司法期许的体现，意指查明案情，公正裁判，是法官的最大功劳。司法是一个技术化、逻辑化、理性化的运作过程，法官则是这个运作过程中的重要主体。法官应当如德沃金所构设的赫拉克勒斯形象，[2]睿智且公正无私，同时具备接纳各种社会纠纷、处置各类社会冲突的能力，依据法律规范依法断案、定分止争。因此，法官需要走精英化的道路，拥有丰富的审判工作经验和相应智慧的提炼与凝聚，能够公正行使审判权，在政治结构和社会结构中拥有稳定且较高的地位。

而法官司法能力的提升主要集中在五个方面。一是提升政治素养，深刻认识司法与政治的关系，提高政治觉悟，做事忠诚可靠，敬业奉献、创新实干。二是提升司法服务大局能力，提升司法服务社会经济发展的能力水平，始终保持为民、务实、清廉的政治本色，用实实在在的审判践行法治。三是提升司法为民能力，爱岗敬业、乐于奉献，提升保障民生福祉的能力水平，甘于奉献、全力以赴，以公正高质高效的审判回应社会公众对公平正义的期待。四是提升司法审判本领，尽职尽责、尽

---

〔1〕 高童非：《数字时代司法责任伦理之守正》，载《法制与社会发展》2022年第1期。

〔2〕 ［美］罗纳德·德沃金：《法律帝国》，李常青译，中国大百科全书出版社1995年版，第279页。

心尽力,形成不仅要把案件办出去,还要把案件办成精品的习惯和要求,对审判事业充满热爱,甘当燃灯者,勇做排头兵,不断提升审判运用能力,依法履行宪法和法律赋予的审判权力。五是提升自由裁量权运用能力,认真研读诉辩焦点,能够公正和理性地运用规则,让法律规范更好地结合个案审判,灵活实现定分止争的社会效果,以法律适用实现引导、规范社会公众的行为。同时正确认识自觉接受监督的重要意义,深刻认知任何权力都需要进行监督,把接受监督作为提升与司法权相适应的人格禀赋和职业素养的有效途径,通过公正审判来伸张正义、惩恶扬善。总之,司法能力不断提升是法官素质状态得以良好呈现的具体体现,是司法权良性运行的主体基础,也是司法公信力得以生成的重要因素。

(三)为民意识

司法为民是我国司法理念中最能彰显体制优越性的原则,是新时代司法工作的根本指导思想,是全面依法治国在司法层面的具体落实,也是全面深化司法体制改革、建设法治中国的关键要素。在法治普及的广度和深度还未达到一定状态时,普通社会公众对于法律的理解可能较浅甚至有偏差。因为司法职业过强的专业性,很可能导致与社会公众沟通的脱节和话语体系的差异。在这样的差异下,使信“法”者信“民”的关键在于法官为民服务的意识。而拥有为民意识的法官,不仅不应当将这种浅薄或偏差视为“鸿沟”,反倒是应当通过公正的裁判、详尽的释法明理来使社会公众的思维和行为符合法治要求,在法律人与社会公众之间架起平等对话的桥梁。因此,为民意识是每一个法官应当深入贯彻的行动指南,是“坚持以人民为中心”的本质要求,也是当前法治中国建设、法治社会构建的根本所在。

在人民日益增长的美好生活需要和不平衡不充分的发展之间的矛盾成为主要矛盾的新时代,满足社会公众的司法需求是缓解矛盾的主要方式,这进而对法治提出了更高的要求,需要在全面依法治国的各领域全过程中回应社会公众的司法需求。对于法官而言,为民意识体现在审判执行工作的方方面面、各个环节。一是能够切实维护社会公众的利益,紧紧围绕社会公众的权利和义务展开司法工作,不断改革创新,提高司法工作效率,保障司法公平公正,切实做到维护社会公平正义以及和谐稳定,使社会公众能在安定有序的环境中生活。二是能够实现司法为民,即社会公众可以通过直接监督司法权的行使参与司法实践,司法审判的过程时常是法官与利益诱惑博弈的过程,把这个过程置于社会公众的监督之下,则进一步体现了社会公众的意志和利益,推进了司法为民理念的深入。总而言之,法官经手的每一件司法案件都事关民生利益,每一次审理裁判、定分止争,都直接影响当事人的权利和义务。只有法官拥有并且不断提升为民意识,才能赢得社会公众的信任,提升社会公众心中的法官素质状态,影响司法公信力的生成。

第二节 司法的社会评价

司法公信力是司法工作追求的重要目标,其决定因素和产生过程均指向法院裁判的社会评价。司法公信力作为法院裁判社会效果的理论概括,体现的是社会公众对司法制度、司法机关、司法工作人员、司法权运行过程及结果的信任程度,反映的是社会公众对司法的认知和认同状况。因此,影响司法公信力生成的重要因素必然以司法裁判为核心对象,同时以社会评价为关键结果。这个核心问题又涉及一系列问题:司法的哪些因素是可评价的?社会评价的主体应当如何界定?哪些因素令人民群众感受到司法的存在与公正?哪些因素构成社会公众认知的“司法公信力”?怎样理解司法评价与社会评价的出入与结合?

这些问题在以人民为中心的法治建设进程中都是根本性的问题，其研究与解答直接关系到司法公信力的建立与提升，对于深化司法体制改革，彰显司法公正，让人民群众感受到公平正义意义重大。本节正是基于“法院裁判的社会评价”这一核心问题，从职业法律人、当事人和社会公众三方主要主体出发，依据“定义评价→量化评价→反思评价”的逻辑思路，融合实证分析与规范论证方法，基于“技术＋价值＋实效”的分析框架，研究法院裁判社会评价的基本维度、客观指标及主要评价方式，探讨法院裁判社会评价对于司法公信力生成的影响度。

一、职业法律人对司法的评价

职业法律人对司法的评价直接影响着司法的自信，自信是公信的前提和基础。在司法活动中，职业法律人不仅仅是参与活动的重要主体，还是参与司法评价的重要主体，同时也是被评价的主要主体。[1] 职业法律人是推动法律形成的重要力量，也是促进法治生成的重要力量。[2] 在全面依法治国的新时代，以法官、检察官、律师为代表的职业法律人更是法治前进的中流砥柱，在全面推进依法治国的进程中发挥着巨大作用。强化法官、检察官、律师之间的身份认同，消除彼此之间的职业隔阂，增强职业法律人的业务能力，都是增强其自信、赢得他信的重要渠道。法官、检察官、律师等主体对司法活动的评价是法院裁判社会评价的重要组成部分，也是影响司法公信力生成的重要因素。

（一）法官对司法的评价

法官对自身司法行为和整体司法活动的评价，尤其是正面评价直

---

〔1〕 任莉颖：《社会质量测量与公众社会评价》，载《华中科技大学学报（社会科学版）》2018年第6期。

〔2〕 孙笑侠：《法律人思维的二元论兼与苏力商榷》，载《中外法学》2013年第6期。

接体现着司法自信。从技术层面看,是高度技术化和专业化的活动,体现着法官对司法工作的自我信任,是赢得他信的基础,也是影响和提升法院裁判社会评价的基石。因此,评价指标体系和维度决定评价的科学性。

法官对司法的评价,第一来自自我评价,也即对自我的公正之心、廉洁意识、思想修养等能力的认可与否,其司法行为是否符合职业伦理的要求,是否能够得到恰当的引导和规范,是否能够适应数字化、人工智能和大数据背景下的新型审判工作,以及对司法裁判质量的内心确认;第二来自对法官群体的整体评价,也即对法官队伍的司法能力、严肃执法程度、秉公办案水平等的认可与否,法官职业群体是否拥有对职业的认同感、责任感、使命感和自豪感,社会主义核心价值观融入法官职业群体的程度;第三来自对司法环境的评价,也即对司法工作条件和环境的感受如何,对司法工作塑造的文化形象感受如何,能否在司法工作中感受到公正、中立、权威的精神象征,能否时时处处受到法治文化的熏陶,司法资源配置是否得到优化,司法体制改革是否得到进一步深化和落实,依法行使审判权是否得到保障,法官职业保障制度及法官履行法定职责保护机制是否健全;第四来自对社会环境的评价,也即对司法工作在整个社会中所扮演的角色感受如何,对社会整体对司法工作的信任状态作何评价,司法工作是否能最大限度地赢得社会公众的支持和认可,司法先进单位、模范人物及感人事迹是否能得到有力宣传,全社会是否形成尊法学法守法用法的良好氛围,司法主旋律是否能够树立新时代司法新形象,公众的法律意识状况如何,各级行政机关工作人员的宪法意识和法治观念如何等。

（二）检察官对司法的评价

把检察官纳入司法社会评价的主体,符合检察制度建设的一般规律,也符合我国法治建设的总体战略和司法体制改革的方向。鉴于法律依据和实践必要性与可行性,检察官对司法的评价意味着对司法权运行的整体性确认,影响着职业法律人对法院裁判评价的整体样态。[1]对检察官评价的充分重视和考量。既可以促进控辩审之间的良性关系,也合乎逻辑且并不损害司法最终裁决原则。[2] 特别是在检察一体化下,检察官权力不断增长,检察权兼具司法与行政双重属性,这既是司法文明和进步的一个重要标志,又基于检察官职权配置的不同模式与特点对其评价体系和标准产生了影响。

检察官对司法的评价,第一来自自我评价,也即是否认可自我秉持客观公正的立场,坚持司法为民的政治自觉、法治自觉,是否能够客观理性运用证据,自觉实践办案监督的自治性,是否能以高度的检察自觉担当公益救济的使命;第二来自对检察官群体的整体评价,即对检察官普遍接受的职业伦理和司法理念是否认可,对新时代检察官群体的政治站位、法律站位是否认可,对检察官群体平等充分维护权益、公正主导刑事诉讼、注重综合效果的职能履行感受如何;第三来自对司法环境的评价,即对检察事业的发展、成效和新气象是否认可,对检察文化建设是否有深刻感知,对司法统筹实体公正和程序公正是否认可,对检察工作、司法工作最美、最具特色的瞬间是否印象深刻;第四来自对社会环境的评价,即对检察官在社会评价主体中地位的认同,社会公众是否认可和支持检察官秉持客观公正立场的理念,对法律监督是否理解,人民标准原则在具体的个案中落实情况如何。

(三)律师对司法的评价

律师作为职业法律人的主体,基于其专业权威的法律背景和为当事人维权的特殊身份,通过与当事人相近的感性能力和与司法机关相

[1] 张军:《关于检察工作的若干问题》,载《国家检察官学院学报》2019 年第 5 期。
[2] 龙宗智、符尔加:《检察机关权力清单及其实施问题研究》,载《中国刑事法杂志》2018 年第 4 期。

近的理性能力，成为司法与公众沟通的桥梁，促进公众与司法的相互理解。在很大程度上，可以说律师是向当事人传递司法公信力的纽带，是引领社会公众塑造法治信仰的关键力量，在提升法院裁判社会评价的过程中发挥着相当大的作用。

律师对司法的评价，第一来自自我评价，也即对自我是否具有权威性和专业性的评价，对自己执业资格获取过程的评价，对自己常年法庭辩论积累的辩论技巧以及心理和技术优势的评价，对与其委托人沟通顺畅程度的评价；第二来自对律师群体的整体评价，即对律师职业者的职业规范是否认同，律师与司法机关正常的职务交往是否规范，律师之间相互学习的氛围是否浓厚，职业群体对法治建设、司法公正、司法正义的感受是否明晰，对司法审判工作意见与建议是否能得到及时反馈；第三来自对司法环境的评价，即律师执业是否能得到应有的尊重，对司法工作的公开、公平与公正性感受如何，是否能够有效地传达给当事人，执业过程中权利是否被有效维护，个案审判程序及结果的公正性如何，法官对律师职业的认同感如何，律师依法履职的权利是否能够得到尊重和保障，律师依法履职是否便利，是否在实践中发生侵害律师执业权利的情况，律师取证的权利是否得到有效保障；〔1〕第四来自对社会环境的评价，即立法层面是否拥有一套系统的保障律师依法执业的法律制度，司法层面是否能够使律师和法官形成合力，以更加准确、全面地查清案件事实，执法层面是否能够杜绝律师与法官之间的利益交换，以保障司法实体和程序公正，提高司法公信力，守法层面是否能影响当事人对司法公信力的认知度，是否能够有效引导社会公众正确认识律师在司法制度中的地位和作用。

---

〔1〕 陈瑞华：《辩护律师职业伦理的模式转型》，载《华东政法大学学报》2020年第3期。

二、当事人对司法的评价

当事人作为司法活动的直接参与者,对法院裁判有着天然的评价意愿。在自媒体蓬勃发展的时代,当事人意见对法院裁判社会评价的影响显著提升,直接影响着司法公信力的生成。每一个司法案件对于法官、检察官和律师来讲,可能只是职业生涯的一小部分,是日常的工作,但对于当事人来说,可能会影响其今后的生产生活甚至价值观和世界观。基于这样的特征,当事人对法院裁判的评价便带有更多的个人色彩、时代色彩和感性色彩,透示出影响当事人对法院裁判评价的核心要素,呈现出以信任、声誉和互动为核心的评价标准。因此,考量当事人对司法的评价,需要结合其评价特征,坚守法治理念和尊重司法规律,可以从对其权利的有效保护入手,比较当事人与法律职业人的认知差异,分析当事人的身份、社会地位等法外因素对法院裁判的影响,揭示其背后的司法公信力问题。[1] 而与当事人在审判诉讼活动中关系最密切的权利就在于知情权、参与权和监督权,对当事人上述权利的有效保障,特别是在"线上线下审判常态化并行"的诉讼模式新格局下,如何使线上当事人的知情权、参与权和监督权得到同等的保障。尊重当事人审理方式的选择权、程序的变更权和程序的处分权,不仅能够提升当事人对法院裁判的主观评价,还能在很大程度上弥合当事人与职业法律人认知上的差异,促进当事人与司法的良性互动关系。

(一)知情权与隐私权的平衡促进正向评价

在全面依法治国的今天,权威高效的司法信息已然成为推进法治建设的一项重要的战略资源。在司法公开制度下,社会公众对司法信

〔1〕 田燕梅:《法院判决的影响因素——当事人资源与诉讼能力的中介效应》,载《清华法学》2021 年第 5 期。

息公开的需求不可避免地牵涉当事人隐私信息,形成隐私权与知情权之间的冲突。[1] 司法信息逐步公开,每个公开与否的决定都是利益衡量之下的结果,体现了对当事人知情权和隐私权平衡保护的理念进程。在立法中对当事人隐私权的规定虽在一定程度上能避免其被“人肉搜索”,但也会与相对方当事人和社会公众的知情权产生冲突。[2] 因此,如何界定“隐私”信息的范围,蕴含着不同利益间的博弈与价值取舍,直接关系到当事人和社会公众的合法权益能否得到有效保障。在符合目的正当性、适当性、必要性与均衡性原则下全面推行司法公开,明确社会公众在一定范围内享有知情权,可以解决保障当事人隐私权与维护社会公众知情权的冲突,实现隐私权与知情权的双重保护。

从法理上看,隐私权和知情权都蕴含着深厚的自由价值和秩序价值,在维护当事人和社会公众的合法权利、推动法治建设等方面均发挥着不可替代的作用。知情权的产生有其深厚的理论根基,保障社会公众的知情权也是在保障社会公众对司法权力的监督,是社会公众参与司法活动的基础。如果司法信息不透明、不公开,社会公众所掌握的司法信息就会不完全、不真实,可能会基于信息偏差而无法对司法活动做出真实有效的判断,更无法对法院裁判做出真实有效的评价。同时,社会公众与司法之间应当建立一种良好互动的关系,共同推进法治的建设与发展,通过有效的沟通和信息交互,表达彼此对司法活动的认知和看法,对司法权力运行作出评判。隐私权同人类尊严和人类价值的理念紧密相连,随着法治建设的发展进步也在不断丰富,从个人私事的自决权到个人对私密信息的支配权。[3] 在司法公开的视角下,通过当事

---

〔1〕 张建文、高悦:《从隐私权的立法与司法实践看新兴权利保护的综合方式》,载《求是学刊》2019 年第 6 期。

〔2〕 彭诚信、苏昊:《论权利冲突的规范本质及化解路径》,载《法制与社会发展》2019 年第 2 期。

〔3〕 徐明:《大数据时代的隐私危机及其侵权法应对》,载《中国法学》2017 年第 1 期。

人隐私信息公开豁免的一般性适用条款,将不关涉公共利益的隐私信息排除在公开范围以外,充分尊重当事人对隐私信息的支配地位,可以说,是对社会公众知情权作出了一定的限制。在大数据的背景下,信息传播彰显了与传统信息传播不同的模式和路径,也在一定程度上加剧了知情权与隐私权的矛盾与冲突,为司法机关的事实认定和法律适用带来了更大的挑战。在司法公开过程中,准确权衡司法信息公开的尺度,平衡保护当事人和社会公众的隐私权和知情权,对于司法活动和法院裁判的正向评价起到非常强的助推作用。

(二)参与权行使的保障与参与能力的提升促进评价升级

当事人行使参与权是建设社会主义法治国家的主要内容,是中国特色社会主义法治体系的重要体现。[1] 但是通过对当事人参与权行使的现实研究发现,当事人参与权意识淡薄、参与率较低、参与能力较弱等问题,直接影响着当事人参与司法所发挥的认知、沟通、认同、评价的功能。同时也存在当事人知识与能力有限、自利动机不足等局限性,产生当事人参与司法的效力过高或过低的情形。因此,在当事人参与权行使的保障上,有必要从法治理论解读当事人参与权的理论基础,明晰当事人参与权的内容,遵循有序性原则,建立司法信息咨询制度,扩展直接或间接的参与方式,明确当事人参与权的法律依据并完善相关配套措施。[2] 在当事人参与能力的提升上,有必要提升当事人行使参与权的意识,增强当事人参与权的权能,加强当事人参与权行使的配套制度,比如建立意见表达权、获得回应权和合理意见获得采纳权的保障机制,拓展当事人法治学习的途径,增强当事人行使参与权的能力。

法治建设的快速发展使当事人参与成为未来很长时期内司法工作

〔1〕 高荣:《公众参与社会保障治理的理论逻辑、现实困境与有效路径》,载《学习论坛》2020 年第 12 期。
〔2〕 李文玲:《新媒体背景下公众社会参与权该如何实现》,载《人民论坛》2018 年第 13 期。

所要面临的重要议题，以参与为核心要义的司法与当事人之间的互动，不仅为当事人参与权的保障提供了指导理念，更为当事人参与的权利体系搭建了规范框架。基于向当事人增权赋能的客观需要与司法体制改革的纵向深入，当事人参与司法的内容也得以延展。仅依靠确立当事人的司法参与权无法全面落实权利的行使，亟须完善当事人参与权行使的制度机制，坚持平等性和差别化原则，保障当事人参与权的享有、行使与实现，并促进当事人对司法评价的正向升级。

（三）监督权的保障促进评价落地

权力监督作为一项基础性制度安排，是保障国家治理体系有效运转的关键。当事人作为司法活动的参与者，理应具备对司法活动的监督权。当事人对于法律的真实感知，不仅是通过若干次普法教育，也不仅是通过法律文本的阅读，而是在参与司法、监督司法的过程中建立起来的。在监督权行使的过程中，能够直接对法官行使自由裁量权的过程进行感知，明确法官并不是根据当事人身份、财富等因素进行判决，这对当事人形成对法院裁判的正向评价至关重要。[1] 明确当事人监督权的法律性质与功能为何，确立当事人监督权应当依什么原则行使，构成权能的具体方式如何随着法律实施的需要而动态调整，是审判权运行机制改革和司法体制改革的关键问题。

在当事人权利保障视角下，当事人对司法享有监督权意味着当事人有权对司法运行情况进行知悉、督促与评价，这一权利是其形成对法院裁判评价的重要考量因素，也是对司法权运行主体履行职责的有力鞭策。当事人监督是当事人合法权利的体现和常见形式，随着全面依法治国的进行，当事人的权利意识也在逐步提高。重视当事人的这项权利将在实现司法保障公平正义的功能、提升审判质效、维护当事人正

〔1〕 菅从进：《公民监督权法制构建论》，商务印书馆2020年版，第38页。

当权益方面发挥应有的作用。从司法实践来看，当事人监督权行使依据的不明确、保障监督权理念的滞后性与司法信息的不对称，导致目前我国当事人行使监督权存在困境。[1] 如何突破监督体系的封闭性、重视和保护当事人的司法监督权、解释当事人影响法院判决的机制、提升监督文化土壤的质量，应当从司法公开实施、缩小监督能力差异、探求如何提高法院裁判的公正性和权利救济方面探索实现路径，最终实现司法为民理念，增进当事人福祉，提升当事人对法院裁判的正向、真实评价。

三、社会公众对司法的评价

司法公信力是建立在司法公正基础之上的一种被社会认可的感受，这种感受是主观的，虽然与司法机关和司法工作人员的行为息息相关，但并不能由其对公正的追求所决定。司法公信力的量化在于一种价值评价以及感受评价，其评价的主体也不在司法机关和司法工作人员。只有社会整体对司法产生了信任和依赖，才能够将这种感受凝聚为司法公信力。而社会整体对司法的感受最重要的渠道就是法院的司法审判，是由对一个个个案的感受累积而形成的。所以说，个案的审理是司法取信于民的重要渠道，而个案审理积累信任中，最重要的是庭审的过程。在整个庭审进程中，法官和当事人都是相对独立的，这一方面可以防止除法律之外的因素影响庭审的公正性，另一方面也能够增强庭审的功能，法院以及法官的权威性和神圣性，以及增强当事人和社会公众对司法的认可。在每一个个案中，当事人可以说是社会公众的代表，是近距离接触司法的主体。他们在参与整个诉讼的过程中感受到司法的形象、司法过程的运作、司法工作人员的行为，同时也会将这种

---

〔1〕 吴玉章：《法律权力的含义和属性》，载《中国法学》2020 年第 6 期。

感受传播给身边的没有诉讼经历的人们，最终形成整个社会对司法的印象和看法。所以，当事人对司法过程的感受和评价对于司法公信力的生成和提升颇为重要。

（一）前审判阶段的评价

前审判阶段，顾名思义，就是指案件还未进入审判程序的阶段。在这个阶段中，当事人最大的利益就是能够使案件顺利地进入诉讼程序，因此，司法能否热情服务，为当事人提供法律咨询，使其方便快捷地提出诉求，对于当事人认可司法、信任司法关系重大，这也便成为影响司法公信力的因素。

虽然司法并不能解决所有纠纷，但是司法并不能够拒绝当事人提出的诉请。即便是诉讼申请人提出的诉讼请求不在法院受案范围内，法院也应当说明具体理由，向诉讼申请人解释清楚。司法特别忌讳的是选择性地受理案件，或者是拒绝裁判，使纠纷矛盾不能够顺利地进入司法程序。假使这样，司法给公众的感受是冷冰冰的、高高在上的，公众连近距离接触司法的机会都没有，就更谈不上对司法的信任了。所以说在这个阶段想要取得公众的信任，树立司法公信力，立案环节是首要的。立案登记制改革后，法院面临案件大量涌入法院的情况。如何将大量的案件转化为生成司法公信力的契机，诉前纠纷化解机制成为实践中的创新之举。例如，积极探索以司法确认服务中心为中枢，根据纠纷的不同类型在纠纷较为集中的源头地分别建立社区、交通事故、医疗纠纷、劳动争议司法确认服务工作站。这些服务工作站的职能主要是：司法确认、法律宣传和法律咨询、调解。由于人民调解组织的调解协议不具有最终效力，签订协议后当事人又反悔的并不鲜见。通过法院的提前介入、对调解结果予以司法确认，可以强化协议的约束性，同时还避免了漫长的诉讼过程。这一机制不仅有效减少了诉讼案件，化解了矛盾纠纷，而且最大限度地满足了公众多元化司法需求。此外，在这个阶段,热情周到的服务也非常重要。这就关乎司法文明和司法的形象公正。法官的一言一行、一举一动都代表着法院的形象,所以树立法官的良好形象对于赢得当事人的好感特别有利。

(二)审判阶段的评价

审判阶段,是案件进入诉讼程序后,一直持续到裁判文书生效为止的一个阶段。在这一阶段,当事人最关注的是案件最终的裁判结果,对司法的感受主要存在于与法官打交道的过程中。在整个诉讼程序中,当事人能否得到司法工作人员的热情、合法、公正、文明的对待,司法工作人员能否严格按照程序办事,能否最终作出客观公正的裁判,都影响着当事人对司法的判断和评价。案件进入诉讼程序后,当事人都觉得自己有理,希望自己赢得官司,因此往往对人民法院公正司法的期望值很高。然而,法院的审判有自己的规律和准则,不可能凭着当事人的喜好随意裁判。一旦做出判决,总会有败诉的一方,或者也不完全符合胜诉方的意愿,而当事人可能习惯性地将败诉的责任归咎于对方甚至法官。例如,在证据的认证质证上,许多公众只认他们亲历的事实,但让他们拿出证据却又拿不出,输了官司便抱怨法官,认为是法院司法不公。又如,债权的诉讼时效问题,有的债权人过了诉讼时效才到法院主张权利,在得不到支持时则反过来质问法官:“欠债还钱天经地义,法院到底讲不讲公正?”并且还在社会上宣传,这些在一定程度上破坏了司法的公信力。

当然,在审判阶段,仅仅严格依照程序办事也是不行的,也要尊重当事人,有礼貌地对待双方当事人,让其有尊严地参与诉讼,也是十分必要的。以法庭用语为例,规范的语言、平和的语气、适中的语调、连贯的语句是受当事人欢迎的。法官的语言既要严谨规范,又要庄重礼貌,还要耐心细致。法官不仅代表着法律的形象,还代表着国家的形象。如果法官是规范谦逊、严谨宽厚的,国家的形象在当事人的眼中就是庄重、正义、包容的。如果法官是理性平和的，言辞恳切、细心耐心、循循善诱、热情亲切，那么当事人就会认为国家是宽怀的。正如病人都是带着沉重心情来医院的，如果医生说话亲切，病人就心情放松，病情也能得到相应的舒缓。同样，当事人进法庭也往往是带着情绪来的，本来就很容易激动，如果法官再讲一些不妥当的话，就容易火上浇油、激化矛盾。庭审过程中法官的庄重和礼貌是司法的基本要求，庭审的过程对于增进当事人对司法的信任至关重要，是向当事人和社会公众展示司法水平的平台，也是当事人和社会公众了解司法、信任司法进而尊崇司法的最佳展示。

（三）后审判阶段的评价

后审判阶段，指的是案件的裁判结果发生法律效力后的阶段。在这个阶段，司法裁判的既判力和执行力是影响当事人对司法评价的主要因素。司法是中立的，是以中间人的身份裁决当事人双方之间的矛盾纠纷，对双方之间的利益进行衡量。无论是在民事案件、行政案件还是刑事案件中都是如此。法官居中裁决双方当事人的纠纷，无论作出怎样的裁判，都会在平衡双方利益的前提下作出仅有利于一方的裁判，因为案件的结果肯定有胜诉方也有败诉方。[1] 法院不可能让双方当事人都得利，所以也很难让双方当事人都满意。所以裁判说理性便至关重要，虽然裁判是在审判阶段做出的，但是对后审判阶段的影响更为重大。如果裁判文书说理性足，让败诉一方当事人也能心平气和地接受，认可法律的规定和情理的准则，那么便能够实现胜诉方和败诉方都能服从法院判决的良好效果。这样一来，生效裁判的执行力便大大增强。同样，裁判文书说理性强，也能印证其裁判的公正性和合法性，裁判的

〔1〕［美］波斯纳：《法理学问题》，苏力译，中国政法大学出版社 2002 年版，第 3 页。

既判力也很有保证。[1] 当然,提高裁判文书说理性只是从法院层面来说的一个重要方面。

为了保证后审判阶段的顺利,提升当事人对司法的信任,加大执行力度也颇为重要。生效裁判文书的执行,直接关系到当事人的合法权益能否及时得到实现,义务是否能够及时履行,是整个社会发展的诚信基础,体现着司法权威和司法公信力的实然状态。为了改进执行工作,法院在实践中进行了多种尝试。比如点对点查控机制建设,法院和相关部门互联互通,特别是和银行的互通,在第一时间可以查询到被执行人的财产。建立失信被执行人黑名单制度,健全与各有关部门联动惩戒威慑机制,抓紧制定相关实施细则,推动相关部门主动利用失信被执行人名单信息,确保对高消费、出入境、置产、投资、招投标等限制措施落到实处。扩大失信被执行人信息传播范围,通过网络、电视、广播、报纸等公共媒体和法院网站、微博、微信等自有媒体公布信息,加大违法失信成本。这些措施都能够有效保障胜诉当事人的合法权益,提高生效裁判的执行力,促进司法公信力的凝聚。

第三节　社会公众与司法的良性互动

一、社会公众对司法的认知

社会公众作为评价司法的重要主体,其对司法的认知是影响司法公信力生成的主要原因。在司法状态良好,公正指数日益升高,司法为民的各项举措不断深入的今天,如果社会公众都能正确、客观地看待司法,也能够正确地行使知情权、参与权和监督权,那么公众对司法的认

〔1〕 张景义等:《带着对公众的深厚感情办案》,载《人民法院报》2008 年 6 月 19 日,第 4 版。

知程度和认同程度将会不断提高。[1] 而只有让社会公众真正感受到司法的公正性、权威性，相信司法能够实现和维护社会正义，他们才能够自觉地信仰法律，司法公信力也才能够得到进一步提升。

(一)社会公众对司法认知的内容

司法涵盖的内容很广，社会公众对司法认知的内容也有很多方面。这也与整个司法活动的程序有关，包括对司法形象的认知、对司法过程的认知、对司法活动的认知、对司法裁判的认知等。这些都是能够被社会公众直接或者间接感受到的，也都是能够影响公众对司法的评价、影响司法公信力的。正如前文所述，社会公众对司法形象的认知主要来源于对法官形象的认知。法官是司法权行使的具体执掌者，其运用法律解决纠纷以及内心良善道德对于公众信任司法能够起到加分的作用。当然，社会公众对于不同的司法案件，对法官的要求和关注点也不尽相同。对于简单的纠纷案件，公众关注最多的应该是法官是否能够尊崇职业道德，严格适用法律；对于复杂疑难的重大案件，公众的注意力可能更多地就会集中在具体的法律争议焦点上，期待法官能够有较高的专业素质，准确适用法律、明晰纠纷。

社会公众并不能够直接地参与司法活动，其对司法的认知和了解很大程度上来源于司法宣传。司法的过程主要是审判的过程，是围绕证据进行的，通过证据的提出、质证、认证等得出相应的裁判结论。而社会公众对司法没有直接的感受，只是通过有过司法经验的当事人进行转述而得，并不能够说是全面或者客观的。也就是说，具体案件的证据大多掌握在当事人手中，社会公众对其并不十分了解，也不能够准确地进行分析判断，只能根据当事人的转述、法院的公开以及媒体的报道形成自己心中的印象。这种印象可能是与事实相符的，也有可能是偏

---

〔1〕 王立民：《司法公开：提高司法公信力的前提》，载《探索与争鸣》2013年第7期。

颇的。而公众对司法的认知是否理性、是否客观在很大程度上都影响着公众对司法的评价结果，也即影响着司法公信力的生成和提升。社会公众对司法裁判的认知主要来源于媒体的报道。每个人心里都有一个哈姆雷特。面对一些社会关注度高的案件，社会公众充分实现自身的表达权，很多话语或多或少由内心的情感所引发，继而产生共鸣，确有“情有可原”之处。而司法裁判具有相对的专业性，不是每个社会主体都有能力或者有兴趣仔细研究的，所以公众对司法裁判的了解大多来源于媒体的报道，更多关注的是裁判的结果，而非裁判的理由。应当客观公正地看待审理的过程，而不是对即将到来的判决结果任意发表倾向性言论，施加不当影响和干扰。只要法院认定事实清楚、证据确凿、程序合法、适用法律正确，不管做出怎样的裁判，都应当报以理性客观的态度。

(二)社会公众对司法认知的渠道

社会公众对司法的认知渠道主要有三个方面：一是身边当事人的转述；二是司法机关的司法宣传；三是媒体对司法的报道。这三个方面对公众认知司法都具有很强的影响力，但最具有影响力的应该就是媒体对司法的报道。因为在公众眼中，媒体是在案件之外的，没有当事人那样的利益纷争，同时媒体与司法机关是相互独立的，相对于司法机关的司法宣传，公众可能更加相信媒体报道的客观性。所以司法机关也非常重视媒体的报道。媒体的追踪报道对于扩大公众对案件的知情权、更广泛地传播司法活动实况发挥着重要作用。

司法公正与媒体自由报道都是法治社会所追求的核心价值。二者最正常的状态应该是合作的状态，其在功能上互补，在行为上相互制约，对社会的公平正义有着同样的追求，很容易实现价值目标的统一。但是二者也在不停地进行摩擦，寻找着二者利益和追求价值的平衡点，以此来共同追求社会的公正，向公众展示最公正的形象。如果一个案子不受媒体的热捧,那么很可能即便是做到了全面的公开,也不能引起公众的兴趣,公众可能就放弃了其知情权。司法树立规则的功能也大大降低,因为公众并不关注案件的进展和裁判结果。而如果一个案件很受媒体热捧,那么将会更大范围地进入公众视野,引发公众兴趣。当然,公众的兴趣也是媒体所关注的焦点,特别是对于一些有伤社会风化的案件,公众往往具有很高的兴趣。这样一来,即便是案件不适合公开,但是媒体为了博人眼球,赚取点击率,也很有可能采取多种多样的手段对案件进行跟踪报道,以满足公众的好奇心。从这个意义上讲,媒体对司法的影响还是相当大的。所以为了保证司法的公正性,媒体是需要一定的监督力量的,这种监督力量最有效的就是来自市场,公众会判断哪家媒体的论述更具有说服力,哪家媒体的报道更加客观真实。在这一过程中,报道更加权威真实的媒体将会在媒介的竞争中胜出。当然,法律对媒体的报道也有一定的限制,特别是当媒体行为不符合法律规定时,对个人隐私权、国家安全、商业秘密、未成年人或者是社会风化有所侵害时,法律就会对媒体采取强制措施。如在美国,联邦最高法院认为避免媒体干扰司法行为的责任主体是法官、检察官和警察,所以,司法机关应当对案件公开的范围进行更好的把握,在此基础上去规范媒体的行为。对媒体进行规范,引导媒体对可以依法进行公开的事项进行正确、客观报道,保持客观中立的立场,也是法官的重大职责。

在司法公开的过程中,既要依照法律规定有效捍卫私人依法享有的权利空间,也要看到互联网时代司法公开带来的巨大价值。新闻媒体介入司法活动要遵循司法的运行规律,应客观全面地对案件审理情况进行实事求是的报道,而不能带有个人感情色彩,可以引用法律专家的点评,但不能形成媒体的观点,避免形成倾向性,从而对民众产生误导,影响法院依法审判。特别是对于有伤社会风化的案件,法院一定要做好相应的保密工作。同时,也要主动疏导社会舆论,与媒体进行沟通交流,对于媒体的歪曲报道,要及时进行回应。

(三)社会公众对司法认知的能力

正是由于社会公众对司法认知的内容包含很多方面,对司法认知的渠道也不尽相同,所以形成公众对司法的主观判断还需要社会公众自己的甄别能力。这种能力体现在对证据的分析认定上、对法律的认识了解上以及对不同主体宣传司法过程的辨别上。

就证据的分析认定而言,不同主体存在不同的认知。首先,对于专家证据不同的主体就有不同的看法。专家证据主要是根据当事人的委托,就案件相关的某一技术领域提供不偏不倚的科学认定意见,为当事人和法官提供参考。专家证据虽然具有很强的科学性,但是也正因为如此,不是每个社会主体都能明白进而认可这样的专家证据,公众必须要根据自己对案件的理解、对法律的理解以及对科学的理解,并运用日常的生活经验和逻辑分析能力,进而对专家证据做出判断。但是在实践中,公众不可能花这么大心思去研究专家证据,所以公众更多地选择倾向于法官的解释和媒体的报道。对于证人证言,公众的兴趣点可能较高,因为这是活生生的例子。国外的陪审团制度中,公众更愿意去判断证人证言的可信度,以此来分析其作为证据的资格和可采性。但是证人证言并不好取得,特别是在刑事案件中,证人可能基于自身的安全考虑,不愿意履行证人的责任,不愿意出庭作证。这样公众的判断点便少了几分,这些都会对司法公信力的生成产生影响。

就对法律的认知上,一个国家、一个地区的法律完备程度纵然与社会公众的法律认知关系密切,但是,公众并不可能像法律专业人士那样熟悉法律条文,即便是法律专业人士,面对纷繁复杂的法律体系,也不可能对所有的法律颇有研究。公众对法律的认知往往来源于自己在社会生活中的亲身感受,这种感受容易有主观因素的感情色彩,因而也容易具有片面性。再加上法治社会的进程加快,公众的文化素质提升跟不上法律的出台和废止,所以公众对整个法律体系的认知可能更多地存在于主观的心理状态,不系统也不全面,不能够客观地认清整个法律体系存在的状态。若要公众客观地看待法律,司法宣传是一个重要的方面。司法机关作为司法宣传的重要主体,承担着非常重大的责任,而司法公开就是司法宣传最主要的方式。

二、社会公众对司法的信任

(一)社会公众对司法活动的正向评价

“以评促建”是推进全面依法治国的价值工具,是体现公信力状态的实然指标。这里的“评”需要主观评价和客观评价相结合。随着司法行为对象的数字化与行为方式的电子化,社会公众对司法活动的评价越来越倾向于主观化,究其原因,涉及中国传统的历史文化、体制机制与个体偏好等复杂因素。主观评价与客观评价孰优孰劣是法院裁判社会评价中的关键议题,在厘清主观评价与客观评价的概念与内涵、契合度与效度、适用性及局限性的基础上,探讨主观评价与客观评价的融合对于司法公信力生成的实然状态研究具有启迪意义。社会公众对司法活动的正向评价是法治建设中重要的环节,是社会公众对公正的理想与追求的现实意义。然而由于人们的认识能力和考查事物的角度不同,要求社会公众客观看待司法活动、不掺杂主观情绪和其他因素是非常困难的。这需要社会公众整体的法治素养全面提升,摒弃人治观念及其惯性,对司法活动的认识要达到实质合理的程度,成为法治建设的主体。

针对如何理解社会公众客观评价和感性评价之间的关系,在以人民为中心的司法理念下,能够达成维护公益与个人权利保护之间的平衡,遵循“司法信息公开透明→司法宣传有理有据→司法裁判形成主导→法治思维逐渐培育”的逻辑顺序才是司法公信力生成的正确方法。随着自媒体的蓬勃发展,社会公众在对司法进行主动评价的时候,往往会受到网络其他类似主体评价的引导和影响。在这种现实背景下,社会公众基于何种认知对司法活动进行评价,对司法公信力形成的价值作用巨大。针对不同类型社会公众评价的价值进行对比分析,找出司法活动中可能存在的薄弱环节,可为司法公开和宣传进行更有效的评价引导策略提供指引。因此,从社会公众对司法活动的正向评价中可以总结司法公信力的评价标准,将司法公信力的评价客观化,对促进司法公信力的生成有重要意义。

(二)社会公众能够理性尊重裁判结果

司法裁判结果被理性尊重具有正当性价值倾向,其背后蕴含着社会公众的法治素质,是法治建设的终极价值追求。裁判结果能够得到社会公众的理性尊重,必须满足三大基本构成要素。一是裁判的公正性,即在裁判中是否厘清了案件事实,正确地适用了有关法律,这是裁判结果是否能够得到社会公众理性尊重的前提和基础。这里的裁判公正主要体现为对案件事实的认定符合法律的规定,也即基于证据的证明标准与要求所认定的法律真实来揭示客观真实,以保证一定的司法效率。这就对当事人举证能力有较高要求,在“只有本人陈述而不能提出其他相关证据的,其主张不予支持”的情况下,就有可能出现依照法律认定的事实和客观事实有出入的情况。然而,社会公众心中认为的裁判公正,更多体现在司法裁判认定的结果与实际情况相符合。这也会为社会公众不尊重裁判结果埋下伏笔,形成社会公众在裁判结果尊重意识上存在理性缺失的情况。[1] 二是程序的正当性,即能够满足社会公众对程序正义价值追求,追求法律认识与客观实在符合,要求体现

---

〔1〕 龙宗智:《事实碎片都闪耀着同一事实之母的光芒——论“印证”的机理》,载《当代法学》2022 年第 1 期。

在程序内的因素，如对当事人及其基本信息、主张、事实证据等在结果中都有所回应，通过开放的程序建构出来的法律事实形成程序性共识，以理性、开放的程序性事实观为指引，进而形成社会公众认可和尊重裁判结果需要具备的必要条件。三是司法活动的公开性，通过裁判文书、庭审活动、执行信息上网公开，提升法官对司法活动的回应能力，达成社会公众信息对称、对话充分的效果。司法公信力的生成离不开社会公众对裁判结果的理性尊重，而这三大基本构成要素均是影响司法公信力生成的重要因素，应当积极地通过公正裁判、正当程序、司法公开等有效方式，引导社会公众理解与接受裁判结果。

（三）社会公众愿意用司法裁判引导行为

法治的实现需要以法律规范为载体的制度化要素，也需要具体的运行。可以说法律是一种规范性期望，司法裁判则将规范性的法律条文表达、解释、运用出来，使规范性期望在司法活动中获得稳定的实现，从而形成社会层面的规范性期望，引导社会公众的生产生活和社会交往行为。因此，司法裁判不仅是进行行为调控和冲突解决，更是成为社会公众的稳定期望。

司法裁判涉及社会公众生产生活的方方面面，影响着社会公众对各种法律关系的认知与实践，理应通过说理充分、定位契合、界定清晰的裁判文书担负起法治教育、行为指引、纠纷处理程序等公共服务功能，将法律思维与公众思维有效连接，促进司法信息有效传播、裁判规则有效指引、法治理念有效传递的格局形成。[1] 在司法活动中，裁判过程及结果对社会认知具有引导作用，避免将复杂、高度专业性的司法裁判用枯燥琐碎的法律专业用语与社会公众隔离；运用契合社会生活的

〔1〕 孙海龙：《“充分说理”如何得以实现——以行政裁判文书说理为考察对象》，载《法律适用》2018 年第2 期。

表达方式发挥裁判的正面引导作用,体现其应有的地位和价值,可使社会公众从思想意识上接受和信仰法律,运用法律进行对自身和周围行为的调节、认知、约束和激励,并且外化为依法办事的理性化行为。同时,司法裁判也发挥着预测功能,各类主体在预测的过程中,除了可借助于以一般形式体现的制定法,也可借助司法裁判适应多变的社会生活,提高预测的准确性。司法公信力将会随着社会公众法治意识的提升、和谐社会秩序的建立、法治目标的达成而逐渐积聚。

三、社会公众对法治建设的参与程度

(一)社会公众采用法治途径化解矛盾的意愿

社会矛盾表现形式多样化导致矛盾纠纷的复杂化,在推动国家治理现代化的过程中,社会矛盾作为必须要面对和化解的重要形态存在,呈现强连带性、相互影响、相互叠加的特征,如果不能在法治的轨道上化解,则会在更广的范围内影响社会的和谐稳定。有效化解社会矛盾纠纷的一个重要方面就是法治途径能否成为社会公众的首选方案。然而,矛盾纠纷的复杂演变、立法滞后于社会发展、维权途径不当等因素影响社会公众运用法治途径维护自身合法权益的意识。

社会矛盾纠纷在任何时代都会出现,只有在法治的轨道上有效化解才能推动社会的发展。而社会公众采用法治途径化解矛盾纠纷的意愿就直接影响矛盾纠纷的化解方式,是影响司法公信力生成的重要因素。具体体现在以下几个方面。一是厚植法治元素于社会治理体系,围绕社会矛盾排查、重点事项化解等环节,健全矛盾纠纷预警机制,预防减少矛盾纠纷;凝聚社会各方力量,完善矛盾纠纷联动机制;积极有效回应关切,推动问题得到实质性解决,有效化解社会矛盾,促进社会治理取得良好成效。二是法律规范保障纠纷根本化解,积极主动从源头上着眼,使程序上规范严密,追求公正执法,以法律为矛盾解决的基础，主动倾听、沟通、关怀身处矛盾纠纷中的社会公众，维护社会秩序，依法标本兼治化解矛盾。三是将化解纠纷矛盾作为司法工作的目标和导向，运用法治思维和法治方式夯实社会治理根基，充分激发社会公众参与社会治理的情怀，避免“小纠纷变成大矛盾、大矛盾演化为恶性事件”，筑牢阻止社会矛盾纠纷“外溢”的防线，将法治手段贯穿始终，提高社会公众的法治素养，增强矛盾纠纷化解的能力。总之，社会公众采用法治途径化解矛盾的意愿作为社会公众参与法治建设的重要体现，在促进司法公信力生成中具有重要作用。在社会主义法治新常态下，需进一步促进社会矛盾纠纷的根源性化解、法治化解决，提升社会公众对法治建设的参与程度及对法治化纠纷化解的认同性，进而促进社会公众对法治的内心信仰和真诚拥护。

（二）社会公众参与法治建设权利的保障

随着法治建设进程的加快，社会公众对于法治的认知在逐步加强，对法治建设的参与意愿也越发迫切，这就需要通过严格的制度和程序设计，对公众参与法治建设的权利予以充分保障。确保社会公众享有平等的参与地位和自由的表达机会，拥有同等的保障机制，受到同等的关注与尊重，以利于社会公众在法治建设中发挥应有的重要作用。

保障社会公众参与权的行使对法治建设具有不可替代的作用，是社会公众追求公平正义等价值理念的行为体现。社会公众参与法治建设的权利被保障得越充分，就越能促进社会公众法治信仰的培育，进而影响司法公信力的生成。具体体现在以下几个方面。一是增强法院裁判合法、合理的可接受性，源于法治建设参与主体的多元化、不同利益视角，法院裁判的结果想要得到社会公众对其的承认、服从和尊重，就需要充分考虑司法裁判是否与公序良俗、社会公共理性相契合，从心理学角度出发，通过保障社会公众的参与权可吸收更多的社会价值与理念，当人们真实充分参与并体验，就更容易形成内心的确信与正面评价。二是增强司法权的合法性基础,司法裁判的合理性与正当性并非仅源于司法,特别是对司法裁判的合理性与正当性的感受与司法参与主体之间充分协作,综合考量法律、伦理、道德等因素,对案件事实进行理性澄清并达成共识,进而形成社会公众对司法权的正当性信念以及尊重和服从的意愿。[1] 三是增强司法裁判对法治建设的推动作用,通过"社会公众的参与→司法程序体现公开原则→司法裁判获得社会公众支持→司法和社会公众之间良性互动→社会公众认可并崇尚法治→司法裁判推动法治建设"链条的达成,[2]将社会公众的话语引入司法活动,回应社会公众的多元利益需求,将社会公众的价值观念问题转化为司法程序问题,构建自由、平等、开放的参与权保障机制,以实现社会公众对于法治建设的有效参与。

(三)社会公众参与法治建设的能力向度

社会公众在法治建设中的参与程度常常受到参与能力的深刻影响。参与能力与社会公众的"意识形态""参与机会""文化素养""社会认同"呈显著正相关关系,与"习惯习俗""权力滥用""权利侵犯""谣言传播"有显著负相关关系。[3] 要社会公众参与法治建设的能力,就必须以呈正相关关系的诸多要素为切入点,不断提升社会认同度,创造参与机会,增强公众文化素养,重塑主流意识形态。

"参与能力"是影响社会公众参与的重要因素,优化社会公众的参与能力,基于社会公众的动态性、差异性、广泛性和主动性,制定有差别的社会参与能力提升标准,推进社会公众实质性有序参与法治建设,对司法公正、司法能力都具有促进作用,是司法公信力生成的重要体现。

---

〔1〕 王怡:《认真对待公众舆论——从公众参与走向立法商谈》,载《政法论坛》2019年第6期。

〔2〕 王周户:《公众参与的理论与实践》,法律出版社2011年版,第156页。

〔3〕 叶飞:《公共参与精神的培育——对"唯私主义综合症"的反思与超越》,载《高等教育研究》2020年第1期。

具体而言,社会公众参与法治建设的能力提升可从以下几个方面影响司法公信力的生成。一是与时俱进体现社会公众在法治建设中的地位与角色,通过参与能力的提升,使社会公众在法治建设中扮演积极能动者的角色,从被动地被吸收进法治建设过程之中到主动参与法治建设,充分发挥社会公众法治建设“主体性”作用。二是影响社会公众参与法治建设的范围与形式。从范围上看,社会公众参与法治建设能力的提升将会大大拓展其对法治建设的参与范围,并不局限于审判这一环节,甚至并不局限于司法活动,可以延展至社会治理法治化的环节。从形式上看,社会公众旁听诉讼案件即可称之为“参与”,有一定的积极价值。但是,如果社会公众的参与能力较弱,旁听庭审不仅不能实现有效参与的效果,反倒令社会公众对法治建设望而却步。另外,从世界范围看,社会公众参与法治建设已经呈现出社会法治的趋势,不仅是个体,社会团体、群众自治组织的参与也更加广泛、深入,对提升纠纷解决效果、补强审判正当性、增强司法公信力具有积极意义。三是增强法治建设的效果,通过协助公共权力的运行,弥补公权力的不足,发挥权力制约和权力监督功能,促进权力运行过程与结果的公正性,体现司法为民理念,宣传法治观念,契合司法体制改革的精神。听说的不如体验的,在社会公众参与、了解、影响、监督法治建设之后,能在客观上提升社会公众对法治的信任。

第四节　良好的法治环境与深厚的法治文化

良好的法治环境,意味着崇尚法治的社会氛围,公正司法的法治保障,社会公众法治素养的整体提升,是司法公信力生成的关键土壤。深厚的法治文化,意味着法治精神的弘扬和法治信仰的塑造,法治软实力的提升,形成社会公众的法治文化自觉和人人参与法治文化建设的良性机制,是司法公信力生成的内在灵魂。二者共同促进社会公众的素养、品质,推进人本思维层面法治建设,提升法治建设主体的法治思维和法治能力,影响和促进司法公信力的生成。

一、良好的法治环境是司法公信力生成的关键土壤

良好的法治环境,意味着在整个社会层面形成尊重法律、崇尚法治、坚定依法治理理念的社会环境。从生产力层面来说,良好的社会环境可作为一种资源要素,促进、保障、巩固生产力和生产关系的发展,为确保法律有效实施提供了宝贵的软环境。在利益多样、观念多元的当代,不断优化和营造法律至上的法治环境,实现从“法律体系”到“法治体系”的转变,推进社会公众善于运用法治思维促进矛盾化解,优先选择法治手段规范发展行为,推动形成对法治本身的崇尚和信仰,推进从“法律大国”向“法治强国”的跨越,使法治环境的建设成为促进司法公信力生成的优质土壤。

(一)法治环境的内涵和评价标准

法治环境是构筑法治中国的基础,明确法治环境的内涵及其优良程度的评价标准,优化法治环境评估指标体系,对建设社会主义法治国家意义重大,是从法治环境的角度研究司法公信力生成问题的逻辑起点,有利于促进新时代法治建设和发展。当前法治环境的建设更多体现在营商领域,无论是实务界还是学术界,对于法治化营商环境的研究颇丰。随着我国国家法治社会建设的不断发展,法治环境评价指标体系可以有效体现国家的综合实力和现代治理水平,其建构具有重要意义。

法治环境评价指标体系反映着良好法治环境的评价标准。具体而言,至少应该涵盖如下标准。第一,宪法和法律至上的原则理念是否落

实到立法、执法、司法和守法各个环节。坚持宪法法律至上是法治保障,标志着法治理念在国家层面进一步得到确认和发展,体现了宪法法律这一治国理政之重器的突出地位,体现了法治价值普遍性与特殊性的统一,体现了法治思维和法治方式。宪法和法律至上原则的具体落实符合社会的共同理想和信念,有利于维护法律权威,有利于提升法治的感召力与实践力,有利于实现良法之治。第二,社会公众的各项合法权利是否得到有效的确认和保护。社会公众个体的自由平等合作是良好社会秩序的预设前提,而社会公众的各项合法权利实际是社会秩序的底线基础,公民权利越是得到更多的实现和保障,社会秩序便越能实现和谐稳定。从纵向的历史观来看,公民权利经过了权利缺失、权利扩展和权利本位的变迁过程。当前,我国社会公众享有基本权利的制度基础与社会环境已经形成,在制度设立的基础上,还需实现对社会公众权利的保障,这也就意味着在社会生活的各个方面,社会公众的各项合法权利均受到法律的保护,应切实地推进公民基本权利的真正落实。第三,权力的运行和发展是否能够得到有效的制约以及监督。规范与约束公权力,是法治建设需要关注的重要命题。树立良好的法治环境,意味着完善法律以规范权力运作,以权力制约权力来实现权力的规范行使,以制度制约权力来实现权力的理性行使,以权利制约权力来实现权力的合法行使、以道德制约权力来实现权力的有序行使。[1] 以合法性原则为范围为权力运行提供明确而有效的法律指引。

(二)法治环境内在要求公正司法

良好的法治环境意味着司法公正理念深入人心,内在要求依法行政、公正司法,构建司法与社会公众良性互动的和谐关系,厚植法治根基、树立司法权威,在全社会营造尊法学法守法用法的法治氛围。公平

〔1〕 吴玉章:《法律权力的含义和属性》,载《中国法学》2020年第6期。

正义是司法体制改革追求的永恒主题,应当根据社会经济的发展、司法为民的需要不断推进,在维护公平正义价值的基础上实现司法公信力提升的追求。

司法是维护社会公平正义的最后一道防线,是法律实施的核心环节,是法治中国建设的重中之重。良好的法治环境对于规范司法权力,有效地转变司法职能,增强服务意识,维护社会公平正义,捍卫法治权威,保证司法活动的公正性、公平性、公开性有着重要的意义。良好的法治环境内在要求司法公正,同时也促进司法公正。一是良好的法治环境对培育社会公众的守法意识具有很重要的法治价值。国家法律制度的建立、法律的实施,都离不开社会公众力量,良好的法治环境使得整个社会尊重司法裁判、自觉维护司法权威,使社会公众的生活方式和生活习惯沿着法治思维和法治方式践行,全面守法的社会环境和个体法治理念对社会公众的生活认知和思维方式产生深刻影响。二是良好的法治环境可有效增强执法人员的法治文化自觉性和自律性。司法公正需要司法工作人员必须信仰法律、坚守法治,严格按照宪法和法律行使自己的职权。同时需要以科学立法为基础,严格执法为依托,全民守法为支撑,因此与完整无缺、整齐划一的法治环境密不可分。三是法治环境营造人人参与的法治理想氛围,彰显法治力量,弘扬法治精神,维护宪法法律权威,切实保障公平正义,使社会得以良法善治,推动公正司法不断进步。同时提高社会公众法治素养,提升社会公众的法治参与度与法治关注度,使司法公正达到法治的理想高度,也凸显了公正司法显著的实践成果。

(三)法治环境外在有利于提升法律素质

法律素质是对法治的理性认识,是一个人综合素质的组成部分。人本原理强调以人为本,人作为劳动者是首要的生产力,人的法治观念和法律素质是检验一个国家法治状况的重要指标。[1] 因此,作为人的社会公众是法治建设的主体,理应自觉参与法治建设,充分发挥能动性和主体性,实现对法治的精神追求和价值理想。增强社会公众的法治意识、坚定社会公众的法治信仰、提升社会公众的法律素质对于法治建设至关重要。社会存在决定社会意识,社会意识对社会存在具有反作用。法治环境作为正向社会意识萌生的优质沃土,能够有效引领社会公众的道德价值和精神追求,彰显了司法公信力提升的心理趋向,反映出司法公信的建设状况以及司法公信力的实际水平。

社会公众的法律素养属于法治建设的内在动力,法治环境提升社会公众法律素质具体体现在:一是培育社会公众的法律制度认知水平和自觉法律意识,使社会公众摆脱对法律无知的蒙昧状态,助其正确理解法治的本质,为社会公众提供社会主义法治社会中的行为指南,提升实施依法治国的心理基础和法治意识的觉醒,强化社会公众的法治情感。[2] 二是树立社会公众对于法律至上、公平正义等法治价值普遍尊崇和广泛认同,能够按照法治要求表达利益诉求,具有崇尚理性的认知能力和为权利而奋争的精神和勇气,自觉把法律作为解决利益冲突、调整利益关系、规范行为模式的主要手段。三是提升社会公众法律认知能力和运用法律保护自己与他人合法权益的能力,使社会公众能够深刻、科学地理解法律,塑造对法治的稳定的知识结构,树立符合法治要求的法律观念,把法律制度和规则内化为自律原则,经过内心的加工处理使其真正转化为行为指导和价值理想,从而确立法治的价值精神和对法治的信仰,形成依法工作、学习和生活的能力。总之,法治环境突出法治理论、法治精神、法治信仰的培育,突出法治人格和品格的塑造,

〔1〕 赵雯:《践行社会主义法治观的路径分析》,载《人民论坛·学术前沿》2020年第12期。

〔2〕 封丽霞:《提升全民法治意识和法治素养的有效路径》,载《中国党政干部论坛》2020年第10期。

突出对法律在意识形态中的地位作用的认识能力，突出凝聚社会公众的集体意识，形成强大的内聚力和向心力。而这些都是司法公信力生成和提升的关键要素和重要环节。

二、法治文化是司法公信力生成的内在灵魂

法治兴则国兴，法治强则国强。法治文化意味着在整个社会范围内形成将法律作为判断是非和处理事务准绳的文化氛围。法治文化是实现法治中国的内在本质要求，它要求崇尚法治、尊重法律，将法治的要求运用于认识、分析、处理问题中，善于运用法律手段解决问题和推进工作。扎实推进社会主义法治文化建设，打造法治文化品牌，厚植法治生存的土壤，有利于培育社会公众的法治信仰，不断提升社会公众的法治意识、道德素养，营造全社会知法懂法守法用法的良好氛围，是对司法公信力生成需求的积极回应，也是提升司法公信力的必要保证。

（一）法治文化的内涵及历史

随着生产力的发展，经济社会的进步，法治文化在法律积累、文明传承与再生产中被不断地孕育、提炼和更新，形成了代代相续、形影不离且身体力行的思想、文化、道德、制度等核心文化，是经由历史文化积淀的共识性法治价值观，标志着法治文化从理论到接受实践检验，再由实践升华为理论指导的一个辩证过程。

从历史发展观来看，法治文化建设在我国的发展经历了三个阶段：第一个阶段，是法治文化建设的播种期。自从马克思主义思想传入中国，现代化的法律建设就开始进入起步和初创阶段，历经新民主主义革命，通过一系列法律、条例等规范性文件，以宪法性文件为核心的法律体系建设已经具备了初步的基础，司法体制建设已经具备了初步的规模。在社会公众的生产生活过程中自觉或不自觉地形成了一定的法律文化，成为新中国法治文化建设的萌芽和前奏，也是我国法治文化从无

到播种的起步阶段，表现出了一定的法治精神和法治理念，开启了我国法治文化建设道路，为以后形成和建设与法治中国相匹配的法治文化进行了播种，为新中国法治建设提供了丰富的实践经验与法律蓝本，故理论上将其称为法治文化的形成和发展时期。〔1〕第二个阶段，是法治文化建设的初创期。在这一阶段，40 多部法律陆续颁行，初步建立起社会主义法律框架，法学教育和法学研究也进入正常轨道，法治精神也在人们的思想意识中形成了最初的原型。法律在人民的日常生活中参与得越来越多，极大地提高了全社会的法治意识和法治素养，是新中国法治建设和法治文化建设探索的起步阶段，为我国法治文化建设提供了经验，法治文化随着法治的建设开始进入了初创期，法治文化建设也初露端倪，为法治的建设和实施奠定了坚实的文化基础和良好的社会基础，在全社会已然形成了法治文化建设的氛围。〔2〕第三个阶段，是法治文化建设的发展期。在这一阶段，随着改革开放和法律法规的不断实施和完善，特别是依法治国上升为国家战略和全面推进依法治国、推进法治中国建设的实践进展，社会公众对自身合法权益的保障越来越重视，为法治中国建设提供广泛的社会基础和坚实的思想根基。〔3〕同时，社会公众对法治氛围的需求也越发强烈，法治文化建设开始进入发展和完善的新时期，不断地满足时代和社会发展的需求，进行自我完善和向纵深发展，迎来了其发展的最佳机遇期。

（二）法治文化建设促进提升法治思维

如前所述，法治文化建设是一个动态的过程，是一种治理文化，是适应法治建设发展的目标和结果，不仅关注法律、制度本身，还注重对法的价值追求，是法治思维和法治方式相统一的文化现象和法治状态。

---

〔1〕 李涛：《新时代中国特色社会主义法治的深化和拓展》，载《江汉论坛》2019 年第 11 期。
〔2〕 胡平仁：《法治理论与实践的新格局》，载《法治研究》2019 年第 5 期。
〔3〕 陈甦：《中国法治发展报告》，社会科学文献出版社 2019 年版，第 132 页。

法治文化建设对人们运用法治理念、法治原则来认识问题、分析问题，运用法治思维和法治方式来处理问题、解决问题有着非常重要的意义。同时，法治文化还代表着法治建设的时代性，蕴含着对公正价值的追求，实现着法治建设的规范化、科学化，是促进和提升法治思维，推进中国特色社会主义法治建设的时代要求。

法治是人类社会发展进化的永恒追求，也是总结前人经验后作出的必然选择。[1] 法治思维是在法治建设中创造和运用的思维系统，具有深厚的生成根基，在法治文化滋养、理论积淀、实践基础的综合作用下逐渐生成，是一种融入公正、平等、自由等价值的复合式创新产物。法治思维为社会公众的行为选择设定了界限，决定着行为方式，是一个整体思维提升、向善的过程，是树立文化自信的核心思维，它让良法善治成为可能。法治文化建设在促进提升法治思维上发挥着重要的功用。一是为法治思维塑造以法律规范为基本依归的良好文化氛围，促进以法律价值为基本导向的法治思维整体提升。深厚的法治文化意味着法治认识的深化、法治信仰的树立、法治素养的提升，为锤炼法治思维提供了程序性思维的认知前提、建设法治社会的精神根基、坚守法治底线的重要举措以及创新社会治理的实践定力。[2] 二是对法治思维在社会公众中的渗透率有润物细无声的推动作用，实现新时代德法共治治理模式和社会公众在生产生活中依法办事、靠法化事的行为模式，在社会治理中融入社会主义核心价值观，不能有任何人、任何事超越法律规范，凌驾于法律规范之上。[3] 三是推进法治思维发挥制约权力、崇尚法治显著优势的内在动力，以法律作为国家治理和社会治理的手段，是法治社会的灵魂，是社会公众的获得感、法治自信心的提升的动力构

---

〔1〕 孔庆江：《习近平法治思想中的全球治理观》，载《政法论坛》2021 年第 1 期。

〔2〕 孙光宁：《从法律思维到法治思维：中国法治进程的拓展与深化》，载《学术交流》2015 年第 1 期。

〔3〕 孙要良：《新时代治国理政思维方法》，中共中央党校出版社 2019 年版，第 211 页。

成,有助于丰富法治思维内涵、深化政府职能转变、消解社会差异,是现代社会公平正义的法治价值观在法治国家建设中的具体体现。总之,中国特色社会主义法治文化建设有助于提升全民法治思维,不断推动共识性观念和思维的相互融通、互相助益,促进司法公信力的生成和提升。

(三)法治文化是高法律素养的重要体现

社会公众的法治素养直接决定国家法治建设的水平,是法治建设的重点和难点。小智治事,中智治人,大智立法,国家治理体系和治理能力现代化离不开社会公众的宪法观念和法治意识。推进全面依法治国进程就要将法治文化融入社会公众生产生活的方方面面,弘扬法治精神,增强社会公众办事依法、遇事找法的意愿和能力,增强社会公众法治意识、坚定社会公众的法治信仰。

社会主义法治文化建设作为综合提升法治国家建设的有效途径,必然全面提升社会公众的法治精神和法治价值认同,以价值促建设;推进社会公众法治素养的全面提升,以实践促精神,形成崇尚法治的社会风气。法治文化建设引领社会公众法治素养提升主要体现在:一是积淀法治底蕴、培育法治自信,使社会公众拥有法治文化自信的强大底气。法治文化形成的首要标准就是树立社会公众对于法治权威的认同,深化社会公众内心对法律的敬畏和对法治的认可。以法治精神文化为核心的法治文化是法治建设的软实力和决定因素,滋养着社会公众内心深处的法治素养。二是法治文化催生出社会公众法律素养的生长土壤,在促进社会公众崇尚司法、信任司法的过程中发挥的重要作用不言而喻。没有法治文化建设所提供的制度条件和环境,社会公众就会像鱼离开水一样,很难养成尊法守法的良好习惯。社会公众在法律的框架下进行生产生活,具备法治知识成为其行为的前提,具备法治理念和法治精神成为其基本素质。当社会公众的思想充满活力,法治意识形态在社会公众生活中占据主导地位，司法公信力所需要的法治文化生态便会不断丰富和发展。[1] 三是法治文化价值观的进步与发展影响着社会公众个人的价值观，进而决定其个人的行为取向，对于促进社会公众法治意识的提升具有重要的作用。同时，法治文化建设要求积极主动求变，面对新的发展局势及发展要求，法治文化创新是社会公众法律素养不断提升的动力源泉。以新时代为视域全面提升法治文化建设水平，也是检验社会公众法律素养的标准所在。只有在实践中不断创新法治文化表达，社会公众的法律素养才能充满活力、历久弥新、日益丰富，司法公信力的生成才能有源源不断的源头活水。

三、法治环境与法治文化共同促进司法公信力的生成

随着法治环境的不断优化和法治文化的不断厚植，司法活动越来越引起社会公众的密切关注，司法话题慢慢演变为公共话题，司法案件逐渐上升为公共案件，这一方面对司法公信力提出了一定的挑战，司法机关需要进行思维方式、行为方式的转变，提升对网络热点案件形成与发展的预期和预案，在司法信息的发布上做到及时高效、渠道拓宽、形式和内容多元，做好积极应对；另一方面也为司法公信力的生成和提升创造了机遇，在变革过程中，坚持以司法公正为核心，转换思维，深刻认识和把握司法公信力的新内涵，创新机制，积极利用各种新媒体，加强司法公开平台建设，创新传播形式和内容，可有效增强司法机关的形象，提升司法信息在公众舆论中的引导力，扩大司法公开的社会效果，进而提升司法公信力。

（一）构筑法治话语为司法公信力生成提供保障

法治话语一方面为法治建设构建指引，是实现法治状态的前提；另

〔1〕 罗薇：《法治中国与法治文化》，上海社会科学院出版社2020年版，第212页。

一方面评价司法行为是否符合法治精神,为司法公信力生成提供保障。影响司法公信力生成的因素是多方面的,但关键因素一定是司法权的良性运行。从本质上看,作为专业性较强的法律实施过程环节,贯穿司法活动始终的应该是法治话语,为法治建设提供知识性资源。[1] 法治中国建设需要法治话语体系,司法公信力的生成也有赖于法治话语体系。法治环境和法治文化是滋生法治话语体系的优良土壤,通过接纳融合自由、正义、公正、平等、法治等要素,在法治话语体系的建构中生成司法公信力。

法治环境与法治文化在构筑法治话语、保障司法公信力生成中的作用主要体现在三个方面:一是不断丰富法治话语内容,构建中国法治话语自身的科学性与系统性。法治环境促进法治话语体系建设完备,系统性强的话语才更利于司法公信力的生成,收到预期效果。法治文化促进法治话语内容科学翔实,为法治建设发声,彰显法治话语专业性、知识性和权利性,通过多种方式让法治的基本知识、基本理念、基本原则、基本目标为社会公众所熟知,为社会公众法治思维的培育做好知识上的积累和方法上的准备。司法公信力是在法律实施过程中不断生成和积聚的,而法治话语体系的本质是主体间的交互过程,以法治话语体系的构建对广泛的社会主体产生影响力。法治话语体系影响和改变社会公众意识结构,其功能实现机制与司法公信力的生成机制耦合。二是促进法治话语应用持续深入广泛,为司法公信力的生成奠定广泛而坚实的社会共识基础。作为成文表达的法律规范,一方面是国家治理的重要遵循,是人类社会迄今为止最为卓越智慧的社会治理模式,体现着国家意志,渗透着规范意识、自由精神,凝聚着社会共识,是司法公

[1] 陈金钊:《面向法治话语体系建构的中国法理学》,载《法律科学(西北政法大学学报)》2020 年第1期。

信力得以生成的基础;另一方面是社会规则的话语表达,发挥着法律意识形态的价值属性,承担着对社会公众的规范控制,强化社会公众的基本法律素养,在注重个体感受与司法过程的价值追求之间搭建了桥梁,培育法治思维,促进司法公信力的生成。三是促进社会公众日常法治话语的构建与使用,从权力的话语转化为权利的话语,提升社会公众的权利意识,增强法治认同,反映现代法治取向,体现权利属性,从制度和文化上为人民至上夯实了法理基础,在对象、主题、方法、内容、主体、利益等多方面渗透法治文化,可有效促进司法公信力的生成。

(二)将法治融入社会公众的意识形态为司法公信生成奠定基础

作为思想层面的上层建筑,意识形态是国家治理理念的灵魂和根基,在国家治理中发挥着极端重要作用。在法治建设视阈下,意识形态的形成和发展与法治的产生、发展、壮大息息相关。[1] 发挥意识形态的核心价值引领作用,不断推进法治环境的建设和法治文化的传播,形成以法律作为判断是非曲直、塑造社会秩序、推进良法善治的意识形态,展现法治实践的价值和作用,将为司法公信力的生成奠定坚实的思想基础。

将法治融入社会公众的意识形态不能只采用单一的说教形式,必须依托环境上的熏陶、文化上的积淀和思想上的共鸣,通过整体性谋划、系统性思维,启迪智慧,筑牢法治思想基础,整合法治建设领域内外资源。具体而言,法治环境和法治文化对将法治融入社会公众的意识形态的功用主要体现在如下几个方面。一是凝结共识,发挥法治固根本、稳预期、利长远的制度保障作用。法治意识形态是贯穿法治体系始终的思维活动和认知方式,是基于对法治的遵从,自觉运用法治观念、

---

〔1〕 刘慧婷、高军:《社会主义核心价值体系:中国共产党政党文化的创新》,载《学术交流》2009 年第 9 期。

原则和逻辑来认知、分析和解决问题的理性化意识形态。它体现了法律所固有的规则性及其内在的逻辑力量，以实现社会公众的参与需求、理性选择和正义价值，平衡法律关系中权利与义务的关系，实现权利与义务平衡、权利与权力平衡，表现出稳定性、确定性的刚性色彩。二是形成对法治建设的内在认同机制，形成社会公众对司法自发接受的心理归属感。“心存敬畏，方能行有所止”，思想观念的培育和塑造是法治建设内在认同机制构建的关键。在思想行动上坚持法治的引领、推动、规范和保障，提升司法活动的感染力和号召力，不依赖于外界的强行灌输和强制，是司法得以深入人心、生成司法公信力的基础。这种内在认同机制的构建是一个立体的、动态的有机整体，是一个循序渐进、不能一蹴而就的过程，需要法治文化和法治环境为其提供源源不断的动力和源泉。三是运用法治意识形态塑造社会秩序，良好的法治环境和深厚的法治文化能够促进法治参与主体的资格、素养、品行和智慧的提升，充分调动社会公众弘扬法治理念的积极性和自发性，助力各方主体以各种法律规范来权衡利益，推进良法善治，避免由于利益分配的不确定性带来的社会冲突和矛盾。“法生于义，义生于众适，众适合于人心。”法治建设的推进不可能离开“人的参与”而自立自行。[1] 法治环境和法治文化有利于实现社会公众对法治理念的接受和认同，实现社会公众思想的集中和统一，在与时俱进中展现出法治理念灿烂的理论光芒和强大的生命力，使社会公众认识到法律既是必须遵守的行为规范，又是保障自身权利的有力武器，促进法治意识形态话语解释力、感染力和传播力的全面提升，体现法治在维护整个社会系统稳定和均衡方面的独特功能。

---

〔1〕 任君：《国家治理体系和治理能力现代化建设的法治保障》，载《奋斗》2020 年第 2 期。

(三)培育法治信仰为司法公信力生成营造社会氛围

法治信仰作为一种意识层面的产物,体现了法治理念的价值理想追求,是法治国家建设的重要内容,是法律与法治关系的正确认知及表达,决定着法治的质量,是法治环境的题中之义,也是法治文化根植的首要路径。法治信仰通常表现为法律至上、维护正义、权力制约、权力监督等方面的内容,直接影响着社会主体的行为方式。[1] 法治信仰的培育是法治事业成功的保障,意味着社会公众对法治理想的追求,意味着社会公众对法治建设和公平正义的维护需求,是全面推进依法治国的先导,离不开社会公众普遍信仰法治的社会环境,也离不开社会公众崇尚规则之治的深厚法治文化。

拥有好的或者合格的法治主体,树立正确的法治观念是法治建设的内在要求和基本元素。社会公众是法治建设的主体,是法律制定、运行和落实的主体,是践行法治理念、实现护卫辅佐法治,并使法治变得优良而真实的前提和基础。在法治实践中,保障社会公众的法治参与和培育权利义务关系在社会公众心中的确立和生根是关键,良好的法治环境和深厚的法治文化是培育法治信仰的现实土壤,是培育社会公众法治信仰、为司法公信力生成营造社会氛围的有效途径。具体可以体现在以下几个方面。一是激发社会公众提升对法律及其相关知识认知的自主性,提高其运用法律武器平衡利益关系、协调社会交往的能力。经济学中有一个著名理论——从众行为理论,指出个体往往通过观察周围人的行为来决定自己的行为。人是社会的产物,人际交往是人的本能,从众心态也是人的本能。当社会中充盈着法治文化,到处洋溢着法治环境,便会激发每一个社会公众更多了解法律知识、更加积极主动参与法治建设的意愿。在这个过程中,法治获得了社会公众由内

---

〔1〕 段传龙:《新时代法治信仰的内涵与实况评估》,载《人民论坛》2021 年第1 期。

而外的认同感,增强了社会公众对法律的认识、情感和意志以及对权利义务关系认知的主体自觉,使法治信仰的生成成为有意识选择的结果。二是提高社会公众主观上信任法律、运用法治思维和法治方式的自觉性,将法律的效力变成实效。法律的生命在于实施,法律从制定到运行,必须经由“人的参与”这一桥梁来首尾衔接。人作为理性、感性并存的动物,思维在其实现自我价值的行为指引过程中发挥着重要作用,直接支配着社会公众的生产生活行为和交往方式。良好的法治环境意味着法律从制定到运行的整个过程都体现着保障和救济权利,深厚的法治文化意味着社会公众在法治社会建设中的主体性蕴涵,有助于提升社会公众的法治信仰。从这个角度来说,二者均是培育法治信仰的外部保障。三是提高社会公众尊法、守法的自发性,使社会公众对守法拥有主体动力。法治思维的培育和法治方式的具体践行体现着法治建设的深刻蕴涵,是激发社会公众自觉守法、规范自身行为的基本前提。一方面,公正、高效、程序正义的良好法治环境,能够回应社会公众对行为预期和现实的行为后果吻合的合理性期待,有助于社会公众认真行使权利和履行相应义务,对司法裁判充分信任且无条件接受,实现社会主体靠内心信念而非国家强制力对既定有效的外在行为规范做出与之相符的社会行为。这是社会公众自我约束的高级形态,也是司法公信力生成的必然趋势。另一方面,尊崇法治、信赖法治、推进法治的深厚法治文化,是社会公众在公平正义的法治环境中内化出的法治素养和法治智慧,也是司法机关准确把握社会公众的脉搏,获得社会公众对法治的尊重和认可的渠道和途径。在这个过程中,社会公众的朴素意识被充分尊重,司法智慧被运用于裁判过程,体现了社会公众普遍认同、期待的实质合理,缩减了复杂、多变的社会环境与规则之治社会形态要求之间的差距,是我国现阶段司法公信力生成的必经路径。

第五章　司法公开对司法公信力生成的作用

影响司法公信力生成的因素有很多,其中很重要的一点是司法和社会公众之间的距离是否紧密,社会公众正当行使监督司法的权利,包括知情权、表达权、参与权和监督权能否够得到充分的实现。而司法公开正是拉近司法和社会公众距离,促进社会公众权利实现的有效途径,不仅对司法公正有积极的影响,还能增强司法权威,提升社会公众对司法的信任。所以,司法公开对提升司法公信、树立司法权威具有重要的价值。《论语》记载,子贡问孔子怎样治理政事。孔子说:“足食,足兵,民信之矣”。这说明公信力的极端重要性。前文中,也分别从理论和实践层面分析了司法公信的功用,总结出了影响司法公信力的几个重要因素,主要是司法层面、当事人层面和社会公众层面。三者在整个司法活动中都居于重要地位,不论是行为还是意识形态,都对司法公信力的生成都具有重要的影响。而连接三者最重要的纽带就是司法公开。司法公开既能促进司法权的良性运行,又能保障当事人的合法权益,还能进一步增强社会公众信任司法的程度。因此,司法公开对司法公信力的生成有很大的促进作用,在研究司法公信力生成和提升的过程中兼论司法公开对司法公信力生成的推动作用很有必要。

在现代法治社会中,司法公开作为国际社会所普遍遵循的一项重要的司法原则,既能有效地促进公平正义的实现,又是公平正义状态的一项重要评价指标。正如有的学者指出,公开与正义的实现关系密切,不能做到公开,就很难实现正义,可以说正义的精髓就在于公开的实现。在公开的状态下,可以使严守规则者更加有干劲,也可以有效地约束不合法的行为,使法官的审判行为更加符合公正的要求。[1] 强化司法公开,将司法权力的运行、当事人的行为以及公众的参与都置于阳光之下,可以有效地促进司法公正、增进司法效益、提升法官能力,以此来促进司法权的良性运行;保障当事人对司法活动的知情权、参与权和监督权,使当事人能够全面客观地了解司法进程;此外,还能够搭建民意沟通的桥梁,建立公众对司法的理性认知,培养社会公众的法律信仰,以此来增强社会公众对司法工作的信任和尊重。在这个过程中,当事人对司法有了更直观、更真实的看法,也就会更加理解并且信任司法工作。可以说,"司法公开就是一个杠杆,能够撬动司法公信力的整体提升"[2]。司法公信力是一个累积的过程,通过个案公开和法律教育活动,向社会公众展示司法活动,就是累积司法公信力的一条重要途径。只有通过具体案例让社会公众感受到公平正义是社会常态、是个人应有的权利,让当事人感受到司法的便利,让公众能够更客观地看待司法,这样才能增进当事人和社会公众对司法的信赖。所以,不论是从哪个层面来看,司法公开都对司法公信力的生成意义重大。换句话说,越

〔1〕 宋冰:《程序、正义与现代化》,中国政法大学出版社 1989 年版,第 288 页。

〔2〕 公丕祥:《司法公开:提升司法公信力的重要保证》,载《中国党政干部论坛》2012 年第 7 期。

是公开,越是透明,即便司法活动存在一定的瑕疵,也能够得到信任。

第一节　司法公开促进司法权良性运行

司法公开能够在很大程度上促进司法机关依照法律规定的职权,严格按照法定程序裁判相关案件,由于法律确定的司法程序是经过实践检验的,符合客观规律和司法规律的,一般都是由国家立法机关以法律的形式予以确认,并且以专门的法律法规予以公布,在形成之初就体现了人民的意志,是裁判和调处各种法律关系、解决各种案件纠纷的科学方法。如果能够严格依照司法程序来审判案件,则对于整个案件法律事实的清楚还原、证据的合法使用、定罪量刑的适当确定,都会起到非常积极的作用,从而实现法律规定的预期目的,充分发挥司法定分止争的功能,维护和促进司法公正的达成。司法公开能够促使审判工作人员严格遵守司法程序处理各类法律事务,加强司法机关和司法工作人员的责任心,保障和维护社会公众参与司法程序的平等权利,促进当事人平等地行使诉讼权利,使各司法程序更具法律上的严肃性和权威性,为促进司法权良性运行创造有利条件。

一、促进司法公正

司法公正是司法追求的最高价值目标,也是诉讼活动最主要的价值依归,是司法机关维护社会公平正义的准则和目标。正如前文所述,司法公正是司法公信力生成和提升的根基,而司法公信力的高低是被当事人和社会公众予以认可和评价的,而连接司法与公众的桥梁就是司法公开,也就是说,司法的公正性需要通过司法公开举措来被当事人和社会公众感知和认可。公众对于司法的信任过程内含于法之中,法律就是应当公之于众的,所以说司法的过程理应是公开的过程。[1] 使当事人和社会公众感受到公正的最有效手段就是司法公开,让其能够全面客观地了解,有效地进行监督。这样才能有效地促进司法的实体公正、程序公正和形象公正,才能不断提升司法公信力,坚定社会公众对法治的信仰和信心。

(一)促进实体公正

当下,进行司法公开最有力的措施便是公开的平台,具体来说就是最主要的司法公开三大平台,即审判流程公开、裁判文书公开和执行信息公开。这三大公开平台能够保障当事人和社会公众的知情权、参与权和监督权,使当事人和社会公众感受到司法的公正状态,也使当事人和社会公众增强自身的公正意识。就审判流程公开而言,案件的整个诉讼程序,包括立案、庭审、宣判等都会依法向当事人和社会公开。这样一来,法官所进行的所有庭审活动,包括公开质证、听取双方辩论意见、总结争议焦点等都在当事人和公众的监督之下。所以,认真对每一个定案证据进行质证认证,认真听取当事双方的意见,公平对待当事双方所提出的诉请和辩驳,是法官的职责。法官为了做好自己的工作,必然树立自己的良好形象,公正地作出裁判。同时,在司法公开制度之下,要求事实提在法庭,证据摆在法庭,意见辩在法庭,当事人在法庭上也会谨言慎行,不敢做虚假的陈述,从而能够有效地保障案件事实和证据的真实性。就裁判文书公开而言,法官在案件审理的过程中的证据认定、法律适用、法理分析的过程都以文字的形式展现在当事人和公众眼前,使当事人和公众全面、真实、明确地了解到司法权的运行过程,司法行为的严格依法,当事人诉讼权利和其他权利得到很好的保障。在裁判文书公开平台上,监督权得到了很好体现。这主要在于裁判文书

[1] [德]黑格尔:《法哲学原理》,高兆明译,商务印书馆2010年版,第222页。

说理性,裁判文书一经公开,其说理是否充分,论证是否严谨,能否得到当事人和社会公众的认可,直接影响当事人和社会公众对案件公正与否的判断。对裁判文书的公开有利于更有效地监督法官释法明理的过程,也进一步提高其文书制作的标准。所以,法官在撰写裁判文书之前,必须严格依法审理,对每一个定案证据予以严格审查,在撰写裁判文书的过程中,必须要正确地援引法律条文,准确地分析法律规范,这也能够有效地促进司法公正的实现。同时,裁判文书公开的过程也是进行法治宣传,与社会进行沟通的过程。通过个案裁判文书的公开,引发公众对司法案件的关心、对法律规范的了解,将个案说理的受众从当事人扩展至社会公众,能让公平正义为更多人所看到,拓展了普法教育平台,能够起到以公开促公正、以公正立公信的作用。就执行信息公开而言,意味着将执行环节每一个步骤、程序、措施以及委托评估、拍卖、款物发放、鉴定等信息录入平台,将被执行人信息、被执行人的财产查询信息、已采取的强制措施、资产评估拍卖情况等向社会公开,方便执行案件当事人随时查询,接受社会监督,实现案件执行透明化、规范化、迅捷化。这样,能够改变由于案件执行的难易程度各异,稍有执行信息反馈不及时,就可能引起当事人的不满甚至是猜疑的情况,增强有效的社会监督和案件执行反馈,使执行的公开公正性得到充分体现。如此,一方面将案件进展信息如实地反馈给了当事人,让执行案件的审理过程变得越来越透明,加强了当事人对案件审理的监督力度,大大降低了办案人员的舞弊可能;另一方面将案件承办单位和承办法官的联系电话等内容一一展现,便于当事人就案件相关的一些问题和数据进行咨询,开启了法院与公众沟通的大门。

(二)促进程序公正

程序公正对促进法治进程作用非凡,程序公正的实现在很大程度上依赖于程序公开透明,摒弃"暗箱"操作,把审判程序、执行程序、监督程序都置于阳光之下，接受社会公众的审视，将会在最大限度、最广层面实现程序公正。与此同时，司法公开自身就是程序性的事项，贯穿于整个诉讼过程，在法律原则体系中也居于关键地位。司法公开制度是一系列程序性制度的核心，不论是回避、辩论、质证还是陪审、合议等制度，都需要司法公开来作为支撑。司法公开使整个诉讼过程都严格依法进行，能够有效地实现程序公正，而程序公正也能有效地促进实体公正，这就对司法公正起到了很强的保障作用。正如有的学者强调，实体规则的好与不好不容易被评价，但是这些实体规则的实施形式却是可以很公正地衡量的，所以人们也会更加关心程序规则的运用情况。程序公正对于司法裁判来说，首要体现在于裁判的公正性。手中拥有权力，再不能得到很好的约束，便很容易滥用手中权力。[1] 司法权是以中立的身份和地位来裁判纠纷的权力。司法权的有效行使也需要国家强制力来予以保障。[2] 进一步说，法官依法行使裁判权，程序公正是首要的，也是关键的。而司法公开就是保障司法程序公正的最有效渠道。

（三）促进形象公正

形象公正主要指的是法官的形象公正，因为司法公正的实现一方面源于公正的法律制度，另一方面也源于司法工作人员能够公正适用法律，这个适用法律的过程就是展现形象的过程。当事人和社会公众了解司法也是通过与司法工作人员尤其是法官的接触。所以树立法官的良好形象，是赢得当事人和社会公众信任以及尊重的一大前提。司法公开的首要意义在于，通过审务公开、检务公开等形式，使民众能够了解并感知司法行为和司法过程的规范、有序、公平、公正，进而形成对司法活动的正面印象和积极评价，并最终得出“司法是公正的”等判断

〔1〕［法］孟德斯鸠：《论法的精神》（上册），张雁深译，商务印书馆1982年版，第154页。
〔2〕［美］汉密尔顿：《联邦党人文集》，程逢如等译，商务印书馆1980年版，第131页。

和结论。当然，这一切是以司法制度设计和司法工作人员行为的合理与规范为前提的，因为，司法程序本身或者司法工作人员言行不规范，那么结果必然是，司法公开的范围和力度越大，其所收获的负面效果可能越广。因此，司法公开给司法工作人员带来的最大挑战和首要要求便是，规范自身言行，努力使其外在表现能够给“观察者”以合乎公正的感知和判断；司法公开所秉持的“以公开促公正”的价值追求的实践意义也即在此。[1] 法官形象是民众感知与判断司法公正与否的直观资料来源。法律是一种专业化极强的专门知识，一般民众并不懂得法律规则设计的原理及其背后体现的价值，因此其判断法律和司法是否公正的主要依据，便是司法工作人员的形象以及最终的裁判结果。这意味着，即使裁判结果客观上符合法律规定和正义原则，但是如果法官的言行不规范使人们内心形成了不公正感的话，则人们可能直接认为裁判结果和司法机关都是不公正的。正因为法官形象与司法公正之间的这种重要关系，才需要借助司法公开这一制度设计来监督和规范法官的一言一行；反之，在司法公开被予强势推进的背景下，推动法官形象公正也自然成为题中应有之义。

二、增强司法效益

司法对司法公正的追求极高，但是在追求公正的过程中也应当讲求司法效率，就像俗语所说的，迟来的正义非正义。如果司法效率低下，那么即便是结果具有一定的公正性，也不能说是实现了真正的司法公正。所以说司法需要的是有效率的公正，换言之，就是司法需要效益。[2] 这种效益指的是在合法的条件下，司法应当尽可能地提高公正

[1] 张荷蓓、梁平：《司法价值视阈下的审判公开》，载《山西省政法管理干部学院学报》2011 年第 4 期。
[2] 左卫民：《通过诉前调解控制“诉讼爆炸”——区域经验的实证研究》，载《清华法学》2020 年第 4 期。

水平,同时也提高司法效率。司法的资源是有限的,在有限的资源里能够解决更多社会矛盾,化解更多社会纠纷,从而采取最少的措施,取得更好的社会效果,这便是司法活动所能够取得公众信赖的一个重要因素。[1] 司法公开一方面可以在降低司法成本方面发挥重要的作用,另一方面也可以有效地增加司法收益,这样一来便会有效地提升司法的总效益。可以说,司法公开制度的确立就是为了增强司法效益,并且增强整个社会总的效益。

(一)*法律层面*

司法公开的一大功用就是有利于提升司法的权威性,正如前文所述,司法的权威性能够促使人们自觉地遵守法律,使法律能够得到有效实施。[2] 司法公开可以使整个司法过程处于透明状态,当事人的权利能够得到有效的保障,使其容易对司法裁判产生信任,服从法院判决,从而也有利于减少上诉和再审程序,节省司法资源,提高司法效益。在实践中,就有司法机关打造专门的信息化平台,把司法公开的广度、深度和社会效果提升到一个新高度,形成了司法公开的多元化路径。一是公开从立案到结案的整个司法过程,在立案时就采用数字技术手段,让当事人能够拥有自己案件的专属密码和账号,并能够凭此通过互联网或者移动通信设备随时随地获取案件的司法信息,并能够得到法院的立案、开庭等时间节点的提醒,下载司法文件。二是建立对社会公众的专项司法信息公开制度,将公开内容汇总整理,分门别类,提升了司法公开与公众需求间的契合度,提高了司法公开的针对性和时效性。三是构建与相关单位间的司法信息互联互通机制,积极构建司法信息公开共享系统,推动上下级法院之间的信息公开共享。积极推进信息

---

〔1〕 沈宗灵:《现代西方法理学概论》,北京大学出版社 1992 年版,第 402 页。

〔2〕 [美]波斯纳:《法理学问题》,苏力译,中国政法大学出版社 2002 年版,第 68 ~ 72 页。

化平台建设,接入审判管理信息,实现审判质效数据、态势情况的互通,扩展司法数据公开范围,提高应用效能。通过实践检验,可以看出,司法公开能够很好地增强司法效益。

(二)经济层面

从司法公开的内涵来看,其本身的价值追求就包含司法与社会公众相互沟通,畅通民意表达渠道,实现司法全过程全方位的公开透明,实现信息的高速流转以及在此基础上的公平正义。由此而知,推进司法公开的价值与追求更好的司法效果相一致,也与追求更好的经济效益相一致。因为法律作为上层建筑,被经济基础决定,也为保护经济运行而更有价值。在法经济学中,法律通过设定权利和义务的形式,优化社会资源的配置,使社会配置资源达到最优解,从而促进整个社会资源更有效利用。[1] 而在这个过程中,司法公开能够在最大限度内使立法者在法律中设定规则的目的得以实现,使社会公众能够清晰明确自身的合法权利和需要履行的义务,并在生产生活中按照法律规定,实现资源配置效率的最大化。在实现资源最优配置的过程中,如果一方当事人被法律授予的权利经由他人非法干预,势必会影响资源配置的效率,那么法律就会对关系中呈现出的权利义务倾斜状态进行调整,从而再次平衡资源配置各方的权利义务,以重新提升社会资源配置的效率。从这个层面上看,司法公开有利于增强司法的经济效益。

从另一层面上看,司法公开所累积的司法大数据,可为预防和化解社会矛盾纠纷,加强矛盾纠纷的源头治理提供助力。[2] 通过深入的实证研究,对一定时期内经济纠纷案件进行全面的数据分析和基于全样

〔1〕 章志远:《地方法院行政诉讼制度创新的法理解读——以上海法院近五年的实践为例》,载《华东政法大学学报》2020年第4期。

〔2〕 周苏湘:《法院诉源治理的异化风险与预防——基于功能主义的研究视域》,载《华中科技大学学报(社会科学版)》2020年第1期。

本视域的文书研判，可以总结出不同时期经济纠纷的特点和变化，找出产生矛盾纠纷的源头，发现引发经济纠纷诉讼的原因，进而在纠纷萌芽阶段有效防范化解。[1] 围绕资源配置最优化的目标不断调整各方利益，建构适用于不同地区、不同时间的动态变化的经济治理框架。同时，对于经济纠纷案件，从立案到开庭，再到裁判结果的宣布，最后到案件的执行程序，全过程都是公开的。所以，大数据的获取来源已经覆盖到司法审判的全过程多领域，借助法院大数据平台的司法数据和裁判文书进行实证分析，有利于最高效地解决经济纠纷，最精准地预防经济纠纷，最大范围增强司法效益，深化经济矛盾纠纷多元化解，在符合司法效果的基础上，追求司法活动的效益最大化和经济成本最小化。在这个过程中，司法公开不仅对司法效益的最大化有极强的促进作用，同时对信息交互的成本以及追求司法公正的成本都实现了有效降低，对于经济效益的影响可见一斑。

（三）社会层面

在中国特色社会主义法治体系中，法治建设的推动对社会效益的追求溢于言表。随着“互联网＋”庭审公开的逐步推进，我国的司法进程已在阳光司法层面走在了世界法治建设前列。[2] 2018 年 11 月，最高人民法院发布了《关于进一步深化司法公开的意见》，将庭审活动与大数据进行深度融合；2019 年 4 月，发布《人民法院信息化建设五年发展规划（2019—2023）》，进一步落实司法公开的社会效益。然而在讨论社会效益之前，首先需要明确，社会效益存在的前提是司法裁判结果的正义和裁判程序的公正，这是追求社会效益的实质。

在司法公开与大数据逐步融合深化的过程中，“努力让人民群众在

〔1〕 江继业：《深入推进诉源治理助力矛盾高效化解》，载《人民法院报》2020 年 9 月 13 日，第 2 版。
〔2〕 林坤：《论“互联网＋”庭审公开的治理实践、基本理念和制度优化》，载《法律适用》2021 年第 12 期。

每一个司法案件中感受到公平正义”依旧是从社会层面增强司法效益的重要价值目标。在对这个目标追求和实现的过程中,合理优化庭审公开的环节和制度,不断消解当事人和社会公众对司法的认知鸿沟,提升对司法流程和司法公正的专注度,实现司法和民意的良性互动,在社会最大范围发挥互联网庭审所起到的辐射带动作用。同时,在强调司法公开的同时,也要更加注重对当事人隐私权的保护,特别是要严格规范和限制对当事人隐私的二次使用。坚持以人民为中心的发展思想,平衡社会各主体之间的权利义务关系,实现个人幸福和社会福祉同步达成的愿景。[1] 假设社会效益随着司法活动而在个人幸福和社会福祉同步达成的进程中不断提升,那么在司法裁判过程中正确适用法律,准确甄别证据信息,做出正确裁判便被司法公开所强化。与此同时,在法律适用的过程中,法官以自己的法律知识和能力为基础,根据自己对于法律的理解和掌握,最终做出使社会效益最大化的裁判。司法公开则把法官适用法律的过程置于公众监督之下,当事人及社会公众对案件裁判的评价随着司法公开被不断放大,以致能够影响法官的裁判过程。如果法官在适用法律的过程中严格准确,取得了良好的社会效益,那么被放大的评价影响则会对法官裁判产生正向反馈的机制,促使法官在今后的裁判中更加准确地适用法律,同时增进司法能力,为获得更高的社会效益而积蓄力量。

三、提升法官能力

法官司法能力是影响司法公信最为直接和重要的因素。因此,加强司法公信力建设,就必须全面加强司法能力建设。如果整个司法过程不能处于阳光之下,法官就不可能有那么强烈的被约束的感觉,

[1] 胡泳:《众声喧哗:网络时代的个人表达与公共讨论》,广西师范大学出版社2008年版,第175页。

司法行为也就有可能存在失范的情形。对法官而言，法律的约束很重要，但是这些外在的约束不如法官自觉遵循司法原则来得更有效益。

（一）提高责任意识

法官的责任意识一部分靠的是其良知，另外一部分靠的是司法公开制度将其司法权以及行使司法权的过程全部置于阳光之下，以此来形成强有力的约束机制。[1] 换句话说，就是司法公开是从侧面来激励法官，促进法官办案能力的提升，促进法官道德修养的提升，这样的公开机制比其他的机制都更加有效，成本更加低廉。常言道，司法最神圣的职责也是最大的责任就是实现社会的公平正义，用公正司法能力来化解社会纠纷。[2] 这样的责任和职责依赖法官来实现，也与法官的司法能力有很大的关系。所以说法官的能力是社会正义的一大保障。[3] 当然，实现正义并不是只靠外界的因素，也需要依靠公平正义的制度，更需要有能力、有素质的高水平的司法从业人员。[4] 法官职业受到社会公众仰慕，仰慕的原因就在于法官群体的高素质。所以社会对法官的要求和期望值也很高，希望法官是坚韧的，是公正的，是道德高尚的完美的人。社会对法官的信任也不是盲目的，而是依赖于一定制度规范的。法官是否掌握过硬的审判能力、驾驭庭审的能力、裁判文书制作能力、语言文字表达能力、法律适用能力等办案业务能力，以及认识和把握大局的能力、认识和把握社会矛盾的能力、认识和把握社情民意的能力、认识和把握法律精神的能力、调解能力等解决社会矛盾的综合能力，直接影响着法院矛盾纠纷化解的成效。所以，法官队伍素质的高

〔1〕 王名扬：《美国行政法》，中国法制出版社1995年版，第443页。

〔2〕 卓泽渊：《法治国家论》，法律出版社2004年版，第52页。

〔3〕 [法]科特威尔：《法律社会学导论》，潘大松等译，华夏出版社1989年版，262页。

〔4〕 [美]E.博登海默：《法理学——法律哲学与法律方法》，邓正来译，中国政法大学出版社1999年版，第45页。

低，直接决定着公正司法的能力和水平，而法官的司法能力是其素质表征中的首要因素。唯有法官群体司法能力过硬，司法公信力才能有效生成。

（二）增强司法能力

司法公开的过程不仅包括对程序事项的公开，诸如立案、庭审、执行等一系列流程环节，还包括对实体事项的公开，诸如对指导案例的公开等。司法公开可以有效地保障司法公正，也可以有效地促进司法能力的提升。从宏观层面来看，法治是塑造全球性大国的重要支点，法治中国建设既是推进中国特色社会主义建设的重要内容，也是中国参与全球化治理的关键环节。司法公开在推动法治建设中所展现的实力对整个国家法治建设都居功甚伟。从微观层面来看，司法公开影响着社会公众对国家法治，对司法活动的认知和情愫，同时也影响着司法工作人员在实际审判执行工作中的言行举止。[1] 古人云，“慎微、慎独”，也即在细节层面和独处的环境中，人类行为出现瑕疵的比例将会提升，而在司法公开的大背景下，将大大减弱司法工作人员“微”的事项和“独”的环境。也即将司法工作人员全流程的言行举止披露于公众视野范围内，这对司法工作人员的能力既是挑战，又是提升的机遇。司法工作人员在具体的司法活动中，不仅要严格按照实体法律解决实体法律关系，进行相关案件的裁判，还需要严格按照法定程序，通过正确的和必要的手段、过程、方式进行司法活动，其中就包含对实体法律和程序法律的适用。为了满足司法公正的要求，司法工作人员就必须既正确适用程序法又正确地适用实体法。司法公正的实现有赖于司法机关工作人员对每一个案件的公平公正处理，既要保证适用实体法正确，也即在具体的司法活动中，坚定立场，不徇私情，提高

---

〔1〕 徐隽：《用司法公开促进司法公正》，载《人民法院报》2020年9月14日，第4版。

解释法律适用法律的职业素养,严格审查案件证据,严密推理研究,准确定性案件,正确区分是非责任,最终得出符合客观实际的正确结论。同时还要保证适用程序法公正,也即在司法活动的每一个环节上严格依照法定程序办事,正确运用司法程序,实事求是,依法办事,始终坚持把法律作为衡量案件是非曲直的标准和尺度,同时区分每一个案件的具体情况,注重调查研究,灵活运用法律,充分发挥司法功能,真正实现司法公正。

司法公开可以促进司法工作人员提升职业素养,为司法公信力的提升奠定良好的人的基础,为国家法治建设贡献人的力量。在深入推进法治国家建设的过程中,抓好人这一基础性、关键性、决定性力量,对于提升司法公信力可以起到事半功倍的效果。因此,加快司法公开的体制机制建设,可以有效促使司法活动更加规范、更加自信、更加阳光,促使司法公正得到有力的人力、智力、能力支持,促使司法公信力的生成和建设拥有最广泛的能力基础。

(三)强化为民意识

在新时代全面依法治国的背景下,通过司法公开平台,运用案例和数据讲法治、立公正、扬正义,满足社会公众对社会公平正义的期待。在这个具体实践过程中,司法公开可以为社会公众提供一站式多元纠纷解决的平台和信息,方便社会公众选择化解矛盾的最适合方式,真正实现定分止争;可以在司法公开的过程中实现司法宣传的效果,把社会生活中鲜活的案例演绎为生动的以案说法,传递鲜明的价值导向,让法律条文走进千家万户,提升整个社会公众的法治素养;可以宣扬对弱势群体的保护理念,为守法公民撑起司法保护伞,增强社会公众的司法获得感;可以在各个行业、各个领域延伸司法服务职能,探索刑事、民事、行政纠纷快速化解新途径,在相关专业人士的监督之下,对金融、环境、劳动纠纷案件实现专业化审理,助推实现国家安全、社会安定、人民安宁;对人脸识别、平台垄断、大数据杀熟等新兴科技领域积极研判,提升科技服务社会发展的能力,降低伴随的风险,充分弘扬社会主义核心价值观。诸如此类都在彰显司法为民的使命担当,也均因司法公开得以放大功效。

司法公开在司法机关和社会公众之间搭建了沟通的桥梁,一方面可以实现对社会公众反映强烈的问题进行法治引导。诸如,“碰瓷式维权”、非法获取个人信息、老旧小区加装电梯、平台“二选一”等问题,这些矛盾纠纷的正确处理,不仅能够体现司法公正,还对宣扬中华优秀传统文化、弘扬社会主义核心价值观起到非常重要的作用。另一方面,也可以让社会公众既是司法公开的受益者,更是见证者。司法机关对社会公众关注、着急、揪心的具体案件进行入情入理入法的释法说理,能够让社会公众对司法为民的感受更加真实。特别是针对法律关系错综复杂、争议持续多年的案件,可以发挥司法公开协调对接外部资源的优势,积极运用大数据、云计算等智能手段,不仅要尽可能接近案件真相,实现司法公正,还要及时化解矛盾纠纷,打通法治惠民“最后一公里”,在为民服务中传递司法温度,让社会公众感受到司法的公正和社会的温暖。

第二节　司法公开增强法院裁判的社会评价

新时代的司法精神内含着司法公开与司法公信力,二者有着共同的价值追求,互为因果。一方面司法公开可以助力提升司法公信力,另一方面司法公信力的生成和积累需要司法公开的深入推进。可以说,从一定意义上来讲,完善司法公开制度是提高司法公信力的必由之路。当事人在参与诉讼的过程中享有很多权利,诉权是最基本的权利,是司法进入当事人和社会公众中的一个门槛。而若司法想要赢得当事人的信任,必须充分保障包括知情权、参与权、监督权等在内的法律规定的合法权利。而司法公开是保障当事人上述权利的最好制度和渠道。人们所向往的是自由的选择,没有人喜欢被强迫着去进行行为,司法也是这样,当事人在法律的框架内行使自己的合法权利,必须予以保障。司法公开就是这样一种制度,通过把司法活动都放置于阳光之下,不仅能够有效保障审判权的运行,还能够让当事人切身感受到司法活动的全过程,体会到司法程序的严谨,对司法产生信任感,从而促进其对法律的信仰。所以,通过司法公开来有效地保障当事人的权利,增进当事人的信任,是树立和提升司法公信力的有效途径。

从更具体的层面上来讲,司法公开应尊重当事人的合法权利,即应当保障当事人充分知晓自己拥有的权利有哪些,分别为什么内容,该如何行使这些权利,并且充分尊重当事人行使自身合法权利的意愿,这样才能实现司法公开制度的用意,才能提高社会公众对司法工作的认可与满意程度。如果当事人自身的合法权利没有得到保障和尊重,如审判的排期、庭审过程、判决结果、执行结果等未被及时全面告知,那么抛开其自身的利益诉求,也会引发其对司法工作产生误解和怀疑。但是涉及不能依法公开的事项除外,如军事秘密、国家秘密、个人隐私等。因此,尊重和保障当事人在法律框架下的合法权利,使其知情权、参与权和监督权得以恰当行使,既是司法公开的应有之义,也是司法公开追求的重要目标,更是提升司法公信力的重要途径。

一、保障公众知情权促进评价的真实性

当事人的知情权是其参与司法活动最基础的一项权利,在司法活动中,当事人的知情权作为法定权利,应当受到充分的尊重和保障。根据法哲学的权利理论,知情权已经成为我国公民的一项基本权利并且

应当受到法律制度的明确保障,成为人们的行为和要求的根据。[1] 而知情权得以被保障的重要途径即为司法公开,因为与权利相对应的便是义务,只有明确当事人的知情权范畴,才能进一步明确司法公开的义务内容。司法公开意味着司法活动不能仅是神秘的,而是应当想方设法让社会公众充分了解的,使不含隐私的司法活动能够被社会公众看到、感受到、认识到,而这基础便是社会公众知情权被充分保障。对于直接参与整个案件的当事人来说,其知情权的保障与案件的程序正义密不可分,更是应当被法律予以维护。如果司法公开制度落实不到位,那么当事人便很难了解到司法的全部状况,即便案件处理公平公正,也可能因为了解得不全面而产生不信任的感觉和不正确的认识,司法公信力便难以生成和积累。党的十八大以来,最高人民法院先后建立了四大司法公开平台,让诉讼中的各个重要环节均向社会公众公开,充分保障当事人和社会公众的知情权。在司法公开制度的不断落实下,社会公众可以方便快捷地在网上了解法院裁判的情况,满足社会公众对司法的知情权,提升对司法的认识,从而提高司法公信力。

(一)司法公开是公众知情权的内在要求

权利与义务是相对的,当事人在履行了法定义务的同时,也应当享有相应的权利。当事人在诉讼过程中要承担诸如尊重法庭秩序、举证等义务,也享有多维的权利,知情权就是当事人享有权利的重要方面,体现为当事人对自己案件信息、案件进展、主审法官或者合议庭的信息等有知情的权利。信息的重要性不言而喻,在当代社会也已然成为一种生产力,所以当事人在案件诉讼过程中,对信息的需求很大,对知情权也非常看重。只有其掌握所需的信息,才能够准确地判断案情,也有

[1] 唐应茂:《司法公开及其决定因素:基于中国裁判文书网的数据分析》,载《清华法学》2018 年第 4 期。

利于与法官进行沟通,并接受法官的意见,促进调解达成或者自觉接受裁判。如果当事人的知情权不能够得到有效保障,那么其应当享有的参与权、监督权等一系列权利,都不能够得到有效保障。因为当事人连自己案件的全面信息都不能掌握,其行使的参与权、监督权等都是不全面的、不完整的。司法公开的制度设计,从字面上讲就是让司法的过程公开给当事人和社会公众,其本身就包含着知情权的要义。所以通过司法公开来保障当事人的知情权,让其及时全面地了解整个司法活动,从而消除误解,为司法公信力的生成创造有利条件。

知情权是人的价值的社会承认,是人区别于动物的观念上的、道德上的、政治上的、法律上的标准。在推进权利保护的过程中,知情权被宪法及各重要部门法予以关注和保护。以当事人和社会公众司法知情权的保障状况为尺度去评价司法公开的落实情况,并进一步测度司法公信力的发展情况,是一个具有重要理论价值和实践意义的评价标准,也是有关实现社会公平正义和促进司法公正的全新视域。其目的是要解决在司法活动中存在的程序不公平、不正义与不合理的问题,促进法治中国建设。平等是知情权的核心,既坚持依法公开和依法保密的统一性,又强调权利与义务的一致性,对知情权的保障提供了测度标志,为以知情权保障为标尺去测度司法公开制度的落实提供了直接的理论指导。首先,保障当事人知情权的行使是法律保护社会公众知情权的基本要义,在司法活动中,对于案件信息、审判信息、执行信息等掌握最全面、最权威的主体当属司法机关,因而把司法机关作为司法信息的生产者、管理者和发布者最合适,基于此,当事人有依照法律规定,在合法范围内对司法机关提出相关信息公开的权利,意味着法律既要保护当事人行使权利的自由,又要惩治阻碍当事人行使权利的行为。其次,保障当事人知情权的行使是当事人和社会公众参与司法的基本需求,在司法活动中,当事人作为引发相关诉讼的主体,案件的进展直接关乎其实体权利义务,因而有必要将案件的流程信息、相对方的诉讼文书、庭审的具体安排等信息及时、准确地告知各方当事人。一是充分保障当事人的合法权利,提升其对公正司法的感受,为司法公信力的积累打基础。二是能够帮助当事人为审判流程做好准备,提升其诉讼能力,提升司法效率。在此基础上,当事人对于案件的参与权才能得以实现,监督权才有实施的基础。最后,保障当事人知情权的行使也能间接实现和保障社会公众的知情权,社会公众对于司法活动的了解,主要来源于被公开的司法案件,当这些司法案件被置于公众的视野之下,便在接受社会公众的监督。不论司法裁判是否公正,社会公众对于司法裁判的过程都拥有知情权。当把社会公众的监督当作司法工作前进的动力时,就会大大提升司法审判质效,使审判权运行良好,确保每一个案件的审判都能够经受住时间和历史的检验。

(二)契合公众知情权要求的司法公开特性

当事人对司法的知情权有赖于法院审判、审务信息的公开。即便是在司法公开的制度之下,司法仍可能遭到当事人的误解和质疑,更何况当事人的知情权不能够得到有效保障呢?因为司法工作有其特殊性,也有其规律,当事人需要获取案件的全部信息,获得法官充分的说理论证,从而避免"盲人摸象"的片面认识。在当前信息传播多元化、范围广的情形下,公众容易在只了解部分案情的情况下就对案件进行分析论证,也会产生一些非专业性的论断,甚至是对法律予以歪曲解读,进而对案件的裁判、对司法过程、对司法工作人员产生误解和质疑。这种误解质疑如果不能够有效地消除,便很有可能在网络的放大效应下产生聚集的恶果。这样便会从当事人对司法的不信任衍生到社会公众对司法的怀疑,司法公信力也无疑会受到削弱。所以说司法公开可有效地保障当事人的知情权,从而消除误解质疑。实践证明,对司法过程和司法结果的不知情、不熟悉和不理解是致使当事人不信任司法、不服从司法裁判的很重要的因素。如果不能够有效地把当事人所需信息以司法公开的形式让当事人知晓,便很难让其对司法裁判形成认同,很难建立对司法的信任。所以,司法公开在保障当事人知情权,让其能够全面客观地了解到整个司法程序、法官作出裁判的依据和理由方面作用积极,在此基础上也对司法公信力的生成意义重大。

综合世界各国对当事人知情权的相关规定,可以看出司法公开在保障当事人知情权行使的过程中扮演着重要的角色。一是扮演信息提供者的角色,即在法律规定的范围内,应当无偿为当事人提供其所需要的司法信息,不仅应当包括对庭审信息的公开,还应当包括对法院基本信息、流程基本信息、权利告知基本信息等的公开,确保在最大限度范围之内维护当事人的知情权。同时,在公开的对象上也应当作扩大化解释,比如当事人的委托代理人等,也应当拥有和当事人同等的知情权,以此来保障当事人参与诉讼的便捷性。二是扮演信息生成者的角色,即对于其掌握的司法信息,应当及时、全面地进行分类整理,并分门别类地公之于众,在保障当事人知情权全面实现的基础上,还要保障当事人方便快捷地获取相关信息。同时,不同案件的当事人获取信息的途径、方式与内容也各不相同,加之不同当事人对同一司法信息理解力的差异,在对外进行司法公开时,应充分考虑受众的不同情况,在多渠道、以多种形式公开司法信息。比如当场公开与远程公开相结合,书面公开与电子公开相结合,社交网络公开与针对性公开相结合等,以充分尊重和保障不同受众对司法信息的差异化知情需求。三是扮演信息互动者的角色,信息是在交互中生成的,在流通中发挥其功效。在司法公开的过程中,司法机关由于信息优势天然享有发布者和生成者角色,但其对象并非完全被动的。司法活动也不是司法机关的单向操作,而是在与当事人的互动过程中形成公正的裁判。因此,司法机关进行司法公开不应只是单向的,而应充分考虑当事人和社会公众对司法的需求和感受，为当事人和社会公众监督和评价司法公开提供便利，及时调整司法公开条目内容，让司法公开在互动中不断优化、不断落实、不断保障当事人的知情权。

(三)权利冲突与司法公开的例外

如前所述，司法公开对保障当事人知情权作出了巨大贡献，已成为各国司法公认并大力推进的制度设计。但在具体执行的过程中，却面临着司法公开的限度与个人信息保护之间的博弈。司法公开背景下的当事人和社会公众知情权的保障，应当与隐私权和个人信息保护的法治要求相统一。对流程性事项，应当契合信息化公开特点进行全面公开；对于个案信息，应在对个案进行信息可公开性评估的基础上，在当事人和社会公众知情权与当事人信息安全权之间做出平衡。遵循比例原则，对涉及国家安全、个人隐私、商业秘密、公共利益等核心私密信息进行强化保护，充分维护个人、集体和国家的信息安全。对应当依法予以公开的事项，以明晰知情权保护的法治路径，在剔除敏感个人信息的基础上，落实司法机关的信息公开义务，并充分考虑社会公众的信息处理能力，以及司法机关的信息公开方式，切实保护当事人的知情权和信息安全权。

在当事人和社会公众的知情权和隐私权发生冲突时，应当视具体情况，优先保护更高层次的权利和利益，而哪种权利在何种情况下居于更高层次，是与个案情况有关。具体事由在相关法律中有规范性规定，例如，在裁判文书公开层面，对于涉及国家秘密的、未成年人犯罪的等案件的裁判文书，依据法律规定不予公开。在具体的裁判文书内容中，也并非全文予以公开，而是隐去家庭住址、联系方式、财产内容等个人敏感私密信息，以避免“人肉搜索”。在对特定当事人进行特殊保护的层面，隐去刑事案件被害人、未成年人等特定群体的真实姓名，作化名处理。在案件审理的层面，一般情况下应当以公开审理为原则，但对于有关国家秘密或者个人隐私的案件，涉及商业秘密的案件，或者说婚姻家庭案件中当事人申请不公开审理的，也应当依法进行不公开审理。[1]这并非对当事人知情权的漠视，相反，正是基于对当事人知情权的保护和充分衡量，才对其知情权进行一定程度、一定范围的限制。也正是基于此，各项权利才显得愈加真实，才更有利于被法律保护。因此，司法公开在全面性、及时性和互动性之外，也是有特殊规定的，当存在比当事人和社会公众知情权更高层级的权利或利益需要被保护时，就需要对司法公开进行适当限制。

二、保障公众参与权夯实评价的主体基础

参与权可以说是知情权的延伸、监督权的先导，起到承上启下的作用。参与权，顾名思义，就是当事人在参与诉讼过程中所享有的表达自己意见，参与诉讼活动，进而对司法的运作或者结果产生影响的权利。司法公信力有赖于司法与当事人、司法与社会公众之间的沟通交流，这就有赖于公众特别是当事人有效地参与司法。参与了就意味着有话语权，就意味着当事人能够并且愿意积极地行使权利。这样一来，整个司法过程都有当事人的参与，也是增强信任的重要渠道，对提升司法公信力来说很有价值。但是，参与权的前提是知情权，是当事人能够获得全面有效的信息，这样才能够在对案情有准确全面了解的前提下进行分析判断，行使参与权也能够更加充分、更加符合实际。所以说，司法公开的制度设计就是保障当事人充分有效地参与司法，形成司法与民意的良性互动局面，让当事人能够信任司法，进而促进司法公信力的生成。

〔1〕 侯学宾：《裁判文书“不公开”的制度反思——以离婚诉讼为视角》，载《法学》2020年第12期。

(一)司法公开是公众参与权的前提基础

司法活动流程严谨规范,在整个过程中,当事人参与度最高的当为法庭审判,在法庭上陈述意见、举证质证都使当事人的参与权得到了极大体现。在保障当事人参与权的司法活动中,一方面要保持司法审判的中立性、专业性和权威性,通过立案指引、庭审开放等司法公开措施,加大司法公开制度的力度,将经过充分说理论证的司法内容进行公开,体现和保障司法公正,追求良好社会效果;另一方面也要结合当事人生活的实际情况,符合当事人和社会公众的常识性体验,对于当事人参与司法后的反馈及时回应,优化当事人参与权的行使体验,保障当事人参与权的有效落实。同时将司法活动置于当事人的参与之下,确保当事人对审理过程的参与,对于增进当事人对司法活动的认可度和信任度大有裨益,为司法公信力的提升积聚了力量。

司法公开使社会公众有机会、有途径充分获取司法信息,了解司法裁判的程序、依据、结果,了解相关法律知识和法院的管理制度、基本职能等,对国家司法活动,在知晓的基础上,建立一种较为稳定的预期和评判。首先,参与权是实现全过程人民民主的必然要求。人民民主是一个大的概念,可以针对公众来说,由于在司法案件中直接参与诉讼,最直观了解诉讼的是当事人,所以保障当事人的参与权与实现人民民主是一个小概念与大概念,或者说是一个累积的过程。司法公开是保障参与权的有效手段,司法越公开,便越能够使参与权落到实处,也越能够体现民主性。其次,参与权是司法公信力生成的内在要求。司法公信力是具有双重属性的,既需要司法与民意进行沟通,又需要当事人对司法的积极参与,只有这样才能够在双方之间建立良性的互动,建立司法机关的信用,也树立当事人对司法的信任感。最后,参与权是对人民陪审制度的有益补充。参与权是一种主动的积极权利,包括提出诉请、答辩意见、举证质证等。换言之,也就是当事人有权向法庭充分说明其主张和理由,对对方当事人的主张进行反驳,在法庭的主持下,明确双方争议焦点,确定双方的权利义务关系。通过司法公开来建立当事人主动行使参与权的基础,使当事人能够在享有权利的同时增进对司法的信任,提升司法公信力的信任基础。

(二)司法公开为公众参与权提供有效路径

当事人参与权的行使,有赖于对于司法过程切身感受的心理反应,也就是其外在的感官反应所带来的心理满足度。[1] 因此,当事人参加到司法活动过程中,成为司法活动的主体,其参与司法的心理动因预期感受和因此而生成的信任度息息相关;当事人参与司法的流程范围与参与方式,不仅与其参与权有关,还与司法特定的权威性特征有关,即当事人只能参与特定部分的司法程序;经过当事人参与的司法案件是否会在结果上与未经当事人参与的司法案件有较大偏差,这种偏差在多大程度上能影响当事人对司法参与权获得感的满足,都将实质性地影响当事人参与司法的动力和效果。

在司法公开实践中,应保障当事人在庭审中通过直接言词所享有的陈述权、反驳权、举证、质证权、答辩权等得以充分实现,对司法活动的全过程和各环节依法进行公开,对当事人行使参与权的结果进行及时反馈,不仅要进行形式公开,更要进行实质性的公开,对公开的进展和进度进行结果性公告,将公开的理念贯穿于从司法程序的启动到司法程序终结的整个司法过程。在具体探索和实践中,为当事人的参与权行使设置明显的提醒和维护机制,给予当事人充分的参与空间和多元化的参与方式,同时畅通当事人与司法机关工作人员的沟通渠道,使司法决策者能够倾听到当事人的心声,当事人的表达能够收到司法机关反馈,以保障当事人诉讼参与权的行使。具体实践路径可以体现在

---

〔1〕 倪梁康:《意识现象学与无意识研究的可能性》,载《中国社会科学》2021 年第 3 期。

如下几个方面：一是对司法案件进行全流程、全节点公开，不仅是对于适用公开审判的案件进行庭审全流程公开，保障当事人参与诉讼的各项权利，同时还可设置“法院公开日”，邀请社会公众亲身体验司法审判，有利于社会公众对法院立案、庭审、执行、听证、调研、文书、审务等工作的直观了解，也有利于社会公众对司法案件的监督，确保司法公正；二是对司法审判结果的承载——裁判文书进行公开，通过在裁判文书中进行充分的释法明理，为社会生产生活提供有效司法指引，同时为立法、司法、执法和守法等司法各环节提供专业参考，有助于形成法治文化氛围；三是对立案量、裁判量、审判质效等司法数据进行公开，为诉讼参与人等专业人士提供权威论据材料，服务法学研究，为专家学者、律师、司法鉴定人等发现司法活动中存在的问题，评估社会生产生活过程中可能存在的法律风险，分析和提出司法建议和司法政策提供权威数据资料，为建设法治中国积累创新驱动发展的基础；四是对裁判标准进行公开，统一和规范司法权的行使，避免由于法律固有的局限性和法官适用法律、解释法律、运用法律不一致而造成的同案不同判现象，监督制约司法机关工作人员的审判行为，服务公正司法，为法官在审理和裁判各类诉讼案件中依法审慎履职、形成观点、阐明意见提供标准化的裁判思路，确保当事人参与权在每一个司法案件中有效落实，形成良好的司法效果。

(三)司法公开有利于公众参与权的具体实现

随着法治建设的推进，司法系统作为国家治理系统的一个重要组成部分，积极地扮演着推动社会转型的角色。如前所述，当事人参与权的有效行使是当事人生成对司法信任的重要环节，但却不是唯一环节，不只是当事人能够行使参与权，并且依照合法途径顺利行使了参与权，更重要的是在其行使了参与权之后，有相应的结果。比如，当事人所提出的有益的司法建议得到采纳，帮助司法机关改进了工作，从而提升司法能力;当事人所提出的司法建议未得到采纳,但是得到了司法机关及时充分的释法明理,当事人更多地了解司法情况,对司法机关的审判执行工作有了正确的认识,提升了司法站位等,都有利于增进当事人对司法活动的参与感,从而提高司法公信力。

当事人对于司法活动的参与制度在核心功能、生效机制、实施动力上都具有鲜明的中国特色,完善司法公开制度有利于当事人参与权的具体实现。具体体现在如下几个方面:一是保障当事人平等参与和有效参与,即同一案件的双方当事人拥有平等的参与权,其行使参与权的过程受到平等的保护和尊重,对双方的主张、意见予以同等的对待,在当事人表达主张、意见不明确、不适当时,及时询问提醒,以确保当事人参与权的有效落实。在当事人对法律规范存在理解错误时,进行提醒告知、适度干预,确保诉讼能力较弱的当事人也有能力进行举证、质证等基础的司法参与活动。二是促使当事人能够理性行使参与权,司法活动的重要环节便是当事人各方对诉讼的参与,如民事诉讼中当事人双方的协商、辩论;刑事诉讼中控辩双方的质证、对抗;行政诉讼中原被告之间的纵向博弈等。在司法活动中,当事人能够按照法律规定的程序和范围,理性行使参与权,对裁判结果的形成发挥其有效影响或作用,是当事人拥有参与权的价值体现。三是保障法律效果和社会效果相结合,一方面使矛盾纠纷得到公正的评价、处置,使法律得到严格遵守和执行;另一方面也在司法裁判活动中,积累当事人和社会公众对司法的认可和尊重。将法律推理与法律价值结合起来,平衡当事人双方的利益冲突,及时化解社会矛盾,将法律法规的准确适用与司法价值的实现结合起来,将法治意识与大局意识结合起来,将原则性与灵活性结合起来,合理地作出充分体现情、理、法三者完美结合的司法裁判,化解矛盾纠纷。

三、保障公众监督权提升评价的认同感

监督权是建立在知情权和参与权基础上的一种权利，对于监督权，知情权是前提，当事人只有全面了解司法，才能对司法进行有效的监督。参与权是保障，在知情的情况下，保障监督权顺利行使的就是能够自由地表达自己的观点，表达对司法的看法，这样形成的社会舆论影响力也是监督权落实的保障。司法公开在监督方面的目的，一方面是在阳光下约束司法机关严格依法行使司法权，另一方面是为当事人对司法进行监督提供便利。可以说司法越公开，对司法的监督也就越有力、越到位。

（一）司法公开是公众监督权的有效保障

在一定意义上，可以说司法公开在保障当事人监督权的行使上发挥了非常大的效能，在公开司法活动的过程中，司法机关通过便捷的方式向当事人公布管辖规定、诉讼指南、立案标准等内容，通过释明告知，开庭时间地点、案件流程、诉讼风险、诉讼时限、诉讼费用交纳标准、司法工作纪律、当事人权利义务、回避事由、案件审理期限等与当事人参与诉讼直接相关的流程事项，有效提升了当事人对具体案件中的实体内容和程序规定的认识，弥补了当事人法律专业知识的不足，为其知情权、参与权和监督权的行使提供便捷途径和有效保障。可以看出，司法公开所保障的当事人的知情权、参与权和监督权是紧密相连的，司法公开的程度与当事人这些权利的实现程度是密不可分的。而监督权不仅制约司法机关的审判行为，对司法机关司法公开的行为也能够进行很好的监督。在对司法机关司法审判行为进行监督的时候，当事人的权利非常微弱，如果司法不公开，当事人对于可能存在的不严格遵守诉讼程序、限制当事人的诉讼权利乃至不公正审判的行为都不能进行有效监督。因此，在深入推进司法改革的当下，更应通过司法公开有效保障

当事人的监督权,把司法活动置于阳光之下,接受当事人和社会公众的批评质疑。真理来源于反复实践与科学检验,司法公正也来源于公开的释法明理和释疑解惑。司法公信将在当事人与司法机关的博弈中中断生成。在司法公开架起的当事人和司法机关的沟通桥梁之上,司法机关在当事人和社会公众的检验中,自信地回应当事人与社会公众的质疑与批评,不断提升司法能力,提升公正司法水平,便会在互动中不断积聚司法公信,巩固司法权威。

(二)司法公开是判断公众监督权是否得到有效落实的重要标准

在司法公开制度之下,当事人的监督权便在外界媒体、公众的支持下强大起来,法官也能够在公众监督之下更加约束自己的行为。所以,司法公开是保障当事人监督权有效行使的有力措施,也是判断当事人监督权利是否得到有效落实的一项重要标准。判断当事人监督权是否得到有效落实,促进司法公正,提升司法公信力,要以积极地推进司法公开为突破口。在心理学中,有一个著名的法则叫"金鱼缸效应",指的是在一个组织范围内,将组织成员的一切活动透明化,则会使组织成员产生自我约束的自觉性,推动行为规范化、严格自我管理、减少权力的恣意使用。运用"金鱼缸效应"而实施的国家治理或社会治理,耦合了司法公开理念,将该法则引入司法公开制度中,即指把行使司法权力的机关、人员放进透明的"金鱼缸",体现对权力本身固有扩张性的积极制约,这种使司法活动高度透明的治埋模式,为当事人提供了监督司法活动的制度化安排,其中最关键的就是让当事人全面了解司法流程,从而达到预期的监督效果。

司法公开的第一对象是当事人,因此,司法公开是否最大限度实现了当事人对司法的监督,判断当事人监督权是否得到有效落实的重要标准。当事人在进入法院办事之时,便获得了对司法工作进行评价的权利。当事人能否便捷地参与司法活动,能否不受阻拦地使用法院的公开设施，能否顺利地参与各项公开活动，是当事人监督权得以实现的前提条件。特别是在数字化建设的今天，当事人对司法活动进行监督有了更为广泛的渠道，当然，当事人对于司法的监督，并不是倡导当事人干预司法审判，形成“舆论审判”等违背司法规律的严重后果，而是旨在形成对司法工作人员在审理每一个案件时的约束和威慑。当事人在充分了解司法审判规律和司法活动信息的基础上，可以对司法工作提出建设性的批评、意见和建议，而这些批评、意见和建议是真的具有建设性，能够促进司法工作的改进，还是仅仅停留在当事人狭隘的认知范围内，这在很大程度上就取决于司法公开制度的落实情况。司法公开的广度和深度直接影响了当事人对司法自信的感受，展现了司法机关对公平正义价值的不懈追求。只有充分的司法公开，才能使当事人对司法活动的监督高歌前行。

(三)司法公开使公众监督权得以有效实现

完善司法公开制度有利于实现当事人对司法活动的有效监督，从而提高司法公信力。缺少了当事人对司法的监督，司法权被约束的笼子便少了一根栅栏，难免会产生权力外溢的后果。为了更好地行使司法权，最高人民法院自20世纪90年代起，就陆续颁行了一系列规范和保障当事人监督司法活动的相关文件，例如：1993年的《人民法院法庭规则》对旁听庭审制度作了较为具体的规定，扩大了对司法活动进行监督的主体范围；同年，又颁布了《关于进一步加强开庭审判活动安全保卫工作的通知》，对规范旁听的庭审秩序进行了专项规定，切实保障和落实当事人和社会公众监督司法活动的权利和程序；1999年，颁行了《关于严格执行公开审判制度的若干规定》，确立了公开审判的原则，扩大了公开审判的案件范围，对公开审判的程序进行了详尽的规定；2000年，制定了《关于加强与人大代表联络工作的决定》，把对司法活动监督的主体进一步扩大，确定了各级人大代表旁听重大案件的制度。[1] 2017年，发布《中国法院的司法公开（2013－2016）》，对全国各级法院推行司法公开做了详尽总结，初步实现了司法公开方式的转型。[2] 2018年，发布《关于进一步深化司法公开的意见》，在制度层面上将庭审活动与数字化信息技术进行深度融合。2019年，发布《人民法院信息化建设五年发展规划（2019－2023）》，进一步强化借助信息化手段，积极推进庭审工作的任务和目标。2020年，为应对突如其来的疫情，印发《关于新冠肺炎疫情防控期间加强和规范在线诉讼工作的通知》，利用远程网络庭审平台等基础软硬件设施实现"互联网＋"庭审公开。可以看出，全国各级法院在司法公开制度的落实上遍地开花，形成了从现场正义到可视正义的司法公开新常态，为保障当事人对司法活动的监督立下了汗马功劳。

在具体的司法实践中，司法机关做到了信息公开，仅仅是保障当事人依法有效对司法活动进行监督的开始，更重要的是在当事人和社会公众发表了具有监督意义的意见时，是否能够得到司法机关及时有效的反馈。这一方面取决于当事人和社会公众提出的监督意见的水平，也即当事人和社会公众对司法活动的监督要想正常发挥作用，必须与"法治"密切结合，符合司法活动的规律，切实提高司法工作的效能，而不能仅仅是情绪化的、不具建设性的意见。另一方面当然也取决于司法机关司法为民理念的贯彻，是否能够真正尊重当事人和社会公众对其进行监督的活动，这样双方才能在良性互动中推进法治进程。

---

〔1〕 林坤：《司法公开3.0版研究》，法律出版社2020年版，第59页。
〔2〕 高一飞：《阳光下的审判：司法公开实施机制研究》，法律出版社2017年版，第119页。

第三节　司法公开促进公众与司法的良性互动

司法公开对于社会公众最主要的途径就是通过个案公开审判宣判和法制教育，把司法活动的过程和结果公之于众，同时，也是司法与公众之间沟通的桥梁，还是接受公众监督的有效前提。这与当事人的知情权、参与权和监督权如出一辙，但是社会公众有其特殊性，其不是像当事人那样直接地接触、感受司法，也不是像当事人那样代表着个人的观点，而是代表整个社会对司法所形成的一种较为表面的印象，这种印象与司法公信力的生成具有直接的关系。所以，通过司法公开建立的双向沟通平台，可以及时准确地掌握公众司法需求，进而有针对性地进行司法改革措施；还可以提升公众的法治观念，增强公众的法律知识，让公众对司法有能力进行理性判断。掩盖不是解决问题的方式，司法公开可能会暴露司法的一些瑕疵，但是司法也会因为公开受到公众的信任并得到公众的谅解。如果司法不公开，即便是公正的审判也会遭受质疑，损害司法公信力。

一、搭建与民意沟通的桥梁

司法与公众之间进行互动的桥梁就是司法公开，公众在话语上反映出来的形式就是民意。而民意是司法公开工作有序推进的根基。这一方面表现在民意可以主导司法公开工作的方向。司法公开的最主要对象就是社会公众，所以司法需要满足社会公众对司法信息的需求。公众需要司法信息已是不言而喻的，公众需要哪方面的司法信息，需要哪些渠道予以公布则对司法公开很是重要。可以看出，民意沟通工作不是单向的，而是双向的互动的过程。只有切合民意地对司法信息予以公开,明确公开的内容、平台和具体要求,才能够满足公众的需求,也就是说司法公开工作做得很有针对性。另一方面也表现在民意能够检验司法公开的程度,公众对司法如何评价、是否满意是由公众来评判的,这也是司法公信力生成的一个内在机制。在这样一个机制下,公众的满意度就占了很大的分量。在司法过程中,经常会出现司法评价与社会评价相差甚远的情形,司法不透明、不公开便是这种差距存在的一个重要原因。只有司法公开,才能够让公众对司法有一个全面的了解,使公众能够理性客观地看待司法,进而基于事实来评价司法。也只有满足公众需求,发现公众不满意的地方,才能够有针对性地开展司法改革,将公众的意见建议转化为司法公开工作整改的方向,并及时运用司法公开的沟通桥梁,向公众反馈、展示司法公开的进展,实现公众对司法的有效监督,促进司法公开工作的落实。

（一）以理服人:裁判文书内容的深入公开

裁判文书公开是裁判者心血的结晶,是当事人权利的宣言,是司法公开的重要组成部分。从具体的司法实践来看,1999 年北京市第一中级人民法院在全国率先公开裁判文书;2004 年上海市高级人民法院发布《上海法院生效裁判文书上网一般规则》;2000 年最高人民法院颁布《裁判文书公布管理办法》,有选择地向社会公布审理案件的判决书和裁定书;2010 年最高人民法院颁布《关于人民法院在互联网公布裁判文书的规定》,统一裁判文书公开管理制度。[1] 可以看出,裁判文书公开在司法改革的进程中既是重要的抓手,又是重要的任务和目标。作为重要抓手,裁判文书展现的是法官扎实的职业素养,是定分止争的过程梳理,是法律价值的阐释宣扬,是法治理念的贯彻落实。

逻辑缜密、说理严谨、符合规范的裁判文书,是司法公开取得良好

〔1〕 胡玉明:《裁判文书公开问题研究》,载《社会科学战线》2015 年第 4 期。

法律效果和社会效果的必备条件。试想,一份哪怕只有一个错别字的裁判文书被公之于众,也会引来对司法质疑的声音。对于社会公众来说,这不是一个法官的不认真、不严谨,而是司法工作的瑕疵,是裁判心证过程的漫不经心,将会影响司法的公信与权威。而形式上的工整严谨并不是裁判文书能够以理服人的全部,更重要的是裁判文书在内容上要具备相应的深度。如对诉辩双方主张的事实、证据,要进行详尽的证据分析、论证,对每一份证据都认真对待,不仅仅告知采信与不采信的结果,还需明确认定哪些成立、哪些不成立的证据规则,并说明采信与不采信的理由;对诉辩双方的主张和意见要充分全面地展现,不回避激烈的矛盾和争端,不进行有偏向性和倾向性的评论,也不选择消极忽略甚至无视,而是分清楚一致意见、多数人意见、不同意见和附和意见,并对不同意见进行针对性回应,让当事人和社会公众从公开的裁判文书中,可以看到案件双方的观点为何会被支持,哪些被批驳,为何被批驳,并且能够心服口服地接受意见被批驳的理由和结果;对法律适用的理由作出明晰的解释,既能满足社会公众对裁判文书在语言通俗性上的可接受性,又要符合裁判文书说理制度建设要求的语言专业性。〔1〕通过演绎推理进行法律论证,用简洁精练的语言进行专业正式的表达,同时适当地增强语言表达效果,保证裁判文书专业说理与情感表达相统一,从而保持司法领域与社会公众的有效沟通,这样才更能够以社会公众喜闻乐见的方式使裁判文书被社会公众理解和接受,从而实现司法公开的价值追求。

(二)理性引导:直面社会公众的真实表达

在司法公开的过程中,司法与民意的关系与互动是一个绕不开的话题,既有直接向司法机关表达的、带有情绪色彩的民意,又有针对个

〔1〕 谢晶:《裁判文书"引经据典"的法理:方式、价值与限度》,载《法制与社会发展》2020年第6期。

案处理的、带有明显利益诉求的民意。既有间接向司法机关表达的、诉求分散而模糊的民意，又有不针对个案处理的、针对司法作风建设的民意。在具体的实践过程中，有认为社会公众的表达不具有专业性和建设性，只是社会公众作为司法工作的门外汉所提的个人见解。也有认为社会公众的表达是为了促进司法工作更好发展的真实心声，是司法改革的重要参考标准，是法律能够得以有效实施的基石。由此可以看出，司法与民意的关系呈现两面性：一是民意对于司法有价值层面的意义，基于此，需要给予民意充分尊重，切实保障社会公众的知情权、参与权、表达权和监督权，引导社会公众在法律范围内行使自己的合法权利，促进民意表达的高水平发展。二是民意与司法之间也可能发生负面的冲突，当社会公众受到非官方渠道案件信息的影响时，可能会基于情感因素发表不利于司法机关形象的言论。在此情况下，司法机关应当避免与民意的直接冲突，而应当扮演引导者与疏导者的角色。对于法律规定与社会公众的朴素认知有出入的环节，如一些不能通过法定程序检验的证据——“毒树之果”将不会被司法裁判采信，可能得不出法律上真实的结果，又如法律事实与客观真实因为技术手段的难以实现、当事人举证能力不足等因素而不能吻合，这些都会造成司法与民意的冲突。

社会公众合理恰当地参与司法，对司法活动享有充分的知情权，对司法工作进行有序适当的表达，在司法活动中进行完备有效的监督，是司法公开的基础性要求。对于民意对司法的正面价值，当然应该开门接纳，充分尊重但应审慎，积极借鉴但有限度，及时回应但依程序，双向互动但讲策略。对于民意对司法的负面冲突，则要理解职业思维与大众思维之间的差异、法律稳定性与社会发展性的矛盾等因素。既要尊重社会公众在与司法互动中所需要享有的知情权、参与权、表达权、监督权，分别设计不同主体的表达机制，增进司法与各类民意的对话；也要完善司法机关对民意的收集、吸纳、反馈等流程机制，增进司法与民意对接与回应的便捷性与可操作性。

(三)适度对话：多元的解惑媒介

深化司法公开是搭建司法与民意沟通桥梁的具体举措。法院需要在保障公众知情权的前提下，鼓励公众积极地行使参与权和监督权，有效了解公众的意见看法，也使公众能够客观地对司法进行评价。所以说司法公开如果不能够做到与公众进行良好沟通，那么公开便只是形式意义上的，即便是做了大量的工作，也很难得到公众的认可，司法公信力也难以得到有效提升。

司法权虽然来自人民，但社会公众不可能代替司法机关进行审判。随着司法公开制度落实的进一步深入，社会公众通过各种渠道发表言论，表达对司法工作的意见和建议。对社会公众意见建议的归类总结、评价取舍、综合运用、及时反馈的过程也是司法与民意之间进行互动的过程。在这个过程中，司法机关应当放下权力拥有者的姿态，在互动过程中检视法律专业人士可能存在的惯性思维，对社会公众的不解耐心释法明理，对社会公众的不满用心进行回应，对社会公众的意见建议进行合理提取，并把司法与民意互动的过程与结果也进行公开，拓宽答疑媒介，特别是针对争议较大的案件，通过报纸、期刊、广播甚至网络进行充分的公开，以掌握话语主动权，引导社会公众理性表达诉求，最大程度减少社会公众的对抗性情绪。总而言之，搭建司法与民意沟通的桥梁，促进社会公众参与司法的热情与司法机关有效反馈形成良性循环，需要从两个层面做足文章。第一个层面存在于司法机关内部，构建科学能动的裁判流程，在每个需要互动的阶段细化原则、形式和具体内容，拓宽社会公众融入司法公开的路径，以自信的姿态、博大的胸怀收集、接纳、甄别、引导民意，拉近司法与民意的距离，确立司法权威、树立法律信仰。第二个层面在于司法机关外部，积极参与社会公众的意见表达,缓解社会公众的情感表达,增强社会公众的理性表达。同时排除可能存在的人情司法、舆论司法、学者司法等影响社会公众表达的因素,特别是需要排除行政司法和人大司法这些在社会公众心中相对权威的信息来源,确保审判权的良性运行。以上良性互动的过程,对于落实司法公开制度有非常重要的意义,对于司法裁判所形成的法律效果和社会效果的统一有非常积极的保障作用,对于深化法官对司法公开的认识,积极主动地落实公开行动、提升公开能力具有全方位的促进作用。

二、建立公众对司法的理性认识

司法除了原本的纠纷解决功能外,还有衍生出的规则导向功能。特别是当下的一些新类型案件,没有明文的法律规定,司法便具有一定的规则创制的任务,并通过类型化的案件,对规则进行明确,为规则的完善和进一步的立法工作提供参考性的指引。[1] 司法具有树立社会规则的目的和作用,社会公众从案件的审判过程和结果中找寻司法所认可的社会价值。就比如说"杀人偿命、欠债还钱",公众心中已经形成了对故意杀人罪、债权关系的一个初步认识。虽然比较浅显,并未考虑犯罪的四要件或者债权关系的属性等,但是这已经能够成为影响公众对自己行为进行理性价值判断的一个依据。同时,也体现出了整个社会所倡导的主流价值和引领的社会风尚,对一个国家、一个民族来说,这样正确的价值导向具有规范礼仪、树立诚信的良好作用。面对纷繁复杂的法律,公众不可能具备法律人士那样的专业知识,法律人士也不可能精通所有的部门法。因此,公众对于民事法律、刑事法律和行政法律来讲,了解到的可能只是法律的原则性规定。在这种原则性的规定下,

〔1〕 姚莉:《司法公正要素分析》,载《法学研究》2003 年第 5 期。

公众对司法也会产生敬畏的感觉,不到万不得已不会去以身试法来体会法律的具体规定。所以,很有必要对公众日常生活中经常遇到的纠纷问题,以现有法律案件的形式重现在公众面前,让公众更直观地了解法律的具体规定,明确自身在类似法律案件中的权利义务。所以对类似案件的裁判也大多具有类似性,这样才能对公众产生更明确的导向。这样类型化的案件,对作为案外人的社会公众来讲,比起条文上规定的法律,案例更具有生动性。公众可以根据案件情况,对法律进行初步的了解,对遇到类似情况的纠纷适用法律情况进行预判,以利于对案件风险进行预估。这样一来,司法活动便不仅仅是解决纠纷的诉讼活动,而是类似于立法活动的沟通平台,通过司法与当事人、司法与公众的沟通,建立起事实与规范之间的联系。在这样的过程中,当事人双方的主张和辩论意见,证据的质证情况以及法院的争议焦点归纳和初步处理意见,都进行彼此的交锋,也在司法公开的制度下进行充分说理论证。这样形成的裁判方案,才会更加受到当事人和社会公众的认可,发挥其定分止争的作用。在这一过程中,法官的职责就是充分保障公众的参与权,认真听取民意,在法律规定的范围内,运用法律专业知识和积累的法律经验,通过充分的论证说理和公正的裁判结果在社会范围内形成一定规则,对社会风尚进行引领,纠正偏颇的看法,使案件都在法治轨道上进行审理,也使公众的行为服从法律的规定,自觉地遵守主流的社会价值观。

(一)通过司法公开实现公平正义可视化

司法公开让社会公众有机会接近司法,从而了解司法;让社会公众有渠道参与司法,从而认同司法;让社会公众有信息理解司法,从而信赖司法。司法公开的过程就是让社会公众接受法治教育、感受司法温度的过程。由于司法裁判在大多数情况下是以裁判文书呈现的,可以说生效的裁判文书是社会公众感知和评价司法活动是否公平正义的最主要载体。一份好的裁判文书,必定含有大量的辨法析理,对诉辩双方的意见与主张一一予以回应,对法律适用予以释明澄清,体现社会公平正义的价值理念,同时积极正面回应社会关切,引领社会向善功能,实现良好的社会效果。

司法公开是维护社会公平正义的有效手段,也是实现公平正义在社会公众面前可视化的重要途径。司法公开意味着司法活动在社会公众面前是透明的,同时也意味着司法活动能够经受历史和社会的检验,敢于主动接受社会公众的监督和质疑,这本身就是公平正义价值的体现。

司法公开在建立公众对司法的理性认识上意义重大,一方面是加强公众对法律的认知,另一方面也是通过司法宣传来加强源头治理。在司法公开的过程中,尤其是在公开审判的过程中,将司法的整个流程以及司法案件中所蕴含的法律规定、法律原则、说理论证等都加以广泛地传播,既增强了公众的法律意识,也培养了公众的法治观念。[1] 法院通过司法公开三大平台、旁听庭审、庭审直播、微博直播、法院开放日等渠道,将案件的审理过程和审理结果公之于众,向公众宣传法律知识,培养公众的法律意识。这有助于社会公众对案件的裁判结果以及裁判的理由进行全面充分的了解,对自己今后的生活产生合理的预期,预防和减少社会矛盾纠纷的产生。同时,也能够让公众感受到司法的文明程度,感受到司法的规范程度,使其对司法有一定的理性认知。这样一来,司法公信力的树立和提升便有了很广泛的主体基础。

(二)通过司法公开实现法治思维大众化

在国家的层面大力推进司法公开,一方面是基于国家全面推行依法治国、维护长治久安的现实需要,另一方面也是提升全体国民法律素

---

〔1〕 韩红俊:《民事公开审判》,载《当代法学》2002 年第 7 期。

养,培养法治思维的内在良方。通过司法信息的公开传播,社会公众能够直观地查看案情,在一个个生动的司法案件中理解法律,对社会公众的行为选择产生影响,促进社会公众全面地看待案件,提升社会公众的法律素养,培养社会公众的法治思维。但这并不意味着推行司法公开,就一定能够确保实现法治思维的大众化。在司法公开方式多元化的背景下,不同公开方式由于社会公众构成情况、司法公开的广度和深度、信息传播向度等方面的差异,会对法治宣传的效果产生复杂影响。有的因素会激励社会公众信仰法律,崇尚司法裁判;有的因素可能会对社会公众的行为产生不当干扰。司法公开虽非实现法治思维大众化的充分条件,但却是其必要条件。当不断加强司法公开力度,充分发挥司法公开对社会公众法治素养的培育功能,发扬司法公开对司法公正的正向激励,提升社会公众对司法裁判的理解和融贯程度,让每一个司法案件中的公平正义都能够被社会公众所感知,便能全方位提升社会公众法治素养,使法治思维大众化效果事半功倍。

在司法公开实现法治思维大众化的进程中,裁判文书公开平台是关键的环节。和枯燥的法律条文相比,通过案件裁判文书,更容易让社会公众对法治国家形成积极的感受和评价,形成对矛盾纠纷的合理预期,提升对诉讼过程的清晰认知,对比类似案件的法律观点、裁判规则,对判决书引用法律的梳理,明确相关法律规定,运用先例裁判指导社会公众的生产生活。同时,司法公开作为现代法治社会中的一种司法文化现象,是公正司法的重要保障,更是提升司法公信力的有效途径。一方面通过司法机关的司法公开举措,实现司法机关主动公开与社会公众主动了解的良性互动,避免单向司法公开的不可接触性、单一性的特征,提升司法机关与社会公众之间主体的双向交涉性与互动性,回应社会公众对公平正义的期待,肯定每一个当事人为维护自身合法权益所付出的努力,助推司法公开实现法治思维大众化的力度,最终达致司法公信力有效提升的实践旨归。另一方面，司法公信力必须建立在司法公正的基础之上，社会公众对司法公信力的感受是关键，司法公开助力和保障司法权力良性运行，主动向社会公众展示司法权力的运行生态，为社会大众感性地认识国家的司法运行状况和具体的司法活动打开了一扇窗户，使社会公众近距离参与体验司法活动，切实感受司法的温度，并通过自己的观察和感受形成对司法机关活动情况的评价，通过公开起到知情祛魅的实践效果，加强社会公众对司法的正面感知和理性判断，进而通过具体的个案累积形成对法治思维的认知。

（三）通过司法公开实现司法数据价值化

截至2022年4月15日，中国执行信息公开网公布2022年全国法院执行新收案件数量3,971,739件，已结案件数量2,511,535件，网络拍卖总量111,721件，溢价率10992.98%，总成交金额19,388.94亿元，为当事人节省佣金596.90亿元，公布中的失信被执行人信息7,294,690条，[1]为凝聚全社会力量推动解决“执行难”问题起到了积极作用；中国庭审公开网已经覆盖全国各级法院（全部法院已接入），累计直播庭审达18,570,428场，主网站及关联网站总观看量达47,500,792,693次，日均累计直播量达18,316场，[2]为社会公众足不出户观看各级法院案件庭审实况提供了便利条件。

上述真实海量的司法数据，都是通过司法公开的落实积聚而来。在这背后，是数以千万计司法工作人员的辛勤付出，也是全国各级人民法院推动司法改革的实际成效。如果能够对上述数据进行二次利用，切实发挥数据的价值，不囿于传统的统计图表，增强与案件数据的内部信息关联，满足司法数据的分析需求，对社会公平正义的实现和法治国

[1] 数据来源：中国执行信息公开网，http://zxgk.court.gov.cn/.，最后访问日期：2022年4月15日。
[2] 数据来源：中国庭审公开网，http://tingshen.court.gov.cn/.，最后访问日期：2022年4月15日。

家的推进将会起到事半功倍的效用。首先,从当事人角度出发,千万级规模司法判决文书数据确实会吓退众多不具备法律专业素养的普通社会公众,但是当事人基于自身的利益,又需要利用司法公开的平台和信息。因此,对司法数据的二次整合利用,可以针对司法判决文书数据,通过用户交互的方式了解司法数据所反映的案件事实,帮助当事人快速定位和掌握案件内容。其次,从司法工作人员的角度出发,通过对现有司法数据的分析,可以结合信息化技术,方便快捷地形成矩阵视图、词网络视图、主题聚类图和词云等数据分析框架,提取案情关键信息,结合案件分层的演化视图,从整体上分析案件的时间、空间、要素差异,对案件内部多元信息展开精细化分析,并对相关案件纠纷类型的演变和案件内部关系进行综合分析,可为后续案件审判和司法文书撰写提供清晰的解决思路。最后,从法学研究者的角度出发,可以通过搜集与其研究领域相关的全部裁判文书,并通过技术手段将裁判文书中的信息进行技术提取和数据分析,总结相关研究领域中存在的共性、个性问题,给出专业的学术研究方向,为提供决策参考、识别相关领域的法律风险点、研究防范措施提供了重要参考,增强学术研究的理论价值和实践价值。

三、培养社会公众的法律信仰

社会公众对司法的了解并不能够像当事人和诉讼参与人那样深入和全面,所以社会公众对司法活动的知悉更仰赖于司法公开,通过公开来感受司法的公正性和权威性。司法活动的公正性,司法审判的公正性对于司法公信力的生成和提升具有重要的作用,但这是有前提的,前提就是这种公正能够被社会公众所切身感受。社会公众大都没有参与司法的经历,不可能对司法有很强烈的感受,所以需要司法公开这一途径来对其感受进行加强。司法公开是整个司法审判活动的公开,社会公众能够通过旁听庭审、查阅公开的裁判文书、参加法院开放日等种种活动来参与司法、感受司法，形成自身对司法的主观印象和评价。比如在庭审过程中，法院能够进行充分的法庭调查、公开质证认证，让双方当事人能够平等地辩论；在公开的裁判文书中不出现低级错误，说理论证严谨充分，释法明理的过程能够让当事人和社会公众认可，对法律规范的适用准确明晰；在法院开放日等一系列的与公众交流的过程中，能够充分听取公众对法院的意见建议，让公众自由地参与司法，并在此过程中充分地保障公众的权利。这样便能够让社会公众真正感受到司法的公正性，才能让其以自身的感受为基础产生对司法的信任，并凝聚成司法公信力。

(一)司法公开不断向全社会传递着司法维护公平正义的价值理念

司法公开一方面可以保障公众权利，另一方面也可以增强公众的权利意识和法治意识，有助于培养公众对法律的信仰。在目前法治建设过程中，公众对司法的关注由被动变为主动，由对自身权利的毫不知情或者说是漠不关心变为对自身权利的积极主张，这些权利就包括对司法活动的知情权、参与权和监督权。但是这种要求和诉求仅仅表现为多元化的提出方式，并没有主动地服从法律，自觉地遵守规则，也就是说公众的内心深处并没有形成对法律的信仰。法律信仰对于法律来讲特别重要，法律如果不被公众信仰，则会没有强大的生命力。[1] 法律信仰是法治社会的精神要素之一，如果没有法律信仰，法律很可能就是没有生命的文字，甚至是被强权所利用的工具。公众关注的是法律的实施效果，是法律保障公众权利的属性，是在公众眼中可以与公权力相抗衡并制约公权力的法宝，也是平衡社会利益、扶贫济弱、维护社会公平正义的支撑，法律能否胜任其自身的职责，直接影响公众对法律的认

---

〔1〕［美］哈罗德·伯尔曼：《法律与宗教》，梁治平译，三联书店1991年版，第347~356页。

知和评价。[1] 司法公开使公众对司法能有近距离的接触，强化了公众的监督权，如果司法不能够完成上述目标和任务，便会受到公众监督权的制约。公众为了有效维护自己的权利，也为了有效行使自己的权利，便会自觉地增强法律意识，全面地了解司法活动，运用法律思维去思考案件，并慢慢形成一种思维习惯来主导生活。这样，公众便能慢慢地树立起法律信仰，并在社会范围内发挥法律信仰的积极作用。

法律信仰是人与法关系的最高境界，有学者指出，法律中最重要的规则制度，并不是法典、条文等形式性的规定，而是人们心中所铭刻的法律规则。[2] 当这些法律规则真正以无形方式印入公众心中，才能够真正使公众树立起对法律的信仰。在这样的状态下，法律不是统治者手中的工具，也不是公众用来维护自身权益的手段，而是公众内心对法律敬仰的一种理性自觉。公众基于内心对法律的确认，能够自觉地遵守法律，自觉地运用法律来预测自己的行为，自觉地将是非争端纳入法律的框架内进行评断，自觉地将法律作为惩恶扬善、维护权益的武器。这种内心的确认，就是认定法律是能够维护社会公平正义的，维护每个人的合法权益的。也正因如此，司法公开对公众法律信仰的培养意义重大，通过个案的司法公开形成一次次的普法过程，这个过程都能够得到公正的认可，司法公开对司法公信力生成的作用，也都是在每一个个案的公开之上累积形成的。

(二)司法公开有利于法治教育常态化

人的思维经历了“信息—选择—筛选—决定—行动—思维方式”几个层级，绝不是与生俱来的。社会公众的整体思维更是经历了漫长的文化熏陶过程，绝不可能在个人头脑中自发形成，而是整体社会公众在

---

〔1〕［美］安东尼·刘易斯：《言论的边界——美国宪法第一修正案简史》，徐爽译，法律出版社2010年版，第3页。

〔2〕［法］卢梭：《社会契约论》，何兆武译，商务印书馆1980年版，第73页。

相当长的社会环境中接受学习、不断实践、逐渐培养的结果。因此,想要培养社会公众的法治信仰,就需要在相当长的时期内,对社会公众进行全方位、长周期的法治教育。而如前所述,人类思维习惯的培养绝不是一蹴而就的,而是逐层进阶的,是与社会公众整体所处的环境息息相关。

因此,实现法治教育的常态化就有赖于司法公开。一是司法公开能够帮助社会公众认知法治教育的根本目的。社会公众应当意识到,并不是只有在守法过程中和预防犯罪的层面需要法治教育,而是需要深入社会公众生活的方方面面,不仅对成人进行法治教育,还需要注重对少年儿童的法治教育,使法治教育成为基础教育的重要环节,在儿童最初的意识萌芽期就将法治思维播种于他们的头脑中,这样不仅在时间上能保证法治教育的持续性,更能培养社会公众遵守规则的价值观与理性思考,提升社会公众运用法治方式解决问题的能力,真正实现法治教育的目的。二是随着司法公开途径和方式的多元化,对社会公众的法治教育也应采用多元的、符合人类成长与思维养成基本规律的教育方法。例如,在幼儿阶段,应当注重通过规则游戏培养儿童的规则意识。在中小学阶段,可以通过组织“法院开放日”“旁听庭审”等活动,在青少年心中播撒法律权威性的种子,通过道德与法治的实践,树立“规则、权利、义务、平等”等法治观念。在成人阶段,则可通过“法律进社区”等普法宣传,进一步强化社会公众的法治观念。三是司法公开的双向互动性能够帮助实现以教育对象为核心的法治教育模式。在普通社会公众眼中,法律总会有些高深莫测,让人望而生畏,如果仅仅是抛出法律条文,期待社会公众的法治素养自动提升,可谓天方夜谭。应在法治教育的过程中,采用符合社会公众接受特征的教育方法,将社会公众视为有思想、有见解的独立主体,鼓励社会公众参与法治话题讨论,理解法治教育常态化的目标,有意识地引导社会公众思考我国法治现状,在具体的互动过程和实践活动中实现法治教育的目的。

（三）司法公开有利于法治宣传通俗化

法治宣传是通过不同方式、不同路径、不同手段实现法治理念、法律规范、法制体系和法治体系建设的过程和成果等与法治建设息息相关的各类信息在社会公众中广泛流传的过程。司法公开是实现法治宣传的重要路径,是培育社会公众法治思维的重要利器,特别是运用灵活、高效的数字手段,将法治宣传的方式和内容通俗化,便于社会公众理解、吸收和内化,将极大地适应社会公众在互联网时代掌握和消化法治信息的习惯和方式,将不断提升整个社会治理体系和治理能力现代化水平,推动社会公众牢固树立国家意识、公民意识、法治意识,为推进新时代社会工作高质量发展营造良好法治环境。

在实践中,通过司法公开进行法治宣传可以采用的通俗化路径可以体现在如下几个方面。一是围绕提升社会公众法治素养,抓住"关键少数",推动关键领域的知法、守法,如媒体、文艺工作者及直播带货的主播、"UP 主"、"大 V"等拥有大量流量的头部自媒体,使这些具有一定公共影响力的人士参与到法治宣传工作中来,在经过必要的培训之后,使他们能够在了解法律知识的基础上,明白不管做什么事,按照法律的规定做就不会有问题,能够运用法治思维和法治方式进行生产生活,并把法治宣传纳入自己的内容产出,承担起法治宣传的职责,带头学法、模范守法、规范用法,以法治形象大使等方式吸引人们关注法治。二是围绕社会公众接受信息、内化信息的方式,抓住"公众眼球",提高法治宣传内容的趣味性,在结合中国传统文化的基础上,以活泼多样的方式展现法治建设的内涵,如依托全国各地的教育基地、培训基地、研究基地,[1]展开有关法治文化的剧本创作,不再仅仅依据宣讲的模式,而是

〔1〕 赵红旗:《将打造一批红色法治宣传教育基地》,载《法治日报》2021 年 10 月 19 日,第 7 版。

充分发挥文化艺术在思维培育中的积极作用，通过影视剧、话剧、戏剧等方式广泛开展形式多样的法治宣传教育活动。同时，用好微博、微信公众号等自媒体平台，向社会公众展现图文并茂的法治内容，推动全媒体法治传播体系建设，不断拓宽法治宣传教育的传播范围和能力。[1]三是围绕社会公众的不同主体，抓住“绝大多数”，通过深入挖掘法治内涵，让不同层面、不同行业、不同区域、不同年龄、不同文化背景、不同教育经历的社会公众都能感受到法治宣传教育基地的普法功能，都能借助电子科技，通过不同的宣传手段、媒介渠道便捷快速地了解法治历史、法律规范等方面法治内容。通过多元化法治宣传教育，针对不同文化层次的社会公众设计不同的多元主题，切实将法治宣传渗透到社会公众日常生活的各个部分，使社会公众在真实生活中受到革命精神洗涤和法治精神熏陶，真正实现法治思维的培养和养成。

第四节　司法公开有利于建设法治环境和法治文化

思维方式直接决定人们的行为习惯，若社会公众都能够养成良好的法治思维，那么将会在社会的层面形成以法律作为判断是非曲直的文化力量，社会秩序将被法律予以塑造，一种有序的社会生活方式将会被落实，一种文明的国家精神将会成为社会公众的信仰，良法善治的美好图景将一层层展现。在个人的层面形成依法办事、遇事找法的理性思维方式和为人处世的原则，人的尊严将会受到国家和社会的终极关怀，平等思维、权利、义务思维、无特权和例外思维、规则思维等将在日常生活中呈现，按照法定程序分析和解决问题成为社会公众的首要行

---

〔1〕 王莹：《传统文化创造性转化视域下的社会主义法治文化建设》，载《社会科学战线》2019年第6期。

为方式。在国家的层面,将会形成一整套保护社会公众合法权益的制度安排,将法治思维上升为一种宏观的国家治理方略,是国家作为政权保障和运行这一精密机器,选择法律作为社会治理手段的重要体现,既要有作为法治建设的鲜活载体和精神支柱的法治文化,又要有社会公众法治观念和法治素养形成和培育的顶层设计,还要有国家层面自觉尊法、学法、守法、用法的良好氛围,是司法公信力凝聚和提升的核心标志。

具体而言,司法公开对于社会公众法治思维的培育和养成可以从以下几个方面理解。第一,司法公开通过更好地体现公平正义而让法治思维形象化、具体化。在社会层面形成法治思维,就需要通过社会公众感受中与法治关系最密切的组织和活动,承担起发挥法治固根本、稳预期、利长远的责任和形象。而司法机关和司法活动在国家法治建设的过程中,无疑扮演着这种重要的角色,通过定分止争形成成熟的可预期行为后果的制度,抑制社会公众交往和生产生活中的机会主义行为。通过司法公开形成稳定的社会秩序并结成共识,使社会公众都能够依照这种秩序和共识追求自己的各种目标,并且在追求目标的过程中增进这种秩序和共识。在这个过程中积累起来的秩序和共识便是社会公众体验到的公平正义,是被司法机关和司法活动一直守护着的制度文明,是社会存在和延续的基础。第二,司法公开不断深化社会公众对公平正义的获得感而增强其法治思维。司法机关是切实厉行法治、尊重既定法律规则、捍卫宪法法律尊严的组织典范,是拥有规则思维、严格遵循法律规则、维护宪法法律权威的主角象征,司法权的运行体现了法律内在的逻辑力量,使法律的规则性、稳定性、确定性最大限度发挥。在这个过程中,社会公众的公平正义的获得感将会逐渐积累,并以司法机关为角色楷模,将法律预先设定行为方式和行为步骤作为自身行为的指引,并在一次次获得确定结果的过程中得以深化。人们天生厌恶不确定性,对于确定的事物更有好感。法律则是在充满不确定性社会生活中为数不多的能让社会公众感受到确定性力量的存在。基于此,社会公众对公平正义的获得感将被不断放大。第三,司法公开不断优化社会公众参与司法的“用户体验”而让法治思维内在化。“心存敬畏,方能行有所止”,法治思维直接影响着社会公众的权利与义务在法律关系中是否处于平衡关系的体验,在制度化的法律关系设定中,权利和义务是相对的,一方主体的权利意味着另一方主体的义务,一方主体在行使权利的过程中,一定有相对的主体在承担着义务。只有权利和义务的平衡始终存在并得以有效维护,社会公众参与司法的“用户体验”才能良好。司法公开能够使各方主体的权利义务置于阳光之下,让各方主体行使权利和履行义务的行为都能被社会公众所感知,特别是权力以权利为基础,拥有公权力的机关行使权力的过程更是需要公开透明,应运用法律阻却国家公权力对公共利益和私人权益的恣意侵犯,实现权利与义务平衡、权利与权力平衡,切实推进政治职能转变,提高法治政府水平,并且实现平衡过程的可视化、可感知化,让社会公众参与司法、维护法律利益平衡的体验更加深刻、更加有效。

一、司法公开让司法更好地体现公平正义

如前文所述,全国各级人民法院通过中国审判流程信息公开网、中国庭审公开网、中国执行信息公开网等向全社会公开应当依法公开的内容,最大限度地保障了社会公众的知情权、参与权和监督权。其累积的公开数据体现了人民法院为推动和促进司法公开所做的努力,也展现了司法公开在不到十年内所取得的卓越成绩,同时充分证明了人民法院深入推进司法公开、深化司法改革的决心。司法信息公开,对于规范司法机关权力的运用、提升司法流程的透明度、满足社会公众的知情权和监督权发挥着不可替代的关键作用。司法信息公开平台在信息供

给方式上突破了既有的约束,从庭审公开的最初公开状态逐步拓展到立案、审判、执行等各个环节,并且公开的司法信息数据质量能够有效实现其制度承诺。同时,从审判结果公开到裁判的依据、司法的程序、司法活动的流程深度公开,找到原有信息公开机制存在的问题,释放以互联网为基础的大数据技术对于提升司法信息公开数据质量的巨大潜力,不断增强司法公开的深度和广度,让司法更好地体现公平正义。

(一)司法公开使司法权的运行最大程度透明化

司法权,即司法机关享有的,对矛盾纠纷双方主体的权利义务、法律关系、要求主张依法进行判断,以维护法律的公正价值和确定性规范为指引目标的权力,是国家权力的重要组成部分,其运行是国家权力运行的重要体现,涉及围绕司法机关、司法权力、社会矛盾纠纷的多种因素,因此,司法权运行的改革与创新直接影响和推动国家法治建设的进程。

组织社会学中,关于组织与环境互动关系的研究为司法权运行的改革与创新提供了重要理论支撑。[1] 司法机关作为正式的组织存在于特定的制度环境和社会结构中,便需要通过与外部环境的资源交换和持续互动来实现司法权的优化。司法权行使的过程呈现高度规则化、自动化和组织化的运作规律,司法机关工作人员需要在组织体的框架下做出和组织形式趋同化的裁判和决策。而这一趋同化的裁判和决策在阳光的环境下才能以更符合法治的方式运作,才能更好地体现公平正义。司法公开的全面和深入,能够使司法权的运行最大程度透明化,将司法活动的过程和结果依照法律规定的范围和程序置于"阳光"之下,让审判权运行透明可视,不断加强司法机关信息化、数字化、智能化

---

〔1〕 苏杭:《法院管理与法官策略二重作用下的司法决策——以组织社会学为分析视角》,载《理论月刊》2019年第12期。

建设，逐步构建起公开、动态、透明、便民的阳光司法机制。同时，以公开透明促进公正可信，让司法公开成为展现司法公平正义的桥梁，不断提升司法为民、公正司法能力，确保司法权规范运行，让公平正义以看得见的方式实现，不断向社会公众传递司法维护公平正义的价值理念，让社会公众了解司法、走近司法，让公平正义可被社会公众接触和感知，不断增强社会公众对公平正义的获得感，进而促使越来越多的社会公众相信司法、依赖司法、参与司法、监督司法，真正展现通过司法公开提升司法公信力的制度价值。

（二）司法公开促进法治实践公开化

法治中国建设能够被社会公众感知，有赖于具体生动的法治实践。法治实践公开化表现如下：一是立法实践的公开，即通过提前公开立法程序，开放听证过程，公示立法草案等透明公开的方式进行立法活动，保证各个层级的立法文件都通过官方的公开渠道及时向社会发布；二是司法实践的公开，即通过立案公开、庭审公开、执行公开等普及法治思维，用鲜活的、真实的案例对社会公众产生直观的影响，用司法文书与裁判文书向社会公众展示和宣传公平正义，让社会公众能够直观地感受和看到司法活动的实践过程；三是执法实践的公开，也即通过透明、公开的执法活动向社会公众宣扬法治思维，将执法实践的结果作为培养和普及法治思维的教科书，引导社会公众用法治思维来思考现实生活中存在的问题，用法治逻辑来建立法治思维，用执法案例来了解执法实践的程序，进一步形成、巩固和完善社会公众的法治思维习惯，潜移默化地增进社会公众对法治的认同感。

总而言之，法治实践公开化是国家法治建设在社会层面的具体实施，是国家治理法治化的重要基石。司法公开有利于推进新时代国家法治建设，增进立法、司法与执法者自身的法治思维，对社会公众起到应有的矛盾纠纷预防和社会治理效果。通过对法治实施效果的数据分析,对有社会影响力的代表性案件深度公开,并将案件中蕴含的法律规范、法治内涵、法治思想向社会公众发布宣传,真正实现法治实践效果的公开。

(三)司法公开促进法治人才精英化

法治人才培养是紧迫的国家战略,是中国特色社会主义法治的重要基础和必要环节。精英化的法治人才在法治思维的培育过程中起到引领的作用,具有极高的法治德性和法治素养的人才是高层次的复合型、应用型专门人才,其扎实系统的法学理论和极强专业素养能够构筑最权威的法治宣传阵地,在具体的司法实践中树立司法权威;其精深的专业职业能力和司法道德能够构筑理性的思维影响力,产生社会公众普遍信服和遵从的威慑力量;其熟练丰富的法律运作经验和在社会生活中所处的特殊地位能够构筑最具有效能的法治思维引导体系,增强社会公众对司法的信心和对法治的信仰。

司法公开是促进法治人才精英化培养的重要方法,生动的司法案例和庞大的司法数据库是精英法治人才培养的优质土壤。充分发挥司法公开在培养高质量法治人才过程中的重要作用,应该从以下几个方面着手:第一,充分认知和宣传法治人才是“法治中国”建设的重要推动者和践行者。明晰人才培养目标,实行科研智库培养模式,发挥司法公开“借鉴”和“探索”的功能,建立规范的精英化法治人才培养模式,延展人才培养的广度和深度,以塑造法治理想为引领,致力培养德才兼备复合型卓越的精英法治人才。第二,以新时代复合型法治人才培养为基石,培养既仰望星空又脚踏实地的精英法治人才。法治人才与社会经济发展紧密结合,是一类既精通法律知识,又能融入复杂社会体系的实践性极强的专业人才。司法公开为精英化法治人才培养提供了方向上的引领,以司法公开所提供的大数据为依托,面向精英化法治人才开通司法数据共享的绿色通道,为精英化法治人才的培养提供了崭新路径和实践渠道。第三，精英型法治人才培养应当既尊重教育教学和人才成长规律，又符合时代发展脉搏，既注重专业知识体系的完整性，又注重由知识向能力转化的法律实践。而在这之中，司法公开是最好的黏合剂和润滑剂，为精英化法治人才培养提供了新的思路。可以司法公开为抓手，紧扣价值引领、回应需求、协同育人、融合创新，探索法学与其他学科交叉融合的法治人才培养模式，实现法治人才的精英化。

二、司法公开不断增强公众对于公平正义的获得感

司法公正的一个重要体现就是社会公众对公平正义的获得感。社会公众对公平正义的获得感是了解司法改革成效、促进社会公平正义的基础。司法公开一方面能够增强社会公众对司法的信任度和公正感，另一方面可以更好地平衡权利义务，为形成共建共享的社会发展与治理格局打下制度基础。同时，还拓展了社会公众了解司法、走近司法的途径，为社会公众对公平正义获得感的呈现提供了科学化、合理化、精细化的工具。

（一）司法公开增强公众对司法的信任度和公正感

信任度是一种重要的司法资本，中国法治建设需要建立司法信任机制。理论模型表明，社会公众对司法活动存在正相关关系。当司法信任度较低时，信任对司法公正的影响是负向的；当司法信任度较高时，则会极大促进司法公正的实现。进一步的数据研究发现，信任能够显著促进社会公众参与司法，提升社会信任感并保持理性，促进社会诚信构建。同时，集体行动是维护和实现社会公平正义的有效途径之一。从弱势群体利己型集体行动到利他型集体行动，发现影响社会公众公正感知产生的影响因素和因果关系链，促进司法公正的实现及公正感

的获得。[1] 司法公开是传播司法文明、交流法治文化、增进司法与社会公众互信的重要桥梁。实施司法公开制度，提升社会公众对司法的信任度和公正感，必须努力让社会公众在每一项法律制度、每一个执法决定、每一宗司法案件中都感受到公平正义。司法宣传中的司法公正形象是否真实反映了社会公众心中的司法公正形象？社会公众对司法宣传中的司法公正的信任度如何？这不仅关系到司法的信誉，更关系到社会公众对司法的认知和司法自身的发展等重大问题，直接影响司法公正的实现继而影响公正感获得。分析社会公众对司法的信任度和公正感问题，对提升司法公信力、塑造国家法治形象、推进现代法治建设都有着重要的意义。

（二）司法公开让司法更好地平衡权利义务

权利义务平衡是权利与义务的矛盾统一、依存共在，权利义务的平衡是社会秩序稳定的基础，是社会治理的规则体系基础，以权利义务平衡作为治国方略和司法调控方式，是促进社会进一步发展的良方。司法公开将权利义务平衡的规则、体系、过程和结果公之于众，以权利义务平衡作为社会公众遵行的行为规则，有利于协调个体之间、个体与整体之间的关系，以此来保障良好的秩序状态与政治的清明稳定。

可以说，司法公开作为司法权运行的延伸和发展，在平衡权利和义务中发挥了十分重要的作用。一是基于司法公开的固有属性，可以避免司法权运行失范、司法行为失当的情况出现，从权利和义务平衡的层面来规范司法权的运行无疑是最具根本性的规范方式，这就特别需要加以公开。从法治的视角，既强调权利保障理念是法治社会的基本要求，注重权利行使的公开；也强调权利限制现象是相对主体的一种合法的权利行使行为，注重义务履行的公开；还要强调双方主体相应权利的

〔1〕 胡玉鸿：《“以人民为中心”的法理解读》，载《东方法学》2021年第2期。

保护和相应义务的履行。二是权利义务的平衡在司法公开的背景下具有很高的价值体现。权利义务的平衡与法的秩序、自由、公平、正义等价值相协调、相统一，对于法的价值实现与整合具有重要意义。司法公开对于促进法的价值实现、处理法的价值冲突、发挥平衡理论对实践的指导作用具有重大实践指导性。在司法实践中，通过司法公开将兼顾协调、法益权衡的案例、原则予以展现和整合，促进权利义务的更好平衡。三是司法权的运行过程就是实现当事人双方的权利义务从不平衡到平衡的过程，而恰恰是司法公开促进了这一过程的生发和实现。现代司法更倾向于平衡法，即在所处理的矛盾纠纷中，在当事双方的权利义务关系中，权利与义务在总体上应当平衡。这既表现为司法机关与相对双方的权利和义务分别平衡，也表现为当事双方各自权利义务的自我平衡。总而言之，司法公开有助于探索权利义务平衡的理论价值，平衡当事双方的权利与义务，实现权利义务在相互关系上的兼顾和法律精神上的共显。而只有如此，方能从根本上培育和养成法治思维。

（三）司法公开成为公众了解司法、走近司法的重要途径

司法是法治的保障，是实现社会公平正义的最后一道屏障。司法公开是法治中国建设的一项重要内容，是社会公众了解司法、走进司法的具体落实，只有实现司法的透明化、阳光化，让社会公众了解司法、走进司法、参与司法，才能实现司法公平公正的可视化，实现法律权威的可感知化，实现司法公信提升的环境基础，实现尊法、学法、守法、用法的良好社会氛围，为社会公众洞察司法公平正义提供参考系。

司法公开反映了司法的价值追求及司法规律，明确了司法的使命任务，在司法实践中应当重视司法公开所发挥的积极作用，深刻理解公开和司法的关系，推进司法改革进入新时代；合理界定司法的功能，促进司法公正进入新境界；把握司法改革的价值追求，引领全面

依法治国达到新高度。[1] 司法领域的公开化改革在政策导向和现实需求下展开，具有提升司法效率和保障司法公正的价值意蕴。实现社会的公平正义，需要加强法治和司法应对。司法作为法治的关键手段，寻求有效的司法应对措施成为必要。面向社会的公平正义，社会公众对于司法的了解和参与为其提供基础性支持。总体上，司法公开在实现社会公众了解司法、走近司法的应对中，发挥着三个层面的作用：一是宣扬司法权运作理念与价值，具体表现为能动理念与预防性价值不足；二是宣扬司法适用的法律依据，具体表现为需要司法协同和司法解释以助力公平正义的价值目标实现；三是宣扬社会矛盾纠纷的整体性与系统性化解方式和治理体系，为全面依法治国的实现提供可行性路径。而只有如此，方能促进法治教育实践的开展，形成自觉运用法治思维和法治方式的社会氛围，从根本上培育和养成法治思维。

三、司法公开不断优化公众参与司法的"用户体验"

"用户体验"是增强用户黏性的关键因素，在司法领域，社会公众参与司法的"用户体验"直接影响着司法公信力生成的作用机理，能够为司法改革的深入推进提供理论借鉴与实践指导。结合司法的系统特征、社会公众的认知要素、情感体验，可以及时回应社会公众司法需求，并通过感知有用性、感知愉悦性和感知信任性等影响社会公众对司法的满意度，进而影响司法公信力的生成和提升。[2] 通过对社会公众参与司法活动进行用户体验分析和设计实践，能够形成司法与社会公众双向互动中信息传递的准确性和完整性，显著影响公平正义信息质量。

---

〔1〕 王晨：《习近平法治思想是马克思主义法治理论中国化的新发展新飞跃》，载《中国法学》2021 年第 2 期。

〔2〕 孟猛、朱庆华：《国内外信息系统用户体验研究综述》，载《图书馆学研究》2021 年第 9 期。

在此基础上，提出社会公众参与司法的用户体验策略，以社会公众参与司法的行为为研究线索，通过采用验证性研究方法检验社会公众的情感依赖，分析总结司法公开对社会公众参与司法“用户体验”影响，以期进一步发挥司法公开培育和养成法治思维的功用。

（一）司法公开及时回应公众司法需求

满足社会公众在新时代多元的司法新需求，是人民法院展开工作的着力点，也是司法公开制度发挥功效的里程碑。司法公开对于司法机关锻造过硬队伍、坚持司法为民、做好主责主业起着非常重要的作用，是将以人民为中心的法治思想贯彻落实到司法工作全过程的重要推手。具体可以体现在如下几个方面：一是能够促进诉前矛盾化解，通过司法公开，可以调动整个社会的力量排查梳理矛盾纠纷，构建集约高效的多元纠纷化解机制，把非诉解纷力量“请进来”、把矛盾纠纷“分出去”，着力解决社会公众难点、痛点、堵点问题，促进法律效果、政治效果、社会效果相统一，促进基层治理体系和治理能力现代化。二是能够优化司法团队构建，业务能力强的司法工作人员进行“简案快审”，提高司法效率；群众工作经验丰富的司法工作人员进行“繁案精审”，提升矛盾纠纷双方对司法工作的满意度；工作效率高的司法工作人员进行“多点联动”，促进形成多方参与、多元共治的工作局面。三是能够优化诉讼服务，使司法便民惠民效果看得见、可感知，维护社会公众情感利益，展现法庭工作优势，促进法治宣传与案结事了相结合，有利于改善案件调撤率、立案率，促进“智慧法院”建设和使用，把司法服务智能真正落实到便捷当事人诉讼的过程中，转变传统思维为互联网思维，推广在线调解、网上开庭，延伸诉讼服务的边界。司法公开打破司法与社会公众之间的信息鸿沟，破除传统司法活动空间和时间条件束缚，在数字化转型升级中突围，在适应社会公众新时代司法新需求的过程中破旧立新，破除制约提升司法工作效能的障碍和制度藩篱,真正实现司法工作的与时俱进。不断回应社会公众的多元司法需求,坚持把维护公平正义作为司法工作的永恒主题,不断提升诉讼质效,提升社会公众对公平正义的获得感,为司法公信力的提升积聚良好的法治氛围。

(二)司法公开塑造公众心中的国家法治形象

国家形象,是指本国社会公众对国家的认知以及国际体系中国家的影响力。国家法治形象,是在国家形象的基础上,在法治建设层面体现出来的国家法治实践,代表着社会公众关于国家法治形象的基本认知。司法公开是近代司法制度的重要组成部分,是司法信息传播、法律信息宣传、司法形象塑造的主要渠道,是现代法治社会保证司法公正、维护社会公平正义的有效手段和途径,也是构建国家法治形象的有效方式。法律语境下的国家法治形象具有文化性和社会性两种面向,塑造国家的法治形象需要在捍卫公共道德拓展司法公开的空间、健全法律制度、强化法律推理等方面下大工夫。在深化司法改革的进程中,司法公开塑造社会公众心中的国家法治形象取得了长足的进步。首先,司法公开在规范与实践两个层面齐头并进,在阐明法理、释法准确、程序合法、用法适当等方面将司法公开制度落到实处。同时,司法公开作为对法治进程的表达和提炼,不断揭示法治变迁的精神特征和思想内涵,对国家法治形象的建设具有深刻的启示意义。其次,司法公开在国家法治形象的塑造过程中同时提升着司法公信力,通过弘扬法治精神、传播法律知识、塑造法律信仰等方式,突出宪法的核心地位,对法治实践和理论提出了新的命题与发展方向,不断加强和巩固国家法治国家形象。最后,司法公开为国家法治形象塑造提供了坚实可靠的实践体现,确保国家法律制度的实施,推进全民守法和全面依法治国的深化。如果说法治作为民族复兴和人民福祉的保障和动力,那么国家法治形象就是社会公众司法获得感的重要体现。[1] 司法公开制度的建构与司法公开平台的兴起,为塑造国家法治形象铺垫了基础,深刻触及社会领域,拓宽了国家法治形象的延展空间,为国家法治形象在社会公众心中的重塑提供了新的动能,展现了司法公廾视域下国家法治形象的精神脉络。因此,不断优化社会公众参与司法的"用户体验",培育社会公众的法治思维,作为塑造国家法治形象主要工具的司法公开功不可没。司法公开是形成中的新型国家法治形象塑造观,为国家法治形象的塑造提供新的理念、渠道和方式方法,是法治国家形象建设的主要趋向,为国家法治建设提供终极目标价值,直接有利于司法公信力的生成和提升。同时,国家法治形象塑造也为司法公开提供了动力机制,确保司法公开的规范化落实。

(三)司法公开促进公众信仰法律以提升司法公信力

积极培育社会公众法律信仰是落实全面依法治国的必然要求,也是司法公开制度得以施展拳脚的广阔天地。法律信仰在形式上体现为社会公众普遍遵守、尊重和尊崇法律,在实质上体现为社会公众普遍拥有规则意识、法治观念和契约精神。司法公开对于推动司法环境的持续优化、促进司法内部的改革创新、赢得社会公众对司法的信任等层面至关重要。一是有利于公正司法的实现,通过司法公开实现规范层面的制度激励、权责明晰的司法责任体系构建、实践层面的过程体验和精神层面的宣传教育,实现实体公正、程序公正、司法过程公正的有效全面统一,尊重社会公众的司法参与权,充分保障当事人的辩论辩护权利;适应"不患寡而患不均"的传统文化心理,实现统一裁判标准为主旨的公平司法;坚持公平正义的价值目标追求,获得当事人及公众的信任

〔1〕 李寿平:《人类命运共同体理念引领国际法治变革:逻辑证成与现实路径》,载《法商研究》2020 年第 1 期。

服判。二是有利于社会公众权利意识和法治观念的不断增强，社会公众对公平有着一种执着而强烈的诉求，《清碑·官箴》有言：民不服吾能而服吾公，公则民不敢欺。在这种情形下，以司法公正立司法信用无疑是提高司法公信的重要切入口。社会公众对司法的信任是建立在以往经验基础上的有条件的心理预期，现代司法需要首先花更大的力气破除社会公众的"以往经验"，并通过公正司法逐步迎合社会公众对公平正义的心理预期，在一个个司法案件中培养社会公众对法律的尊重和尊崇，逐步培育全民法治观念。

综上所述，本章从促进司法权良性运行、保障当事人权利行使、增强社会公众对司法的理性参与、培育社会公众的法治思维四个方面论述了司法公开对司法公信力生成的作用。认为司法公开是个系统工程，实践中若能够得到全面的实施，将会不断提升司法工作人员的业务素质、审判经验和驾驭法庭的能力，用少量司法资源获得较大的社会效益，不仅能够对法治建设进行正面的宣传，还能预防和减少社会矛盾纠纷的发生；同时，充分保证当事人的诉讼参与权，加强司法与民意之间的沟通、增进双方的相互理解，让社会公众走近司法、了解司法，增强当事人和社会公众对裁判结果的信任度，消除当事人和社会公众对司法的疑惑和顾虑，实现社会公众对司法的信任度与审判质效同步正向增长。上述路径间的密切配合、相互促进在司法公信力生成的过程中形成体系性合力，最终实现司法公开对司法公信力提升的作用。

第六章　以司法公开促进司法公信力的生成

本书论述了司法公信力的功用,从对司法公信力的实证研究中分析出影响司法公信力生成的主要因素,发现这些主要因素都与司法公开密不可分,也分析了司法公开对司法公信力生成的作用,最终的落脚点应该就是怎样通过司法公开提升司法公信力。本章就从更新公开的理念、完善公开的平台、丰富公开的载体、强化公开的保障以及把握公开的例外这几个方面研究司法公开对司法公信力生成的作用。通过司法公开,能够为当事人和社会公众评价司法、参与司法、监督司法提供基本素材,对提升司法公正水平,提升公众对司法的信任感颇有益处。而且司法公正和司法公信力都是一个长期积累的过程,这个过程都与司法公开相生相伴。通过司法公开来提升法官素质,排除对司法进行干扰的因素,让社会能够通过法律和事实对司法的公正性进行判断。这样的效果是最佳的,在司法改革的过程中,司法公开是获取司法公正的低投入高收益的有力措施。

随着中国特色社会主义法治体系建设的不断推

进,通过司法公开制度落实司法改革的成效,并以此来提高司法公信力是新时代司法工作的中心,有利于司法机关规范司法权运行行为,充分保障社会公众对司法的知情权、建议权、监督权,也是增强司法权威、提高司法公信力的必经之路。为此,可从以下几个层面着力展开。[1] 首先,要进一步更新司法公开理念,变被动公开为主动公开,从提高司法公信力的高度充分认识完善司法公开制度的重要性,明确司法公开是宪法赋予司法工作的义务;变形式公开为实质性公开,切实落实相关规定,自觉接受社会公众监督。其次,要明确当事人权利导向下司法公开的进路,全面推进审判执行全程公开,最大限度保障当事人的"知情权";健全司法公开管理运行机制,最大限度保障当事人的"参与权";完善司法公开监督考核机制,最大限度保障当事人的"监督权"。再次,创新和完善司法公开的方式,完善司法公开的平台;丰富司法公开的载体;强化司法公开的保障。最后,进一步拓展司法公开的广度和深度,以司法公开的广度塑造法治环境;以司法公开的深度锤炼法治思维;引导舆论监督走向理性和法治化轨道。由此可见,推进司法公开,是促进司法公信力生成和提升的必然选择。

第一节 更新公开的理念

司法公开要制度化、法治化,首先就要转变固有观念,从被动公开到主动公开。司法应该是公开的还是秘密的,在历史上也是有过争论的。在我国是这样,在西方也是如此,如欧洲中世纪的秘密审判就在当时主宰了司法很长一段时间。后来,为了保障当事人和社会公众的权

---

[1] [美]马丁·戈尔丁:《法理哲学》,齐海滨译,三联书店1987年版,第240~243页。

利，在贝卡利亚的倡导下，整个社会的权利意识有所觉醒，司法应当公开的呼声越来越高，所以有了第一次的公开审判。在公开审判之后，公众认识到了公开对当事人权益保障的积极作用，之后，许多国家都在诉讼制度中对司法公开予以明确规定。虽然国内外学者关于司法公开标准的认识不尽一致，但对于将裁判文书公开、庭审信息公开、庭审过程公开、执行信息公开等方面，则大致达成了共识。在我国推进法治建设的过程中，司法公开已经在法律中有了很明确的规定，而开展好司法公开的首要工作就是更新公开的理念，保证司法信息的完整性、连续性，在不涉及国家秘密、个人隐私和商业秘密的前提基础上，强化司法公开的思想保障，把司法公开作为一项互赢的法治原则来遵守，明确司法公开是司法为民的基本要求，切实保证司法信息的可获得性和有效性。自觉地把司法公开的重要性放在内心深处，切实将其作为保障公众权利的一种最重要的举措；认识到司法公开是法院的责任和义务，是司法为民的体现，是提高司法工作水平的重要途径，是司法公正的基本保证和前提，也是提升司法公信力的基本方法之一。

一、变被动公开为主动公开

司法公开在我国已经得到一致认可，司法公开的大趋势不可逆转。但是也应看到司法公开是自上而下推行的，在这个过程中就需要应对可能产生的落后的思想观念，比如没有从根本上认识到公开的意义，没有从各方面去考虑公开的途径，不能够一切从实际出发、采取多元化的公开方式以满足不同受众的司法需求，或者仅局限于裁决纠纷，明确双方当事人之间的权利义务关系，未能充分认识到司法公开发挥树立规则引领社会风尚的作用等。所以严格落实“公开是原则、不公开是例外”要求，不断提升司法透明度，首先需要从变被动公开为主动公开的理念入手，增强司法公开的主动性。

（一）司法公开理念的历史进程

司法公开凸显了司法满足人民群众日益增长的多元需求的本质，是司法文明与法治进步的重要象征，是现代法治国家普遍遵循的一项重要司法原则，也是司法公信力实现状况的重要评判标准。探究司法公开理念的历史进程，可以以史为鉴，审视司法公开的思维模式和思维方式，促进司法公正、树立司法权威，重塑司法公开的思路方向。

人民司法伴随着新中国的诞生而诞生，司法公开也伴随着人民司法的建设而不断推进。从总体上说，自新中国成立以来，司法公开大致经历了从无到有的过程，纵向来看，司法公开理念的历史进程可以总结为如下三个阶段：第一个阶段是从新中国成立到改革开放初期，司法公开理念初步萌芽，司法活动基本上处于有限公开状态。这个阶段的司法公开制度建设开端于国内革命时期的革命根据地政权，真正萌芽是在我国1954年《宪法》中，确立公开审判为一项基本原则。在这个阶段，中国正处于关键的社会转型期，由于主客观方面的原因，司法公开主要表现为司法活动中的一项诉讼制度，并未在法学理论界和司法实务界引起对司法公开价值的足够认识。加之立法对司法公开的规定较为粗浅，司法公开未能在司法活动中得到有效贯彻与落实，主要是停留在庭审活动公开的层面上。第二个阶段是从改革开放初期到《人民法院第三个五年改革纲要(2009—2013)》《关于司法公开的六项规定》等一系列文件的发布，司法公开理念落地生根。改革开放之初，国家践行依法治国的标志性事件就是加强立法、公开审判。[1] 随着互联网技术的引进和发展，社会公众的权利意识、参与意识日益增强，生活方式、思维方式都发生了翻天覆地的变化，司法公开也受到了前所未有的关注。随着党的十八届三中全会进一步提出“重大改革于法有据”的理论判

〔1〕 孙笑侠：《论司法信息化的人文“止境”》，载《法学评论》2021年第1期。

断，司法公开也产生了从量变到质变的改革。从简单追求数量到更注重追求质量、从单一的粗放型到多维度精准化、从司法机关的被动公开向主动公开转变和发展。第三个阶段是从《人民法院第三个五年改革纲要（2009—2013）》到《人民法院第五个五年改革纲要（2019—2023）》，经中央批准，最高人民法院先后发布了《关于司法公开的六项规定》《关于人民法院接受新闻媒体舆论监督的若干规定》《关于人民法院在互联网公布裁判文书的规定》等改革文件，以及在全国范围内确定了100个“司法公开示范法院”，制定了《司法公开示范法院标准》。建设了四大公开平台，司法公开的范围、广度、深度不断拓展和延伸，司法公开的内容不断丰富，司法公开的形式和方式进一步健全和创新，司法公开保障机制不断完善，司法公开工作得到有效落实和推进，司法公开效果不断优化。社会公众的知情权、参与权、监督权和获得感日益提升增强。从上述司法公开理念的历史进程可以看出，司法公开已从最初的萌芽状态到现今的深入人心，从最初的有限公开到如今在公开的范围、内容、质量和效果上不断地拓展和优化。

（二）司法公开内容以回应公众关切而不断丰富

基于人类非理性的思考本能，司法公开的内容直接影响着社会公众对司法的感知，也将很大程度上影响社会公众对司法的信任和尊崇。如果存在“被动公开”的思想，则可能出现个别不积极主动公开的现象；抑或少数公开行为依据的是司法主体意愿而非当事人和社会公众的知情权来决定公开的内容和程度，并未对当事人和社会公众的权利和需求进行必要的回应和互动。而避免上述情况的出现，与司法公开理念的更新息息相关。当司法公开的理念由被动公开变为主动公开，司法公开的内容以回应公众关切而不断丰富时，方能切实地回应民众知情权，提升社会公众对司法的信任和尊崇程度。

伴随法治中国建设的全面推进，社会公众对司法工作的关注度日渐提升,司法公开的内容便需要不断丰富,以及时回应社会公众的权利诉求。若要司法公开落到实处,必须对观念性的因素加以克制和抵消。要深刻认识到司法公开对于保障公众权利、增强司法能力、提高司法公信的重要意义。把司法公开作为提高法院整体工作的途径,而非增加法院工作的压力。要充分认识司法公开的重要性,树立司法自信,坚决消除思想障碍。从保障公众权益的角度来看,公开一方面应当是法院保障公众权利应尽的职责和义务,另一方面也是当事人和公众权利得以落实的切实保障。同时,司法自身就内含着公权力的属性,是一种重要的公共资源,内含着社会公共利益,从裁判依据、裁判过程到裁判文书都是可以查询利用的,应当公开的司法事项并不是法院的私有财产。所以,必须通过司法公开,使这种公共利益为人民所共享。从促进公正司法的角度来看,公开可以有效杜绝不当干预,确保法院依法独立公正行使审判权;有助于树立正确的司法理念,不断增强公正司法能力,有效提升司法公信。同时,公开可以让社会公众了解、熟知各类法律规范和诉讼规则,明确自身权利义务,增强法治意识和依法维权能力,有利于营造全民守法的良好氛围。具体来说,一是在裁判文书公开方面,在内容上强化裁判说理,公开裁判理由。裁判理由是法官进行法律解释和法律判断、进行事实认定并行使自由裁量权、与当事人和社会公众进行沟通的重要载体,集中体现为法官在采信证据、认定事实、援引法律规范、释法明理的过程中是否规范行使了审判权,当事人获知自己胜诉理由和败诉原因的重要渠道,也是促使当事人赢得明白、输得清楚、提高裁判认同度的最佳解法。与此同时,在裁判文书中加强释法说理,可以有效发挥个案的社会效应,揭示法律的社会规范意义及其价值内涵,使条文性的法律规范经由具体案件和裁判说理变得鲜活,引导社会公众对同类案件的裁判结果形成稳定的心理预期,并以裁判调整自己今后社会生活和社会交往中的行为规范。二是在庭审公开方面,注重提高庭审水平和质量。严格遵循诉讼程序规则，以庄严肃穆、紧凑明快、焦点明晰、裁判精准的庭审活动，展示法治精神和法治文化，附加法治教育和法治熏陶的效果，增强社会公众的法治意识和尊法守法的自觉性，争取实现预防纠纷、减少诉讼的目的。三是在诉讼服务方面，不断强化群众观念和司法为民的宗旨意识。准确把握社会公众日益增长的司法公开需求，从需求型向服务型转变，实现诉讼服务与群众需求精准对接，使司法公开的政策措施充分反映和体现社会公众的知情愿望，回应社会多元的司法需求。四是在信息化建设方面，促进人工智能与司法公开深度融合与拓展应用。有效运用人工智能、大数据、云计算等技术，提升案件在受理、审判、执行、监督等各环节的智能化水平，以智慧法院建设为载体，实现从要素式公开转变为全方位、立体式的公开，使公开贯穿司法办案的整个过程。进一步利用高科技优化当事人的诉讼体验，切实尊重当事人在诉讼中的主体地位，拉近司法审判与社会公众的距离，提升司法公开的质量与水平，不断拓展司法公开的深度和广度。

（三）司法公开理念与时代需求相适应

司法权的良性运行、司法公开的有效落实，不仅需要健全完备的制度体系，而且需要司法公开理念积极适应时代发展要求。随着时代的发展，特别是人工智能、大数据、云计算等信息科技在各行各业的深度应用，带来的新的生活方式更新了人们的思维方式，司法公开的制度和理念都面临着巨大挑战，亟待进一步变革。然而，司法公正一直是司法理念中的核心，司法公开理念不论如何演变，都需要围绕着司法公正这一核心。为适应大数据时代的新要求，未来的司法公开理念应进一步实现从被动公开到主动公开，司法公开制度也应进一步完善，向更主动公开的时代迈进。

从长远来看，在哈贝马斯提出的现代法三大理性维度的分析框架下，司法公开理念与时代需求相适应具体可以从以下几个方面着力。第一，以深化司法公开理念为核心，在推进法治国家建设的进程中，不断转变观念，将司法公开由压力转化为动力，不断吸收、融进现代司法理念，实现从被动公开到主动公开；同时，传统的权威性、单向度信息公开模式已经不适应时代发展，回应性、对话式的信息交流模式才能充分满足社会公众的知情权、参与权和监督权。因此，应当以加强信息化建设为依托，创新公开方式，规范司法行为，转变司法公开的权力本位主义，不断满足社会公众多元化的司法需求。第二，以塑造国家法治形象为核心，以司法公开促使法官公正、高效、廉洁地行使审判权，提升司法能力和水平，从理念进化、程序拓宽、主体变革等方面保证司法公正、维护社会公平正义，实现司法监督、化解公众疑惑、抵制不当干预，在公开流程、公开效率和公众认可方面做足文章，确保每一个司法案件都经得起检验。第三，以司法保护和安全保障为核心，对公开的司法数据进行有效的保护和利用，落实司法机关个人信息告知义务以及相关部门个人信息保护职责的履行。确保司法数据不被非法收集、存储、处理、分析及挖掘，摒弃司法公开的职权色彩，对于涉及个人隐私、国家秘密、商业秘密等核心私密信息、敏感个人信息进行有效的安全处理和强化保护，降低隐私泄露、秘密还原与数据滥用的安全风险。

二、变形式公开为实质公开

司法公开从内容和形式来看，可以分为两种：一种是形式公开，包括案情、审判人员、审理过程（举证、质证、认证）、裁判文书、宣判等的公开，这种公开对于提升司法的透明度、增强社会公众的认可度以及获取裁判的正当性而言具有非常重要的意义，因而在最初的司法公开实践中得到了高度重视；另一种是实质公开，主要是指法官在形成裁判过程中，对案件争点的看法、对待证事实的观点、对证据材料采信程度及理由、对所涉法律问题的认知以及作出裁决的思维向当事人公开，向社会公众公开，让当事人和社会公众对法官整个心证过程有所了解。实质公开相对于形式公开而言，具有更深的内涵，主要包括认证公开、认定事实公开和判决理由公开等。正是因为如此，实质公开才会更加获得当事人和社会公众的关注。对于司法机关来说，要想使司法公开的效果更好，实质公开便是其重点任务，所以对于实质公开要加紧推进。

（一）公开采信证据是实质公开的必然要求

"打官司就是打证据"，采信什么证据，采信或者不采信哪一方证据，是当事人官司输赢的关键。法官为何采信此证据而非彼证据，法官是如何思维从而作出判断的，这是实质公开的要求。法官需要就证据采信与否的评判过程向当事人作出交代，以避免法官心证的自由度过大。以民商事诉讼为例，由于法官的内心确信对当事人双方胜诉或者败诉起着至关重要的作用，因此，在庭审过程中或者审前准备阶段，法官首先要将自己初次见到案卷时对案卷的理解认识告诉当事人或者他们的代理人，并表明当事人提供的证据材料是否具备客观真实性、与本案需要证明的事实有无关联性、证据材料是否具有合法性。如果法官发现当事人的主张不正确或者证据不充分的话，应当向当事人公开其对当事人的主张和证据认识的心证，通过法官的心证公开保障当事人的程序主权，促使当事人提出正确的主张和充分的证据；其次，要公开采信证据材料的思维过程，特别是优势证据是如何判断形成的，并从职业化的角度解释对诉讼材料和证据材料的判断过程，只有公开其判断过程，并且及时与双方当事人之间进行协同沟通，以"接地气"的语言和方式向当事人和社会公众说明为什么要这么处理，当事人才能够理解法官的最终裁判。否则，当事人只能是一头雾水，不清楚自己的证据为何没被采信，也因此，败诉当事人对司法的信任度和接受度也会打折扣。

（二）公开认定事实是实质公开的关键

事实是作出判决的基础和前提。认定事实的过程，是法官进行思维、依法分析判断的过程，认定每一事实都必须有相应的依据。或者是当事人的承认，或者是客观存在的众所周知的事实，或者依据无须证明的事实推出的结论，或者依据采信的证据得出的结论。这些都必须有清楚、无误的交代，做到每一认定的事实，都必须有对应的证据支持，不能含糊其词。例如在民事诉讼中，如果发现当事人之间争点不清晰，法官对争点的认识应当向当事人公开；当事人所主张的“事实”不能认定的，也要进行分析，有理有据予以说明。如果法官发现当事人双方有遗漏的事实和法律问题没有辩论，法官应当公开其心证，让当事人双方就遗漏的事实和法律问题进行辩论，发表其意见和主张。上述过程都是法官自由心证的过程，法官如何进行判断，依据哪些证据形成内心确认，如何能让裁判过程融法理、常识、民意和逻辑于一体，都是当事人所关心和社会所关注的。作为一名合格的法官，需要将其对案件的事实和适用法律所形成的初步意见和看法，向当事人双方予以适当公开，既让当事人心悦诚服，又维护社会公平正义，并且允许当事人双方对法院的这一心证内容发表自己的观点和主张，同时对心证的公开是理性的过程，不应带任何感情色彩。征求当事人的意见，在听取当事人双方意见的基础上再对案件进行最终的评议，并接受当事人、社会和历史的评判。

（三）公开裁判理由是实质公开的核心

公开法律适用是实质公开的应有之义。众所周知，裁判案件最关键的是要依法进行，公开了认定证据、认定事实的过程，只是公开了判案的基础和前提。在认定事实的基础上，为何要适用此法而不适用彼法，往往是当事人争议的内容之一，适用不同的法律最终对当事人的权利影响可能巨大，法官需要明确说明适用法律的理由，重视对判决依据的法律及其原理进行阐释。例如,在一件人身损害赔偿案件中,当事人申请再审的理由之一是终审判决应适用行政条例而不应适用最高法院的司法解释,但在处理时法官对此并未解释便驳回了申请,这就潜藏了当事人不信任司法的因素。在实践中,为何认定此证据而否定彼证据、为何认定原告主张的事实而未认定被告主张的事实、为何支持此请求而驳回彼请求、为何只支持了部分请求而非全部请求,法官都有内心确认的理由。这些理由不应仅仅内化于心,首先说服法官自己的理性和司法良知,在裁判时更应该外表于当事人和社会,向当事人和社会公众说明处理的结果,让当事人和社会公众明白法官的说理过程。同时,在裁判文书中,对于应当公开的事项要及时公开,不应公开的事项则不予公开。

总之,在信息技术快速发展、公众越来越依赖通过信息来描述事实的当下,如果司法信息释放得零散与不足,则可能导致公众对司法形成片面甚至不真实的印象。因此,司法公开不仅要注重公开方法、途径的改进,更需要实现从形式公开向实质公开的转变,充分保障人民群众的知情权,不断满足人民群众日益增长的司法需求,提升司法公信力。

第二节　当事人权利导向下司法公开的进路

随着社会经济的高速发展、社会公众法治理念的逐步深化和高科技技术的不断推进,社会公众对司法公开的期望水平越来越高,要求维度越来越广。因此,司法公开应当遵循司法体制改革的方向,不断提升层次和水平,彰显“权、利、责”的有机结合;进一步创新方法,落实司法权运行的一般规律和司法建设的客观要求;更新理念,体现司法活动的特性;更好地满足当事人和社会公众的司法需求,构筑当事人和社会公众获悉司法信息的权利保障机制,促进程序公正的实现;将司法的过程和影响司法权运行的因素加以公开以实现司法的公正价值,更好地维护社会公平正义,保证实体公正的实现。在这个过程中,司法公开作为司法权运行的具体方式,其进路一方面要以规范化、系统化和标准化为基础;另一方面也要以权利义务为中心,将权利内容意识贯穿于司法公开程序保障制度建设之中,为当事人行使各项合法权利提供司法保障,进而使当事人和社会公众在司法公开中了解、理解和支持司法工作,切身感受到司法的公平正义,提高司法权威和公信力。

一、全面推进审判执行全程公开,最大限度保障当事人的"知情权"

影响当事人和社会公众信任司法的具体原因与机制是复杂的,既有来自司法机关方面的原因,如司法工作人员的品质与行为表现,也有来自当事人和社会公众本身利益取向或先验价值观念的原因。有学者认为,信任既是认识论的、经验归纳的,也是预期性的,其发生机制有三点:一是相信对方的动机;二是相信对方的能力;三是信任者知晓对方。[1] 而知晓对方即为"知情权"的有效行使。而对于当事人和社会公众日益增强的权利意识和权利需求来说,更多的司法公开决策可能从当事人和社会公众的知情同意转变为知情选择。这是对当事人和社会公众知情权的尊重,并促进当事人和社会公众对司法过程的参与和了解,有利于提升司法公信力。

(一)更加主动地回应当事人和社会公众的知情权

积极主动回应当事人和社会公众的知情权,需要以权利为本位,由"权力型"的司法公开模式转变为"服务型"的司法公开模式。尊重当事人的司法主体性需求,确定司法公开的责任制度,以实现司法公开在

[1] 陆群峰:《后信任社会的形成与应对》,载《自然辩证法研究》2022 年第 1 期。

主体和受众双方之间的有机配合、良性互动。当事人和社会公众的司法知情权就其本质而言,包含不可分割的两部分:一方面是当事人和社会公众获取司法信息的权利;另一方面是司法机关进行司法信息公开的义务。信息的不对称,是造成当事人和社会公众对司法不信任的因素之一。信息掌控在司法机关手中,当权利和义务不相对应时,则会加重信息不对称程度。只有当事人和社会公众要求法院进行司法公开体现为法律上正当的权利诉求,而不仅仅是道德式的劝慰和恳求,才能促进其与司法机关的沟通和互动,进而配合司法机关的司法工作。

更加主动地回应当事人和社会公众的知情权,构建当事人和社会公众在参与司法活动中的民意沟通机制,可以从以下几个方面出发。第一,全过程公开支撑主动获取司法信息。通过立案公开帮助当事人和社会公众了解立案条件、立案流程、诉讼费用标准和风险提示等内容,降低当事人和社会公众在心理上参与司法活动的门槛,方便当事人和社会公众及时了解相关案件的基本情况和信息。通过庭审公开积极创造条件消除公众和媒体知情监督的障碍,避免庭审走过场的情况,将庭审过程作为公开司法信息的主战场,建立健全有序开放、有效管理的旁听和报道庭审的规则。通过文书公开公示法官心证过程和释法明理过程,除特殊不适宜公开的案件和调解结案的案件,将裁判文书公开发布,并通过大数据跟踪、收集、汇总不同类型案件的相关痕迹,对特定案件进行分析,进而有针对性地提升法院工作。通过执行公开及时将执行措施、重点环节和重要事项以及执行全过程向社会和当事人公开,健全和完善执行信息查询系统,号召全社会力量救济损害,坚定当事人和社会公众对国家强制力保障自身合法权益的信心。通过审务公开向当事人和社会公众揭开法院的“神秘面纱”,便于当事人和社会公众了解法院工作的方针政策、各种规范性文件和审判指导意见。第二,畅通民意表达通道提高群众对法院裁判的认同度。司法公开工作不是法院的单向性工作，是一个法院与民众互动的过程，要真正增强法院裁判的民意基础，保障当事人和社会公众对话、表达及参与的权利，司法机关应建立民意主动收集机制，最大限度调动各种资源，准确了解公众对重大问题的看法和态度，实现从单向公开模式向互动公开模式转变，释放社会活力，及时掌握公众的司法意见和需求。

（二）明确权利范围并逐渐扩大公开范围

当事人享有的要求司法信息公开的权利来源于法治、平等和自由理念，依法明确司法公开的范围是当事人的诉讼权利和社会公众的知情权利，而司法信息不公开会对信息公开权利的实现产生抑制和分化，对当事人和社会公众实现司法公开的各项权利造成障碍。从司法实践来看，当事人诉讼权利与社会公众知情权利的保障程度低于司法公开的深化程度，这也导致司法机关在实务中，在促进公开与保障权利之间面临着多样的选择，并相应产生了不同的后果。司法公开是法治建设推进的必然产物，且其实现需要有各种要素进行支持。其中，对当事人请求权、查询权，以及要求释明权利的保障是非常重要的因素。同时，知情权及相关概念之间的关联和区别，需要对权利的界限进行厘定，并将权利逻辑体现在制度建设之中。应着眼于诉讼权利的保护，明确权利范围和独立的运行程序规则，并建立相应的程序性保障机制，不断落实和保障程序正义。

明确当事人和社会公众在司法公开视域下的权利范围并以权利义务关系为核心逐渐扩大司法公开范围，与程序正义的要求不谋而合。在实践中，可以沿着以下思路不断推进权利内容的深化和明确。一是明确司法信息公开权利的实现形式。未被法定化的权利便很难实现。某种程度上，特定司法信息不公开可以借助规则对司法信息公开权利进行合法限缩。二是逐步扩大司法公开的范围。司法公开的内容和范围，应作为与主体权利相对应的义务内容予以确定。随着社会公众在司法公开中权利意识的逐渐增强，公众对司法关注的领域呈扩张趋势，除去案件纠纷，涉及法院“人、财、物”的内部活动已经成为当事人和社会公众关注的焦点。因此，司法公开制度也需不断丰富内容，在司法活动中尊重其当事人和社会公众的权利，以保障当事人和社会公众的权利为出发点确定司法公开的范围。通过有效的措施和制度设置，使社会公众能以纠错意见、司法调解、人民陪审等各种方式参与到司法活动中，保障其知情权、监督权和参与权的有效行使，增强当事人和社会公众对法院工作的理解和支持。三是依法、全面、准确地公开司法信息。依靠数字科技和智能技术，打造高科技平台，及时、真实、准确、完整地记录并分析审判中各个流程环节的节点与期间，并根据当事人和社会公众的需求和关注点，将案件流程信息进行针对性推送，实现司法公开的过程也即司法宣传的过程，司法公开的落实也即法治宣传的达成。

（三）方便权利实现并规范争议解决

司法信息公开的首要问题是司法信息公开权利的有效实现，司法公开的方式只有多样化，才能适应和满足民众知情权的多元化、差异性需求。而私权利有效实现最坚实的保障来自其能获得有效救济，司法救济往往作为第一选择被应用，与此对应的是司法机关公开义务的明晰化和程序化。

在方便权利实现并规范争议解决方面，需要司法机关积极创新司法公开方式，以更加有效地实现和保障当事人和社会公众的知情权。一是有效利用数字技术，提升智能司法系统的算法设计与精度。当前，当事人和社会公众知情的方式已不再囿于传统的统一获取信息的渠道。僵化、灵敏度不高的司法公开信息，容易将当事人和社会公众湮没在浩瀚的裁判文书中，敞开法庭大门和纸质的法律文书却会因相对抽象和专业的法律术语而阻却当事人和社会公众亲近法律的行为。因此,有必要运用信息技术创新司法公开模式,提升智能公开服务的精细化程度,搭建有效系统自动、即时地将司法信息有针对性地进行推送,提高司法公开的时效性和便捷化,提高案件适用法条推送的精准度,在方便当事人和社会公众的同时,增强与其互动的频率和效果,真正起到通过管理当事人预期、缓和当事人情绪等提升司法公信力的作用。二是建立健全当事人和社会公众监督和评价机制。司法公开要求司法是开放性的,司法本身的公正与否是司法程序、裁判结果等司法生态的内部问题。这一内部问题想要不断得到调整和优化,就必须要在整体环境生态中进行,而不能仅仅囿于司法机关内部。因此,为当事人和社会公众对包括司法公开在内的司法工作进行监督和评判提供便利,建立当事人评议制度,将直接影响区域范围以内当事人和社会公众的法治意识,建立社会舆情汇集制度,又将影响其对司法公正的认知、需要和判断,进而又会反作用于区域范围内的内部司法生态。三是制定关于司法公开争议的化解规则,建立与权利相对应的争议解决机制。比如,建立公开前审查制度,综合运用数字技术对相关司法信息进行研判,结合利益相关人对拟公开信息的合法诉求,构建司法公开争议实质化解的权利保护机制。运用法官释明权补强当事人权利救济,构建沟通反馈机制,不断完善争议解决的程序规则,设置司法公开争议解决机制保障司法公开争议实质化解的执行机制。如果出现不当公开的情况,应建立相应的责任机制,构建充分协商的执行机制,整合司法公开争议实质化解的监督路径,完善司法公开合理性审查对依法公开的引导与规范机制,并应赋予被侵害人赔偿请求权。

二、健全司法公开管理运行机制,最大限度保障当事人的"参与权"

当事人和社会公众参与作为司法公开工具的意义,释放着法律自身对于当事人利益的态度。鼓励当事人充分参与司法活动,促进当事人参与司法活动的目的在于对多元化、多层次、多结构的利益进行识别并促进衡平。司法公开也可与其他司法工具相互配合，融合于深化司法体制改革的框架内，发挥其内含的工具性价值。比如，从司法公开的角度，当事人和社会公众参与司法活动，与司法机关积极互动，易于接受经其参与后形成的司法信息。当司法机关及时回应当事人、社会公众的需求与建议时，其对于司法难以产生抵触情绪，认同感将增强。同时，当事人和社会公众获得认同感与提升参与意识的同时，还能够有效化解社会矛盾，节约司法成本，提升司法能力。然而，当事人和社会公众参与权在行使过程中，会遭遇一定的制约因素，不是一蹴而就的，也不是一帆风顺的，因此，有必要健全司法公开管理运行机制，保障当事人和社会公众参与权的实现。

（一）建立常态化参与互动机制

司法公开的受众面越大，司法信息的时效性、有效性和服务性越强，其发挥的作用就越明显。司法公开的程序控制属于司法权力运行范畴，这项司法权力之运行须与当事人和社会公众的权利需求相契合。从当事人和社会公众角度来说，意见的表达得到回应是司法为民的应有之义。司法公开作为当事人和社会公众的一项司法性权利，法律应当赋予当事人及社会公众申请司法公开的权利，使当事人和社会公众在互动中认识自我并意识到司法公开的价值。从法院角度而言，应当全面地看待当事人和社会公众对司法公开的需求，以开放的态度看待、对待当事人和社会公众的反应，只疏不堵，提升司法机关在当事人和社会公众心中的形象，促进司法公信。在法院自主公开与自动公开机制下，通过广播、电视、互联网、数字报刊等方式常规化互动模式，充分发挥等多种平台灵活便捷的优势，提升司法信息更新的效率，以当事人和社会公众喜闻乐见的形式公开司法信息，畅通司法与当事人和社会公众的互动渠道，提高其接收信息的效果。尊重表达权利，提升当事人和社会公众的参与感,对公众提出的关于审判活动的质疑、疑问及对审判公开的要求,挖掘公众焦虑、质疑的根源所在,只要是正当、合理的需求都应当给予必要积极关注和回应,对症下药。在法院怠于履行公开义务时,其可申请法院公开相关司法信息。保证表达机会,积极通过各种方式途径与当事人和社会公众展开互动,对当事人和社会公众需求表达的要求不宜过高,互动可以提升信息的传播效率,满足其决策参与的现实需要,以鼓励交流的姿态迎接公众的理性参与,提高信息和价值交换的效率,便于获取当事人和社会公众对司法机关的需求和意见,实现其对司法权运行的监督。司法机关对于合法的而非故意扰乱司法秩序、破坏司法权威的表达内容应有问必答,对于不服不公开决定的,赋予其程序救济权。

(二)完善公开过程和参与步骤设计

当事人和社会公众良好的司法公开体验,源于顺畅的公开申请、有针对性的司法信息,以及能够满足权利需求的公开内容。如何完善公开过程和参与步骤设计,成为搭建沟通转化桥梁的重中之重,有利于减少司法公开领域的纠纷,巩固司法公开的实质成效。从程序正义角度来说,将司法的过程加以公开是参与互动最为密切的领域。在构建司法公开程序的实践中,除应站在司法机关的角度,考虑如何以公开的方式避免暗箱操作,以程序正义确保司法实质公正;还应当站在当事人和社会公众的角度,考虑如何能够发挥司法公开的最大价值。完善公开过程和参与步骤设计,一方面要从司法机关开始,建立司法公开审查制度,以公开的内部程序保障司法公开,通过司法公开来强化审判管理,提升公开质量和效率,把公开步骤和过程纳入程序化轨道,防止内部管控变成行政管理,保障合议庭和法官裁判权有效行使;采取节点控制的办法,规定每一公开程序和步骤的时间限制,确保公开程序效率。另一方面要将权利和义务作为制度原点,在主动公开司法信息环节确保当事人和社会公众程序的有效参与。对于当事人和社会公众提出的建议、主观评价进行认真研判，对于当事人和社会公众提交信息申请的过程涉及申请的渠道、申请的对象、申请内容、申请书的填写、申请规范和程序的设计都应予以规范设计，避免给当事人和社会公众造成司法公开工作随意、不规范的印象。

（三）建立司法公开责任追究制度

当事人和社会公众有关司法公开权利的实现需要以责任机制加以保障。法律责任是指因违反法律义务事实所引发的，以“权责一致”为导向，可由专门国家机关确认并强制的，依据“权利义务统一”，相关主体应当承受的合理负担。[1] 建立司法公开责任追究制度有利于提高司法公开的实质效果，实现司法公开从“权力合法性”向“行为合法性”转变，对司法公信力的提升能产生积极作用。完善司法公开责任追究制度，可以将司法不当公开的发生概率降低到实际操作中可以控制的范围内，显著抑制司法不当公开行为，消除司法公开的恣意空间，确保司法公开工作有效开展。

法律责任从产生到实现的过程，从主体论、价值论、认识论的视角分析，是由法律责任的设置、归责、责任承担、责任实现等多个环节构成。建立司法公开责任追究制度，需要结合我国司法公开实际，从司法公开的基本理论入手，对责任主体、责任内容、追责方式、追责原则等方面进行具体分析，为司法公开责任追究制度持续完善提出建议。探索一条符合中国特色的通过建立完善的责任机制强化监督管理的道路，鼓励和引导司法机关在司法公开创新方面有更多作为，进而有助于贯彻落实司法公开责任追究制度。第一，在责任主体上，结合程序法上的

---

〔1〕 王立峰：《法政治学视域下党内法规和国家法律的衔接与协调》，载《吉林大学社会科学学报》2019年第3期。

行为责任和状态责任,确立司法公开责任主体制度的理论基础。明确哪些主体应对不当公开以及公开不作为行为承担相应的法律后果,比如审判执行部门应当负责公开的事项应为审判执行各环节的司法信息;审判管理机构应当负责审务公开等。第二,在责任内容上,发挥责任追究督促功能,借助损害担责原则和共同负担原则对司法公开责任分配的正当性进行证成,按照权利和权力之间的对抗和协调关系,明确各级人民法院司法公开的责任范围。第三,在责任追究方式上,充分利用数字化法庭、人工智能等新技术和信息平台,公开责任追究的依据、过程的法律监督和法律责任实现结果反馈,对司法公开责任追究过程进行有效的监督和管理,确保责任追究客观、公正。第四,在责任实现上,应当明确在司法公开体系中的激励约束机制,在严格责任追究的同时,也注重建立与责任追究机制相互衔接的司法公开激励机制,对于司法公开成效好、质量高、有突出成效的司法机关及其工作人员,给予相应的名誉、荣誉、待遇奖励等方面的鼓励。

三、完善司法公开监督与激励机制,最大限度保障当事人的“监督权”

司法公开既是司法公正的保障,也是司法能力提升的动力,对司法权合法有效运行具有重要的促进作用。完善司法公开监督与激励机制,直接影响司法公开的实际成效、司法公开的深化程度和司法公开政策的制定与执行,能够最大限度保障当事人的“监督权”。因此,司法公开监督与激励机制在整个审判管理运行体系中处于举足轻重的地位,是不可或缺的重要组成部分。

(一)建立以权利主体为核心的评价机制

当事人和社会公众对司法公开评价权的行使是全面落实监督权,促使司法机关全面提升其司法公开服务质量的重要措施之一。当前,司法公开的评价主体和范围主要集中于司法机关内部,采用数字量化考核的方式,进行系统内的排名、通报等评价方式。该种考核体系下所产生的评价结果,容易让当事人和社会公众对司法机关产生"自说自话"的怀疑心理,难以获得当事人和社会公众的认可,准确反映司法公开实际情况。为了避免"自己评价自己"所带来的弊病,应在以权利义务为核心的司法公开双向法律关系下全面构筑司法机关、当事人和社会公众的权利义务体系,采取各种方式、途径和措施来保证当事人和社会公众对司法公开评价权的行使。

司法机关向当事人和社会公众提供司法信息是司法机关所要履行的义务,因此,在权利义务相对等的法律关系下,当事人和社会公众就享有依据法律所产生的对司法机关进行司法公开行为的评价权。当事人对司法公开评价权行使的内容、途径、方式以及对其如何进行保障,可以从以下几个方面进行探讨。第一,在评价内容上,包括对司法机关提供司法信息质量的评价,其中有关评价标准的设立既要符合接受司法信息对象需求,更要符合司法运行规律。包括对司法机关自身运行状况的评价,在明确权利义务关系的基础上,确立当事人和社会公众对司法机关"人、财、物"等方面运行状况的评价地位,及时公布评价结果,让当事人和社会公众了解司法公开现状,并顺畅表达意见。第二,在评价权行使的方式和途径上,将当事人和社会公众意见纳入司法公开评价体系。当事人和社会公众行使评价权主要是在充分了解相关司法信息的基础上,通过与司法工作人员会谈会面等方式,提出改进其工作的建议,并及时了解有关建议的落实情况。同时,还可以将评价过程公开,让当事人和社会公众参与和监督考核的过程,面向社会公布考核的标准和依据。第三,在评价权行使的保障上,保证当事人和社会公众在评价体系中的主体地位,使当事人和社会公众对司法公开的评价能够对司法机关产生实质性的影响。使当事人和社会公众全面参与到有关的评价活动中,将当事人和社会公众满意度作为衡量司法公开实效的主要指标，保证评价结果的客观性、真实性和效用性。在国家和各级审判机构确立的评价标准下，以公开的方式进行考核评价，体现司法公开的广度和深度，彰显司法公开促进司法公正的价值。

(二)利用新技术多渠道扩大监督范围

“数字时代”环境下，新媒体成为当事人和社会公众接受司法信息的主要方式。在便捷当事人参与诉讼、带给社会公众丰富司法信息的同时，司法公开的监督也呈现出新的特点。一是司法公开监督范围更广泛。在司法公开 1.0 时代，受司法公开载体、技术手段、信息发布速度、传播时效等客观因素影响，司法公开的功用更多集中于一些典型案件中。而在新时代，数字技术手段日新月异，当事人和社会公众可以借助信息传播的及时性、高效性、共享性，通过多种终端媒介及时了解自己关注的司法信息，极大扩展了司法公开监督的范围。二是司法公开监督主体更积极。随着当事人和社会公众权利意识的觉醒，司法活动日益成为当事人和社会公众监督的重点领域。积极运用新媒体、新技术、新方式，参与司法公开监督，主动提供意见建议，践行监督职责，行使自身权利，使司法公开在数字时代下获得新的更强劲的生命力。三是司法公开监督方式更多样。新技术的出现使得信息传播速度快、范围广、信息交流自由快捷、影响力大，丰富了司法公开监督的手段、方法，提高了传播的速度，拓宽了监督的途径，提高监督的整体效果。

在上述背景下，司法公开监督的范围较之前任何一个阶段都更加广泛，当事人和社会公众监督的积极性空前提高，监督的方式更加多元。为积极适应技术变革所带来的监督新局面，可以从以下几个方面确保数字时代的司法公开监督能够更加规范、有序、高效化展开。第一，提升当事人和社会公众作为监督主体的综合素质，提升其对不良信息甄别、剖析、判断能力，使其客观、真实进行司法公开评价，科学发布言论，公平、公正进行司法公开监督。第二，全方位强化司法公开的效果,司法公开部门应当根据相关法律法规进一步完善司法信息发布审核机制,在公开信息质量、信息发布公信力、专业性与权威性方面坚持正确的政治方向,专业、客观、深度传播先进思想、文化与观念,积极回应当事人和社会公众的质疑,进行正向舆论引导,及时向当事人和社会公众反馈。第三,强化司法公开的信息化建设,回应与借力时代潮流和科技发展,实现司法公开与信息技术的结合,提高信息化建设水平。以诉讼服务中心建设为依托,借助电子信息查询与相关政务 App 对一些司法信息及时公开与透明化,突破传统司法公开空间和时间的限制以及公开手段的容量限制,依托大数据、云计算等对敏感案件舆情进行搜集分析,确保案件信息发布准确无误,保障司法公正。

(三)确立司法公开监督的合理界限以满足公众监督权

随着技术发展与国家治理现代化进程的逐步推进,人民生活得到显著提升和改善,当事人和社会公众对司法活动的监督意识和监督意愿逐步增强,伴随着大数据与信息技术的蓬勃发展,公众监督权的实现也日益插上科技的翅膀。公众参与发挥着认知、沟通、认同、示助的功能,已成为司法公开不可或缺的重要力量。从文明发展等维度来看,当事人和社会公众是受司法公开影响最密切、最直接的对象,其权利生成是法治建设的内在要求,有利于维护当事人和社会公众参与司法公开中的合法权益。但与此同时,增强公众参与权的权能,也存在当事人与社会公众知识与能力有限、自利动机等局限性。应理性对待公众参与权利,充分平衡权利的实现途径和效力,构建完整的公众监督权制度体系,明确公众获得回应权和合理意见获得采纳权,并适当拓展其保障机制,实现从形式化保护到权利性保护,完整表达相关权利内容,正视公众参与监督的局限,以防出现公众参与的效力过高或过低的情形。

引入当事人和社会公众全面参与司法公开,推进当事人和社会公众对司法活动的社会监督,发挥社会公众的外部控权,体现出对司法权力制衡的多元性,实现司法自我监督模式向社会监督模式的转变,这不仅有利于当事人和社会公众直接监督司法活动,而且能够督促司法机关切实履行司法公开的职责。具体而言,可以从以下几个方面促进当事人和社会公众对司法公开的监督。第一,提升司法信息的流通效率。统一司法公开平台和标准的建设,从动态化角度优化司法信息公开范围,树立"开放融合、集约节约"的理念,依托网络平台和大数据,在信息生成、发布、解读、公开等各个环节为司法公开情况的分析研判提供有效支撑,加强对信息的动态鉴定,打通"信息孤岛"和"数据壁垒",提升司法公开工作的整体联动性,加强主动信息公开与依申请公开之间的互动关系。第二,提升数据开放度和资源利用度。可有效集中社会智慧,充分发挥当事人和社会公众的才智,充分挖掘司法数据资源的价值。例如,在原始司法信息数据公开的基础上,赋予当事人和社会公众的分析、再制作和分享权利,通过一定的制度设计,确保分析成果真实、科学、有效地进行分享,以深度挖掘资源价值。第三,不断增强当事人和社会公众的监督意识与能力。对当事人和社会公众的主体意识进行宣传教育,挖掘当事人和社会公众对与自身利益密切相关司法信息的需求,提高其监督司法公开的认知度,明确自身拥有的权利以及监督司法公开的途径和方式,提高当事人和社会公众的信息获取和辨别能力,营造提倡当事人和社会公众参与监督的文化氛围。

第三节　创新和完善司法公开的方式

司法公开质效不断提升的同时,仍旧面临信息困境,主要表现为司法公开的形式偏重信息公开而非信息交流互动,少数司法机关披露的司法信息水平较低且不全面,不能满足公众司法需求以及缺少公众参与及反馈等方面。因此,需要在司法公开取得既有成绩的基础之上,进一步创新和完善司法公开的方式,借助大数据技术,逐步实现从单一主体信息公开到多元互动、综合运用司法信息的转变。利用多媒体等技术,将司法信息以鲜活、可视的形式进行公开,提升司法信息公开的效果与效率,创新和完善司法公开的新模式。

一、完善公开的平台

公开最主要的应该是平台的建设,因为平台是展示司法公开的主要路径,是能够搭建公众与司法之间沟通的桥梁,建立起公众高于司法之间的联系的一种信息化的平台。最高人民法院将公开的平台建设作为重点的内容加以推进,意在通过公开的平台来向公众展示公正的司法活动,切实对当事人和公众的权利加以保障,同时也作为督促法院提升司法能力的平台。因此,需要对平台的建设进行进一步的完善,以期公开平台能够更好地发挥功用,促进提升司法公信力。

(一)审判流程公开平台

法院工作的重点就是案件审判,审判流程也是当事人和社会公众所关注的焦点。司法呈现给人们的最多的就是司法审判的流程,所以公众对司法审判最为关注,对其公开的要求也最为强烈。同时,在现代信息技术的条件下,可以通过微博直播等方式来对案件进行多方位的报道,不限于传统的开庭审理。近年来一些大案要案,公众关注的焦点案件,都是在审判流程公开上做足了文章才能够收到良好的社会效果。

对于审判流程公开,首先,在公开的形式上,要进行丰富和多样化,尤其是在信息技术不断发展的今天,对于新兴科技要积极学习,善于利用,完善法院的网站,完善移动终端通信技术、微博微信等与公众联络沟通的技术,电子显示屏及电子查询系统等,同时辅之以文字、图片、音频、视频等各种形式,对案件的审判情况进行及时的公布,为当事人提供方便快捷的公开服务。此外,还要注重对庭审证据的保存,对整个庭审过程进行全程录音录像,一方面可以使当事人对于庭审的过程进行回顾,再次感受司法的严谨性和公正性;另一方面也可方便法官利用庭审录像来纠正可能存在的司法瑕疵,提升司法能力。其次,对于公开的选择权,要同时赋予法院和公众。当事人往往更关注牵涉自身权利义务的案件,社会公众也会根据自己的过往经验接受相关信息。为了深化司法公开的效果,赋予当事人和社会公众对庭审直播的选择权,在立案环节,通过网站、公众号等公开各类已立案案件的审理时间,并且分门别类放置于相关专栏,由当事人和社会公众选择其关心的案件观看庭审直播,以最大程度实现庭审直播法治宣传的作用。最后,对于公开的载体,更要充分地利用信息化的技术手段,让当事人能够通过网络、移动终端等设备,随时随地查阅案件审判情况、流程进展情况,特别是对于路途较远的当事人,可以通过远程发布司法信息、远程公告送达等方式来方便当事人参与诉讼,同时也能够提高庭审的效率,在审判质量和审判效果上都能够得到当事人的认同。推进审判流程公开,使当事人和社会公众都能够切身体会,是消除当事人和社会公众对审判公正性质疑的最好办法,对于提升司法公信力意义重大。

(二)裁判文书公开平台

向社会公开裁判文书,既能够保障当事人对司法的知情权,又能够促进法官司法能力的提升,可谓在司法公信力的双方主体上都有益处。对裁判文书公开平台进行完善,首先,思想上要正确地认识,将公开裁判文书作为提升司法水平和司法责任心的一种有益手段。其次,要在公开的手段上进行完善。对于裁判文书上传工作,要严格把握时间节点,把握上传方式,把握技术处理的要求。特别是对于文书上传工作,应当有专门的机构进行组织协调,应当有专门的工作流程和工作方案。再次,要在文书的质量上进行严格把关。对互联网公布裁判文书的范围、工作原则及格式要求、组织机构和职责范围、上网公布裁判文书的审批程序进行明确。研发法官智能办案平台,实现根据案件基本信息自动生成文书初稿,自动扫描文书中存在的错误,自动对文书进行隐名化处理的高效、规范、智能化辅助办案功能,为裁判文书上网提供科技保障。落实文书质量责任制,每个业务庭均确定专门人员负责此项工作,审判管理办公室建立台账,定期通报、严格把关,确保上网裁判文书数量和质量,不能出现低级错误,还要努力增强文书说理性,让当事人赢得清清楚楚,输得明明白白。可以利用模板来对文书的格式、内容进行规范,尽量避免不合乎规范的现象出现,避免引起误会和质疑。最后,要注意对当事人的隐私进行技术性处理,确保当事人个人信息的安全,特别是对于未成年人,更要严格地加以保护,使其能够在安全的环境下参与诉讼。

司法审判过程中总有胜诉方和败诉方,让双方都对裁判结果满意很难做到。特别是对于败诉方,要做到的首先是让其难以提出反对意见,这是裁判文书进行说理论证的关键所在,也是提升公正司法水平、提高法院司法公信力的关键所在。因为当事人到法院解决纠纷,其实也就是找寻说理的地方,公众眼中的法院也是最讲道理的地方,当事人和社会公众对司法的信任首先应该是建立在法院的说理能够让人信服的基础之上,而最能让当事人和社会公众感受到司法说理性的载体就是法院的裁判文书。因为从裁判文书的论证说理中,当事人和社会公众是抱着一种对权威的信任,裁判文书的形成过程也是司法权威形成的过程。裁判文书主要是建立案件事实与法律条文之间的关系,用严谨的论证、充分的说理来赢得当事人和社会公众的信服。如果不仅是在案件事实与法律条文之间建立起理性的联系,还能够与公众朴素的正义观之间建立正向的联系,这就更容易得到当事人和社会公众的认可和尊重。裁判文书的成功与否,关键就在于其说理性是否充足,只有通过完整严谨的裁判文书,摒弃格式文书,展示出司法的整个过程,而不只是引用法条,尤其是判决形成的过程,应当充分叙述裁判理由,积极回应各方当事人的观点,充分释法析理。只有这样,才能增强裁判文书的说服力,让当事人和社会公众相信法官是严格按照法律程序做出了一个公正的裁判。

(三)执行信息公开平台

执行信息公开有利于规范执行行为,调动社会各界力量,共同破解“执行难”问题,维护胜诉当事人合法权益。在执行信息公开的过程中,最主要的就是公开执行权的运行,也是当事人最渴望知情的内容。对执行权的运行进行公开,既是对当事人知情权的保障,又是遏制权力寻租的有力举措。当然,执行工作各个环节,都要科学地确定期限并公开公布,使执行员有责任感,也使当事人知道案件的进展情况。要通过执行信息公开赢得申请执行人理解。对公开执行信息的内容和载体要不断地进行完善,在内容方面,对立案的标准及启动执行的程序,对执行案件的收费标准以及执行费用缓减免的事项,对执行可能遇到的风险以及其他涉及执行的事项,都应当依法进行公开。在载体方面,由于执行地点和时间都不能事先确定,所以在对相关执行事项通知当事人时,采取的手段可以不限于公告、文书等,可以采用短信平台、网络平台等向当事人进行公开。方便当事人进行查询,了解执行案件进展情况,避免当事人将“强制执行”不到位或执行不能的原因归咎于法院。因此,应及时向当事人和社会公众公布对被执行人采取的强制执行措施,一方面可满足当事人和社会公众的知情权,另一方面对被执行人和公众都具备惩戒的作用。同时,推动完善执行失信惩戒机制,探索在城市繁华商业区利用大型电子屏幕公布拒不执行人的照片及相关信息,增强失信被执行人名单公布的范围及影响力,推进社会诚信体系建设。以建立内外联动、规范高效、反应快捷的执行指挥体系为抓手,加大执行力度，加强统一协调指挥，规范执行行为，建立健全信用惩戒机制，进一步解决执行难的问题。

二、丰富公开的载体

在数字信息革命的浪潮下，大数据、互联网、人工智能广泛普及，虚拟空间技术不断更新换代，司法公开也不能囿于传统的庭审旁听的范围内，而应当随着科技信息技术的发展在公开的载体上不断丰富。就庭审公开而言，也就是从传统的在审判庭的现实空间，扩展到全网公开的虚拟空间。通过加强庭审装备标准化建设，实现庭审音视频信息的采集，以保证庭审直播、微博直播在司法公开过程中所承担的职能。通过庭审网络直播常态化，将诉讼、举证、质证、认证、辩论、宣判等一系列庭审活动最大范围公开，提高当事人和社会公众对判决的理性接受。同时，开庭时间、地点、承办法官等与庭审息息相关的司法信息也通过多元途径进行公开，方便公众获取庭审信息、查阅诉讼档案，实现程序公正的定格、再现和复制，使庭审能够扩展到更大的范围。这样一来，不仅能够方便社会公众获取、保存、检索和利用司法信息，还大大降低了当事人参与诉讼的成本。能给当事人和社会公众提供便利，必然能使其对司法产生好感。所以，开展好司法公开工作，必须与现代信息技术接轨，丰富公开载体，增强审判活动的公开性和透明度，强化审判流程公开的规范性和物质保障，提高公开效率，让公众能够更及时、更便捷地了解司法信息，提升公开效果。

（一）推进科技法庭建设

科技法庭是信息化建设中一种利用现代电子设备通信技术实现法庭现场的图像声音，整体直播录播的多媒体电子设备。科技法庭的建设方便法院工作人员、其他司法工作人员、社会公众借助信息化网络和信息终端，实时了解庭审过程，支持在线司法监督，体现法院审判的公正与透明，充分展现和提升法院公平、公正和公开的司法形象，实现司法及阳光审判的形象。

科技法庭是司法公开的重要载体，也是新兴的载体。通过科技法庭，首先可以使当事人随时能够看到庭审笔录的录制过程，使其能够随时核对庭审笔录，提高庭审效率。通过科技法庭，还可以实现同步录音录像和光盘刻录功能，实现庭审现场存档的目的，使当事人能够随时按照规定调取，也能够使法官在镜头之下更加规范自身的行为，并通过庭审录音录像来纠正自身的不规范行为，促进程序公正上到一个新的台阶。同时使审判的透明度得以延长，当事人和社会公众的认可度得以提升，司法公信力得以树立。其次是可以广泛地推行庭审直播，司法公开必须紧紧抓住庭审这一审判工作的中心。要积极通过互联网、微博、电视等直播庭审，明确规定直播案件的数量、类型和直播流程，加强相关技术培训。要切实保障直播案件的数量，合理安排类型、时间和场次。要多渠道发布开庭公告，积极探索预约旁听模式，为公众旁听庭审提供便利。制作庭审旁听指南和守则，引导旁听人员遵守法庭秩序。最后也是实现数据留存、数据备份的重要路径。要根据建设要求，针对专业性强的项目方案聘请专家对方案可行性、科学性、价格合理性等进行充分论证后再进行立项。例如，数据库升级和视频整合平台及科技法庭建设项目，均聘请专家进行论证。要加强对项目立项、产品选型、建设招投标等关键节点的管理，流程上严格按照政府采购规定完成项目采购，招标全过程由纪检部门派员监督。要在产品和厂家选择上不带有任何倾向性，营造公开、公平、公正的竞争环境，吸引产品和技术实力雄厚的厂家参与竞争。任何倾向性都可能挫伤竞争者的积极性，选定的厂家也不会认真对待项目。在良好的竞争氛围下，胜出者会倍加珍惜竞争果实，败者则输得心服口服。

(二)加强法院自媒体建设

当前,人民法院面临空前开放、高度透明、全时监督的舆论环境。在信息技术革命的催生下,通过互联网络进行高速传播,通过微博、微信等新型媒介加强公众之间的联系和沟通,司法公开的渠道和方式也日渐多元化,不管是司法信息的传播、社会对司法的舆论和关注,还是公众参与司法的方式都有了很大的变化,当事人就可以成为报道法院案件情况的记者,每个社会主体也都可以成为宣传司法的发言人。对于法院来说,也要加强自身的媒体建设,强化法院新闻发布机制,加强与广大媒体的沟通联络,与报纸、电视台、广播电台等多家媒体合作,对法院司法改革与创新的举措召开新闻发布会,并通过媒体进行宣传。强化法院新闻事件宣传策划,选择具有新闻价值的能够提升法院形象的典型事件策划报道,全方位、多角度宣传,利用电视台受众广、传播效果佳的优势,以"记录庭审现场"的形式,将现场感与生动性相结合,有效"浓缩"庭审过程,提取法律焦点、观众兴趣点,以案普法,以关注民生的视角,以老百姓喜闻乐见的形式,向社会公众普及法律知识。强化法院新媒体建设,加强对官方网站运行管理,利用官方微博、公众微信、法院外网和法院手机报等平台,发布工作动态、重要事件等,让社会公众了解司法活动,方便监督,促进司法的规范,促进公正、廉洁。与时俱进地转变宣传工作理念,牢固树立立体传播、主动宣传的理念,对各类型案件信息、各类型法院活动都进行有特点、有分类的宣传报道,向社会提供及时权威的司法信息,有针对性地满足公众的司法知情权,让公众愿意关注司法信息,愿意相信法院发布的司法信息,愿意传播正向的司法信息。增强宣传的深度和广度,加大正面宣传力度,进一步发展壮大法院网站、微博、微信等多种形式的全媒体工作新格局,深入宣传人民法院工作成绩、重要司法决策和重大先进典型。充分利用一些社区的电子公告栏等载体发布鲜活典型案例,深入村镇社区加强巡回审判、以案讲法,让公众能够在典型案例中获取法律知识并形成自己的行为准则,把法治思维融入自身的日常生活中,规范行为处事,化解纠纷矛盾,形成守法的社会秩序。继续加强舆论引导工作,健全完善网络舆情监测、通报、反馈机制,对网络知识和网络技能应当加强培训,使司法工作人员能够专业地运用信息技术,合理合法地处理网络舆情。对重大敏感案件要制定舆论引导方案,把握好信息发布的时机、方式和节点,及时有效回应质疑,实事求是承认问题,坚决果断破除谣言,为法院工作营造良好的舆论环境。

(三)拓展与公众信息互动

微博、微信等爆炸式增长,改变了传统的传播方式,产生了巨大的舆论力量和社会效应,成为社会公众意见表达和参与社会管理的重要平台。在扩展与公众信息互动的要求下,微博留言、微信评论等都是互动的重要方式,但是社会公众与法院的近距离接触也是必不可少的。这就要求法院一方面要做好诉讼服务工作,另一方面要做好人民陪审工作,把司法公开的实现程度作为衡量司法为民、评价法院工作的重要指标。

关于诉讼服务,如果做好了,并且充分发挥诉讼服务大厅窗口职能,完善各项配置,提升服务功能,可以很大程度地加大司法公开力度。比如,在诉服大厅设置电子触摸屏和电子公告栏,公开诉讼流程图、承办法官联系方式、案件管辖范围、立案条件、收费标准等内容。增设导诉台,安排专人负责接待引导工作,根据群众不同需求,介绍诉讼程序,指引服务窗口,并指导当事人通过取号机有序排队等候。严格落实立案登记制度,符合登记立案条件的,告知诉讼风险,及时办理登记立案手续,准确计算诉讼费用,向当事人送达有关文件,并为当事人、代理人提供验证密码用于在互联网上查询案件信息。对诉讼材料欠缺、诉状内容或形式不符合规定的,一次性告知当事人需要补充、修改的事项;

对不属于法院受理范围或不属于本院管辖的，进行法律释明，告知当事人有权处理的单位和机关。由专职接访法官接待群众申诉，认真审查群众申诉材料，听取来访意见，详细记录来访事项，能够当场解答处理的当场解答；不能当场处理的，转交相关部门进行答复。同时，进一步完善人民陪审员管理系统，研究制定人民陪审员参审工作流程的实施办法，保障人民陪审员陪审权利，扩大参审范围，积极吸收人民陪审员参审有重大社会影响的案件，对于司法公开有非常重要的意义。

三、强化公开的保障

司法公开要想得到很好落实，其发展和完善必须要有更为有效的保障机制，保障公开的功能得到更好发挥。所以要提升公开能力，增强司法公开的自信；要加强公开管理，促进公开的落实；要完善公开制度，建立公开的长效机制。

（一）提升公开能力

司法公开能否取得真正的实效，关键在落实，落实的关键在人。司法公开不是法官的权力而是责任，为了担负起这份责任，需要法官首先更新自己的思想观念，认识到司法公开的积极意义，认识到公开是促进公正、维护权利的制度，还需要法官提升自身的司法能力，增强公开的自信，为深入推进司法公开打下良好的基础。

首先，要提高法官的庭审驾驭能力。庭审驾驭能力是司法能力的重要内容，法官只有精通国家法律，熟练掌握诉讼规则，不断积累审判经验，加强自身修养，才能提高自己驾驭庭审的能力，提高办案质量和效率，不断积累和提升司法公信力。一是熟练掌握庭审程序规则，确保庭审有序、高效地进行。二是熟练掌握证据规则，运用证据规则引导双方当事人举证、质证，进而进行认证，以查明案件事实。三是善于组织协调，调动合议庭成员的积极性，分工负责，互相配合，形成合力；同时引导双方当事人或控辩双方参与诉讼,让双方当事人或控辩双方充分行使自己的诉讼权利。四是善于积累庭审经验,形成对案件的洞察力,利于对纷繁复杂的案件事实作出正确的认定。五是注意提高语言表达能力,对案件争议焦点的归纳、有关法律的释明、裁判理由的论述等注意法言法语的使用,既要讲究司法语言的特色,又要注意语言的通俗易懂。六是注意遵守司法礼仪,树立良好的法官形象,给当事人和社会公众以形象公正的印象,尽力避免不必要的误解和质疑。

其次,要增强裁判文书制作能力。裁判文书是审判过程的客观反映,是具有法律效力的司法文书,其质量的高低直接关系着法院的司法公信力。提高裁判文书质量,必须提高法官的业务水平,这是毋庸置疑的,也是至关重要的。没有法学理论作为根基,也许可以写出一篇让人赏心悦目的好文章,但却难以写出说理论证充分的裁判文书。裁判理由的写法在一定程度上决定着当事人是否认可、信服和服判息诉。再说法律适用和实体裁判,一份语言表达再优美、格式再正确的裁判文书,如果法律适用错误或实体裁判错误,裁判文书的质量将归结于零。同时,需要熟练掌握裁判文书制作规范,还需要提高语言文字表达能力。为了保障裁判文书的质量,确立法官的制作责任是一项重要的制度。法官责任心强,制作出来的裁判文书质量就高;反之亦然。通过裁判文书的公开,可以有效地加强法官在形成裁判文书过程中的责任心。同时,确立裁判文书的法官制作责任,切实增强法官制作裁判文书的责任心,对于避免裁判文书中的低级错误,尽可能提高裁判文书的质量很有必要。

最后,要切实提高司法的舆论引导能力。司法是法治化的应有之义,因此在当下也会备受公众关注,成为舆论重点。所以,对于司法而言,第一,适应现状的能力,妥善处理司法公开与媒体报道的关系。这就需要加强学习,能够了解并熟练运用各种新型媒介,从中分析掌握舆论的动态。第二,需要具备一定的预判能力,对于一些较为特殊,可能会受到关注的案件进行提前研判,妥善处理,及时发布权威信息,避免公众被错误信息引导,形成负面舆情。第三,需要具备一定的担当能力,身处舆论焦点,不应忐忑不安,特别是出现问题时,更不能惧怕和逃避,而更应该正面回应公众质疑,错误的地方勇于担当,及时纠正,正确的地方要勇于讲事实、摆道理,不能被舆情牵制。第四,要有处理问题的能力,不论是正面舆情还是负面舆情,都会反映出法院司法工作中现实存在的问题,或者说是既往的良好经验,需要继续予以发扬,或者说是存在的不足,需要予以更正,所以面对舆情,正确的态度是客观看待,分析舆情所反映出来的问题,为科学决策提供参考。

(二)加强公开管理

人民法院面对很多难题,比如案多人少,新类型案件不断出现。人民的司法需求与法院的司法能力的矛盾是客观存在的。在司法公开方面也是如此,加强内部管理,提高工作效率、确保司法公正是很有必要的。对公开进行管理,一个很好的经验是通过标准化的方式来管理。企业掌握标准的制定权,相当于掌握了该行业的话语权,这样才真正具有雄厚的竞争实力。同样,法院如果有了司法标准,工作质效将会得到很大提升。新入职的法官根据标准就可以把案件办得很好,而不是完全凭借经验。可以说,司法裁判就是司法工作的产品,工业产品有其相应的产品标准,日常食品有相应的食品标准,作为司法工作产品的司法裁判,也应当有相应的裁判文书标准以及制作裁判文书过程中的各种相应标准。当然,法院的产品不能等同于企业的产品,不能简单地把企业的标准搬到司法领域来,但是法院没有标准是万万不行的。所以,司法标准化是更高层次的规范化,规范往往是事前的,而标准是对行为完成后检验成果的尺度,也可以说规范化是实现标准化的一种手段。

司法公开标准化工作体系包括了标准化文件的制定、实施、监督、检验等多个环节。在推动司法公开标准化工作中,首要的是制定好各级各类工作的标准化文本,重点是要把握好标准化文本与规范性文本的区别。标准化文本重在明确工作的检验尺度,体现为评价标准、检验标准、工作标准。规范性文本重在明确工作的操作规则,是实施各项标准的配套性措施。规范性文本可以在标准化文本中引用,但一定不要将两者相互混淆。从专业化层面来说,标准化文本是一种特定形式的技术文件,需要统一的编写方法。标准编写是否正确,直接关系到标准的贯彻,也影响标准之间的衔接。因此,标准化文本必须按照统一的格式、体例进行编写和备案。具体而言,可从以下几个方面体现司法公开标准化的特殊规律和要求,做到准确、简明、和谐、统一。首先,要严格规范公开行为,建立依规、有序的行为公开体系。在诉讼材料接收、关键证人出庭、当事人诉讼权强化、涉未成年人等案件中,通过标准化司法公开强化对当事人的诉讼权益保障。严格规范法官的告知释明行为,落实法官的明示义务和责任,切实保障和维护当事人在诉讼过程中的申请回避权、程序选择权和进程知情权、申请调查取证权、举证权、陈述权、处分权、辩论权等,通过司法公开的程序正义保障司法公正。其次,要规范公开尺度,探索建立司法公开统一适用机制。要把握好公开的例外。在利益多元化、价值多元化的今天,司法活动中需要保护的权益有很多,不仅仅限于对当事人和社会公众知情权、参与权和监督权的维护,还有很多需要予以特殊保护的利益。利益与利益之间难免会存在相互冲突的事项,所以在司法公开的过程中需要衡量不同的利益价值,以实现最终的司法公正,提升司法公信力。比如司法公开与隐私权保护就是一对现实存在的矛盾,世界各国在推进司法公开和保护隐私权的问题上也都存在不同的规定,存在一定的分歧。司法公开与隐私权的保护,实际上是价值之间的冲突,司法公开主要是维护了当事人和社会公众的知情权,而隐私权也是当事人的一项很重要的人格权利,二者都需要得到法律的保护。但是,在不同的情况下,对于二者的保护会存在现实的冲突,要能够有所侧重、有所权衡。从法理上讲,个人的隐私权属于一种人格权利,是能够自己决定的,用来管理自身事务的一项权利。从立法上看,世界各国大多把隐私权作为一项重要的人格权予以保护,认为隐私权的价值利益在一定程度上高于公众的知情权。最后,要平衡司法公开与其他公民各项权利。例如,国家安全利益、未成年人利益以及社会风化等都是需要法律进行特殊保护的,在推行司法公开的过程中,要充分认识到维护个人隐私、国家安全、未成年人利益和社会风化的重要性,不能无边无际地把所有的事项都予以公开。在坚持司法公开原则的过程中也要把握好公开的例外,明确哪些是应当公开的事项,哪些是不能公开的事项。要严格按照法律的规定,规范公开的范围、内容和形式,使司法公开既能最大限度地发挥其积极作用,对涉及当事人个人信息,如身份证号码、家庭住址、当事人肖像等,作出必要的技术处理,一方面能平衡知情权和隐私权之间的关系,另一方面也能够最大限度地避免其产生消极的影响。

(三)完善公开制度

制度是最具有长久性的,若想要司法公开形成长效的机制,制度的约束最为有效。当前,在自上而下推动全面司法公开的形势下,需要制定更加明确详细完备的各项制度。

首先,要在庭审公开上进行完善。一是对举证公开加以规定,明确举证的范围、时间等,让双方当事人能够互相了解对方的证据情况,以便做好庭审准备。二是对质证公开加以规定,明确质证的形式、实质内容等,明确双方当事人平等公开质证的权利和义务,明确法官居中认证、平等对待双方出示证据的职责。三是对认证公开加以规定,尽力做到证据认定在法庭,对证据的合法性、客观性、关联性在庭上向双方当事人进行解释说明,让当事人对诉讼结果有合理的预期。

其次,要在司法公开的机制上进行完善。不断扩大司法公开的有效途径,切实保障公众对司法工作的参与权、表达权、监督权。要完善民意沟通渠道,对民意应当具有一整套从收集到甄别再到吸收反馈的机制,并且让这套机制能够顺畅地运作。在制定司法政策时,要征求公众意见,把公众好的意见建议吸收到司法政策中去,不能吸收的也可以对公众作出合理的解释。特别是司法工作人员,更应该接地气,倾听公众声音,了解基层司法需求,从生活实践中找出与法律的结合点,更大程度地使案件的法律效果和社会效果共同实现。在信息化的条件下,很多公众愿意在网络上发表匿名信息,对司法进行评论,在这个虚拟世界,公众便会没有很大顾虑地将自己的想法倾诉。所以,应对网上的社情民意进行收集和整理,也畅通公众发表意见的渠道,方便公众的意见表达。要完善人民陪审员制度,推进实施"倍增计划",扩大人民陪审员选任范围,强化其责任意识,扩大其参审范围,保障其参审权利。

最后,要在审判权公开行使上进行完善。进一步完善院长、庭长和审判委员会委员担任审判长办理案件的工作机制,对办案数量要提出明确目标。对于审判委员会,要合理定位审判委员会职能,强化总结审判经验、讨论决定审判工作重大事项的宏观指导职能;健全讨论事项的先行过滤机制,对审委会讨论案件的范围和程序进行严格规范,主要针对案件的法律适用,而不针对案件的事实进行讨论,除非是一些经由法律规定的或者说是疑难复杂的重大案件。

第四节　进一步拓展司法公开的广度和深度

数字信息技术和互联网深刻改变着人类的生产生活,也为进一步拓展司法公开的广度和深度插上了高科技的翅膀。司法公开是各种类别的司法信息传播的概览综述,立足新发展阶段,探索数字信息技术蓬勃发展的新环境下司法公开的新途径,广泛借助自媒体、互联网、权威媒介,加大司法公开力度;通过官方微博或微信、手机 App、新闻客户端等平台,切实做到主动公开、依法公开;深化司法公开平台大数据研判,实时统计、实时更新和互联互通,动态掌握审判态势和社会治理中存在的问题,为司法决策提供参考;及时公开司法政策,并注重加强政策解读,加大推进力度,树立正确导向;公开司法改革举措,简化操作流程,让当事人和社会公众深入了解、直观感受司法改革;认真对待审判工作中每一个流程节点,向当事人和社会公众提供详尽权威的司法信息,提高当事人和社会公众对司法的认知度和信任度。进一步提升司法公开的统一性和规范化水平,让司法公开更好地服务于法官、当事人和社会公众。

一、以司法公开的广度塑造法治环境

数字化时代,司法审判活动应适应在全媒体时代的"聚光灯"之下,坚持以公开促公正、以公正促公信,促使法官提升司法能力,渠道、立体化发布权威信息,及时反馈和回应社会关切,主动接受社会监督和实践检验,彰显中国特色社会主义司法制度的优越性,提升司法公开的标准化、规范化水平,把案件办理过程变成提高全社会法治意识的过程。

(一)进一步强化司法公开服务数字治理作用

发挥科技驱动作用,通过数字赋能司法公开,推动司法公开与电子诉讼和诉讼服务等平台的全面融合对接,强化数字思维和专业素养,深化在线诉讼模式和规则创新,打造诉讼一体化解决方案。持续推进智慧法院建设应用,加快建设数字法院,推动司法数字化、智能化,动态公开审判流程、裁判文书、庭审直播活动数据,以信息化引领审判体系和审判能力的现代化,创造更高水平的数字正义,推动司法工作更好地适应数字时代需求。

当前司法系统已经从单纯依赖人工逐渐转变为高度依赖智能，加快建设数字法院是新时代法治建设的应有之义和必然要求。具体而言，可从以下几个方面给予高度重视。一是提升数字化思维和能力，主动适应数字经济时代要求，加速数字司法质量性变革、效率性变革和动力性变革，实现现代科技与审判执行工作深度融合，不断提升利用数字技术解决问题、推动工作的本领。二是加快建设司法公开信息化 4.0 版，全面提升智慧服务、智慧审判、智慧执行、智慧管理建设成效，维护法律权威，保证司法公正，充分释放数字红利，推进数据共享，不断提高审判质效，实现司法的法治功能和社会作用。三是深化智慧审判升级工程，拓展信息化司法应用场景，打破传统办案观念束缚，推进电子诉讼在数字经济时代的应用发展，进一步提高审判效率，积极创造良好的法治环境和社会环境。

（二）进一步彰显社会主义司法文明

从全球范围看，司法公开制度是世界司法文明的重要组成部分，司法公开的历史从某种意义上讲就是司法文明的发展史。我国法治建设用几十年时间走完了西方国家几百年的发展历程，成就了高水平的社会主义司法文明。司法公开是中国司法制度的一项基本原则，随着时代发展，中国的司法公开已经走在了世界前列，体现了社会主义法治的文明和规范，成为当事人和社会公众了解司法、接近司法的重要平台，对统一裁判尺度、促进产业发展、提升法治水平、开展法律研究意义深远。

从更高水平上不断完善司法公开制度，努力建设更高水平的社会主义司法文明，对世界司法公开、司法文明贡献中国智慧，需要继续推进司法公开的前进步伐。一是进一步明确司法公开的范围及其调适。应尊重司法公开进入数字化阶段的客观规律，将定量研究与质性研究进一步结合,通过实证数据对裁判文书公开进行实时评估,加强裁判文书公开的信息技术保障。二是重视司法公开所产生的司法数据的权属与利用。司法数据等数据资源作为大数据时代的新型财富,具有公共属性,对司法数据的深入分析和利用所形成的司法衍生数据不仅具有财富价值,可支撑司法研究,提升研究的科学性与严谨性,还可能会对司法公正的网络舆情产生影响,应明确司法数据平台仅具有对司法数据的管理权益,弱化对司法数据的所有观念,对数据利用权的行使规则进行独特的设计。三是注重司法公开与人格权保护。司法公开极富价值,但需对司法公开的功能预期与客观功能进行考证,以达成平衡。司法公开所涉及的知情权、隐私权等权利均处于宪法权利的位阶,对涉及个人隐私的相关案件可通过采取审核上网模式,对失信被执行人的隐私权也应有相应的保护举措。

(三)进一步促进审判质效提升

司法公开是司法体制改革中的一项重要司法任务,是反映一个地区法治生态的重要指标,是司法工作以人民为中心的集中体现,也是监督司法权力运行、提高司法公信力的一种有效手段。通过实行司法公开,可以让当事人通过手机及时收到案件开庭等节点信息,及时了解案件审理进度和诉讼权利义务;全面推进司法公开,可以帮助社会公众提高法治意识,同时接受社会各界监督,以公开促公正,以公正促公信,推动案件公正高效审理,促进审判质效提升。一是切实推动审判流程信息公开的高效性与及时性。加强统筹协调,综合分析研判司法公开数据,掌握审判执行工作实时态势,对审判执行异常情况做出及时反应,动态调配办案力量,实事求是地解决问题,助力审判质效稳步提升。二是加强数据研判分析服务决策。以问题为靶向,动态分析司法公开数据信息,依托信息化手段,通过审判大数据全方位、多层次、智能化分析研判质效指标走势,更加精准、更有深度地提出合理化建议,持续巩固提升审判执行质效。三是构建审判质效工作大格局,有效提升质效意识和能力水平,规范、保障和服务审判工作良性运行。以改革创新为牵引,从审判质量、效率、效果三个维度认真对照阶段性目标任务,进一步延伸司法触角,以专业化审判提升群众司法获得感,驱动司法审判模式转型升级,实现审判质效与司法公信力同步提升。

二、以司法公开的深度锤炼法治思维

社会公众通过司法公开,能够把法律规则、法律精神付诸实践过程,不断树立法治信仰,逻辑化地理性思考问题,形成合法合理行使权利、依法办事的理性思维。只有在全社会形成法治思维,以法治理念和规则,引导社会公众参与社会治理,才能形成人人参与、人人共享的现代化治理方式,进而形成全民守法的法治社会环境,实现社会治理体系和治理能力的现代化。

(一)司法公开是锤炼法治思维的技术支撑

审判是基于一系列法律预设的权利义务规则而开展的确认法律利益主体、分配当事人之间权利义务的过程,防止由于利益分配的不确定性带来的社会冲突和矛盾。在这个过程中,需要运用法治观念、原则和逻辑来认知、分析和解决问题,因此,可以说审判活动是运用法治思维判断是非曲直、实现定分止争的过程,是法治思维的集中体现。对审判过程进行公开,便能以当事人和社会公众看得见、感受到的形式,将法治思维的运用过程公开体现。当事人和社会公众可以通过司法公开感受法律的精神和权威,判断审判活动是否符合法律精神,增强尊法学法守法用法意识。进而引导社会公众以法治思维和法治方式维护自身合法权益,使其能够在法治轨道内辨识和判断自己行为的价值和后果,形成较为科学合理的行为预期,确定实际生活中的是非曲直、利益权衡。通过法治思维的锤炼和法治国家的建设,健全方便快捷、智能贯通的司法公开平台，解决好社会公众最关心、最直接、最现实的利益问题。以更大力度推进改革，实现司法公开数字化、信息化、人性化，不断提升司法公开整体水平，促进审判执行工作依法规范运行，使社会公众的获得感、幸福感和信任感更有保障。

（二）司法公开是深化法治思维运用有效途径

法律是治国之重器，法治是治国之魂魄。“法生于义，义生于众适，众适合于人心。”一个现代化国家必然是法治国家，法治内涵是实现良法与善治的有机统一，法治思维是现代社会思维中的成熟形态。维护法律和秩序是文明社会赖以生存的基础，善于运用法治思维和法治方式推动发展、化解矛盾、解决问题，既能解决案件“法结”，又能解开公众“心结”，充分运用现代科技，发挥法治固根本、稳预期、利长远的价值。法治兴则民族兴，法治强则国家强。政之所兴在顺民心，政之所废在逆民心。在现代社会，法治思维运用最为深厚的力量源泉，来自社会公众，深化社会公众的法治认识，培育全社会办事依法的法治思维，遇事找法的法治方式，解决问题靠法的良好环境，激发其积极性、能动性和首创精神。法治思维的形成促进社会公众更侧重于从价值理念层面形塑法律的合法性，才能维护整个社会系统稳定和均衡。司法公开可以以井然的庭审秩序、流畅的庭审节奏，为当事人和社会公众上好一堂堂生动的法治课。通过司法公开范围的不断拓展，司法公开的形式不断丰富，司法公开的深度不断延伸，促使当事人和社会公众在思想上认识到法律是保障自身权利的有力武器，在行为上认识到法律是必须遵守的行为规范。提升整个社会对法治思维的运用程度，引导全社会自觉维护法治权威，营造自觉抵制违法行为的良好法治氛围，不断增强依法办事意识与能力，采取更专业、更合理方式和手段，既鼓励和宣扬合法行为，又严惩违法行为，共同维护法律尊严，持续深化法治思维的运用。

（三）司法公开是拓展法治思维的重要举措

法治思维是政法工作的底层思维，政法工作又是为社会经济发展大局所服务的。通过政法工作强化法治宣传，发挥司法公开辐射带动作用，打造法治文化拓展圈，增强社会公众在日常生产生活中的法律意识。因此，可以说，司法公开是拓展法治思维的重要举措。良法是善治的前提，强调规范价值层面的体系化，弘扬宪法精神、巩固法律规范意识，在社会层面形成良好的法治思维，并逐步拓展法治思维的运用，将法治思维拓展融入民族复兴之中。沐思想之光，循法治之道，为世界司法文明注入中国法治养分。通过司法公开大力弘扬法治精神，将法治文化融入社会公众生产生活。全面提高运用法治思维和法治方式对涉及民生、安全等社会重点关切问题的治理能力。通过审判活动化解矛盾、维护稳定，通过司法公开让当事人和社会公众在每一起执法司法案件中感受到公平正义，用鲜活的案例为当事人和社会公众普及法律法规，推动社会公众进一步树牢法治观念，强化法治意识，形成全社会尊法、学法、守法、用法的浓厚氛围和法治环境。

三、以司法公开引导舆论监督走向理性和法治化轨道

陈独秀在《敬告青年》中提出“实利的而非虚文的”，强调新闻媒体通过融入和观察实际生活，忠实地记录大事小情，发挥为民服务的舆论监督功能。在“人人都是自媒体”的新媒体环境下，通过司法公开引导舆论监督把握时、度、效，积极、健康、有序地传播司法信息。坚守真实性原则，将准确的信息传递给当事人和社会公众，帮助公众作出客观公正的判断。有利于当事人和社会公众将舆论监督作为理性思考的平台而非情绪宣泄的出口。支持正面的建设性的舆论监督，在公众和司法机关之间，架起一道有效沟通的桥梁，进而引导舆论监督走向理性和法治化轨道。

(一)增强司法公开对舆论监督的引导作用

当前舆论监督的范围与广度日益扩大,司法公开如果不能持续深化,将会引发舆论的盲目猜测与非理性的怀疑。反之,通过不断加大与深化司法公开的改革力度,主动将司法权置于公众的监督之下,使当事人和社会公众看得见、感受得到权利实现的过程和结果,揭开司法神秘的面纱,用权威、高效、真实的司法公开信息满足当事人和社会公众的知情权、监督权与参与权,拉近司法与公众的距离,引导舆论监督走向理性和法治化轨道。

司法公开与舆论监督相互促进、相互影响。一方面,司法公开在自觉主动接受舆论监督的同时,可以有效促进和保障司法公正;另一方面,更建立起舆论监督与司法公开的良性互动关系,可以有效地规范舆论监督,使其发挥应有的价值和功能。具体而言,增强司法公开对舆论监督的引导作用可以从以下几个方面展开:一是在保障舆论监督自由的同时,对滥用舆论监督权、非法行使舆论监督、损害他人合法权益的行为进行责任追究,明确侵权人及网络平台提供商应当承担的法律责任。二是更新司法公开理念,以宽容为触媒,积极接受并回应舆论监督,以制度为保障,构建对舆论监督的意见、建议及时回应的程序机制。三是提升司法公开的自信和能力,进一步推动司法机关及其工作人员乐于、敢于、善于司法公开,促进司法公开向纵深发展,帮助当事人和社会公众逐步客观理性地看待法律事实,使司法机关和社会公众共享司法公开硕果。

(二)增强司法公开和舆论监督的互动作用

司法公开作为司法机关和社会公众沟通的桥梁,其"桥墩"正是舆论监督。司法公开通过一个个具体案例展示司法公正,而司法公正作为一种社会公正,其在社会公众的心中并不完全由司法机关掌握,也有赖于社会公众依据自身价值因素和既往经验所做出的评判。舆论监督通过一则则事件报道，质询司法正义，在一些报道中揭示司法机关与社会公众之间的冲突，在另一些报道中拉近司法机关与社会公众之间的距离。在展示和质询的过程中对社会公众了解法院工作产生正向或者负向的影响，进而表现出理解、关心和支持司法工作的一面，这便能够加强“司法公信”。但不可忽略的是，舆论监督也能够产生误解司法机关的情形，这时便可能削弱甚至毁损“司法公信”。因此，需要增强司法公开和舆论监督的互动作用，促进社会公众紧跟法治建设的发展步伐，实现司法机关与社会公众之间的信任与和谐，倡导法律至上、信法守法的法治文化。然而，司法公开与舆论监督的互动，并非单向的“司法机关输出什么，舆论监督就报道什么”。舆论监督也要发挥“利剑”的锋芒，记录法治声音、弘扬法治发展的最前沿，让其长尾向理性、善意、建设性延伸，真正能够促进司法工作不断提升，用审判质效向当事人和社会公众展示司法机关及其工作人员的良好形象，进而增强司法公信力。同时，也不能为了单纯监督而监督，更不能为了制造舆论而监督，要坚持“事实第一性，新闻第二性；问题在先，舆论在后”的舆论监督规律，追求司法公正，努力维护社会的公平正义，在与社会的良性互动中充分建立信任度。

（三）增强司法公开对舆论监督结果的反馈和利用

在全面推进依法治国的新时代，践行“公正和效率”，就必须不断增强司法能力和水平，持续满足社会公众的司法需求和公正期待。网络的发展使得信息传播更加便捷，舆论监督作为司法机关的外部力量，聚焦教育医疗、养老社保、安全生产等事关当事人和社会公众切身利益的案件类型，采取合法有效的监督手段，不断提升监督的效力，可以推动司法机关及其工作人员切实履职尽责，扎实推进作风建设，优化司法服务，强化事业心、责任感，不断满足当事人和社会公众对公正司法的期望和对公平正义的要求。

在数字信息技术快速发展,舆论监督范围日益扩展,舆论监督影响力不断加大的时代,如何更好地发挥舆论监督作用和优势,增强司法公开对舆论监督结果的反馈和利用,成为司法公开需要进一步深化和拓展的主要方向。具体而言,可以在舆论监督方面做以下文章:一是聚焦突出问题,开展实打实的舆论监督。在不影响正常审判工作秩序的前提下,对司法机关窗口部门进行“暗访式”监督和“体验式”监督,对发现的不符合程序规范和工作作风的问题,按照法律规定的程序进行监督反馈,推动问题整改。二是拓展融媒体的思路与格局,强化社交媒体平台的作用,善待善用新兴媒介平台,打好全媒体舆论监督组合拳,促进各种媒介平台和媒介资源有效整合,打通各档监督栏目之间的壁垒,组织开展有针对性的舆论监督,多角度展示司法公开和法治建设的成果,营造崇法尚法的浓厚氛围。三是坚持互联网与用户思维,构筑公开、透明、立体、全景的舆论监督体系,加强数据分析,提升舆论监督精度,优化监督报道生产流程,运用好司法公开的信息,坚持客观公正、中立理性的原则,避免监督报道受到相关机构的过度干涉,精细化地做好网络在线监测与舆论监督。

结　语

随着社会法治建设的不断深入，司法在其中发挥着越来越重要的作用。而法治目标的实现，一方面需要以司法为代表的公权力的大力推进，另一方面也需要整个社会的积极配合。司法公信力就是连接司法与公众的桥梁和纽带，既是反映司法作用发挥程度的晴雨表，又是公众对法治建设参与积极性的良好体现。从司法公信力的价值意义上，可以看出，司法及其公信力与社会秩序、法律权威、法治意识和社会诚信都有着非常紧密的联系，司法可以确认、调节和修复社会秩序，在此基础上形成的司法公信力便是助推服判息诉、实现公平正义的法宝；司法可以通过打击犯罪、强制当事人履行法律义务，在此基础上形成的司法公信力可以有效地促进严格司法、提升法律地位以彰显司法权威；司法可以树立社会规则、宣传法治观念，在此基础上形成的司法公信力对于引导公众知法守法、培育公众的法律信仰具有很明显的功用，是强化法治意识的重要渠道；司法公信力本身就是社会诚信的重要内容，还可以引导和保障社会诚信，对于维护诚信秩序、弘扬诚信文化来讲意义重大。正是基于此，本书将司法公信力作为主要的研究对象，立足实践，深究理论，对司法公信力进行了深入全面的分析，并兼论司法公开对司法公信力生成的推动作用，形成了以下主要结论：

第一，司法公信力的现状有待优化。从内外因的角度分析，司法公信力的状况主要取决于司法自身的公正情况这样一个内因，还有各方主体对司法的评价这样一个外因。从内因角度出发，本书对法院案件质效进行了内部技术性考察，分别从案件的公正情况、效率情况和效果情况进行了分析研究。从外因角度出发，本书对职业法律人、当事人及诉讼参与人和社会公众这三类主体对司法的评价、感受和认知进行了客观的归纳。在此基础上，判断出审判质效的提升并未带动司法公信力状况的明显改善；当事人对诉讼的利用程度并未带动对裁判的接受程度；社会公众对司法的了解并不完全符合个案的真实情况，进而得出了司法公信力现状有待进一步优化的总体结论。

第二，影响司法公信力生成和提升的主要因素在于司法、当事人和社会公众这三方主要主体。司法公信力生成于司法自身，所以说司法的公正状态是影响司法公信力生成和提升的根本性因素。其中包含实体上的司法公正状态、程序上的司法公正状态和形象上的司法公正状态。本书即从这三个方面对司法的公正状态进行了分析。同时，司法公信力不是司法的自说自话，是需要当事人和社会公众的感受和评价，而当事人是能够最直接接触司法、感受司法的主体，所以当事人对司法过程的感受是影响司法公信力生成和提升的关键。对于当事人而言，司法过程无外乎前审判阶段、审判阶段和后审判阶段。本书即从这三个环节入手对当事人对司法过程的感受进行了分析。此外，司法公信力是一个较大的概念，其生成和提升是一个积累的过程，也是在全社会范围内进行的过程。所以社会公众对司法的认知对于司法公信力的生成和提升就极为重要。本书从社会公众对司法认知的内容、渠道和能力入手,对其进行分析,从社会公众层面探寻对司法公信力生成和提升的影响。

第三,司法公开对司法公信力的生成和提升意义重大。从对司法公信力现状的实证分析和对影响司法公信力生成和提升的主要因素中,可以发现司法公开可以有效地促进影响司法公信力生成和提升的主要因素更好地发挥其作用。从司法自身的层面来看,司法公开可以有效地促进司法权的良性运行,这主要是从促进司法公正、增强司法效益和提升法官能力这三个方面来讲。从当事人的层面来讲,司法公开可以有效地保障知情权来消除误解质疑,保障参与权来增强当事人与司法的互动,保障监督权来促进法院依法审判,对当事人权利的充分保障是增强当事人对司法信任的有效举措。从社会公众的层面来讲,司法公开可以搭建与民意沟通的桥梁、建立公众对司法的理性认识、培养社会公众的法律信仰,是司法公信力在社会范围内生成和提升的保障。

第四,可以通过强化司法公开来促进司法公信力的生成和提升。关于司法公开,本书论述了司法公开的内涵、历史沿革和我国实践,分析了司法公开与影响司法公信力生成的重要因素之间的关系,研究了司法公开对于提升司法公信力的作用,最后,从司法公开的角度提出促进司法公信力生成的路径。认为强化司法公开的功用,一是要从思想上做起,就是更新公开的理念,即变被动公开为主动公开、变内部公开为外部公开、变形式公开为实质性公开。二是要有完善的公开平台,即审判流程公开平台、裁判文书公开平台、执行信息公开平台。三是要对公开的载体进行丰富,即推进科技法庭建设、加强法院自媒体建设、拓展与公众信息互动。四是要对公开的各项措施进行保障,即提升公开能力、加强公开管理、完善公开制度。

第五,要深入推进司法公开,也要把握好公开的例外。总体上可以说公开是最好的防腐剂，如同阳光一样，对司法公正、司法公信力都有很强的促进作用。但是有原则就有例外，司法公开也需要辩证地来看待，也不是说越公开越好，把司法所有的信息全部都公之于众就能够最大限度地促使公开功能的实现。要大力推进庭审公开等工作，全面实行庭审全程录音录像，注意选取那些社会关注度高、影响大、具有法律适用指导意义、有利于司法宣传教育的案件进行庭审直播。要通过网上公开裁判文书，宣誓法律、解释法律，明断是非，提升司法形象。裁判文书是集中反映全部诉讼活动，体现司法公正性的"司法产品"，社会对这个产品的要求很高。法院要加强审核管理，层层落实裁判文书制作、校对、审核责任制，最大限度地避免低级错误。同时要增强文书说理的针对性和有效性，让每一个案件的当事人赢得堂堂正正、输得心服口服。

当然，有关司法公信力生成和提升的研究涉及面非常广，而司法公信力的生成问题是涉及司法公信力的根源性问题。对于司法公信力而言，可以说是解决了一个很核心的问题。因此，本书针对司法公信力的生成中这一重点、难点问题做了初步的研究，值得进一步深入研究的问题有：一是对司法公信力进行评价的客观指标需要进一步量化，现在的评价体系存在标准不一、主体不一的问题。二是对司法公信力进行研究的视角需要进一步深化和扩展，本书仅立足于司法公开，研究了司法公信力的生成和提升问题，而涉及司法公信力的角度有很多，需要进一步挖掘。三是需要在制度的层面进一步研究和完善，本书的学理性分析较强，主要是论证了司法公信力是如何生成的，怎样从司法公开的角度来促进其生成和提升，对司法公开的具体制度完善还需要进一步深入研究。四是如何看待司法公开的例外，本书从隐私权、国家安全和商业秘密、未成年人保护和社会风化这四个方面对司法公开的例外进行了论述，但是由于本书研究范围的限定，也有类似于审判秘密之类的，如审委会记录等,是不是公开的例外问题没有纳入本书的研究范畴。

以上这些问题都是研究司法公信力生成和提升需要进一步深化和细致探讨的方面,在本书的创作过程中,笔者深感司法公信力所涉及范围的宽广和所涉及问题的复杂性和多元性。本书力图以司法公开这个单一的视角,对司法公信力进行较为深入的研究,在研究范围上就稍显狭窄,期待在以后的学习和研究生涯中做进一步深入的分析。

参考文献

[1]习近平:《习近平谈治国理政》(第3卷),外文出版社2020年版。

[2]中共中央文献研究室编:《习近平关于全面依法治国论述摘编》,中央文献出版社2015年版。

[3]马克思、恩格斯:《马克思恩格斯选集》(第3卷),人民出版社1995年版。

[4]卓泽渊:《法的价值论》,法律出版社2006年版。

[5]毕玉谦:《司法公信力研究》,中国法制出版社2009年版。

[6]崔永东:《司法学研究》,人民法院出版社2020年版。

[7]《上海司法体制综合配套改革制度汇编》,上海人民出版社2019年版。

[8]崔亚东:《上海法院司法体制改革的探索与实践》,人民法院出版社2017年版。

[9]中国政法大学法治政府研究院:《中国法治政府评估报告(2017-2020)》,中国人民大学出版社2017年版、2018年版、2019年版、2020年版。

[10]朱景文:《中国法律发展报告2018:2015-2017年中国法治满意度评估》,中国人民大学出版社2018年版。

[11]郑成良:《法律之内的正义:一个关于司法公正的法律实证主义解读》,法律出版社2002年版。

[12]关玫:《司法公信力研究》,人民法院出版社2007年版。

[13]孙笑侠:《法治需求及其动力》,法律出版社2016年版。

[14]高一飞:《阳光下的审判》,法律出版社2016年版。

[15]陈甦:《中国法院信息化发展报告》,社会科学文献出版社2021年版。

[16]林坤:《司法公开3.0版研究》,法律出版社2020年版。

[17][英]弗里德里希·奥古斯特·冯·哈耶克:《法律、立法与自由》(第1卷),邓正来等译,中国大百科全书出版社2001年版。

[18][加拿大]马歇尔·麦克卢汉:《理解媒介——论人的延伸》,何道宽译,商务印书馆2000年版。

[19][德]黑格尔:《法哲学原理》,高兆明译,商务印书馆2010年版。

[20][德]马克斯·韦伯:《经济与社会》(下),林荣远译,商务印书馆1997年版。

[21][法]卢梭:《社会契约论》,何兆武译,商务印书馆1980年版。

[22][法]孟德斯鸠:《论法的精神》(上册),张雁深译,商务印书馆1982年版。

[23][古希腊]亚里士多德:《政治学》,吴寿彭译,商务印书馆1965年版。

[24][美]E.博登海默:《法理学——法律哲学与法律方法》,邓正来译,中国政法大学出版社1999年版。

[25][美]波斯纳:《法理学问题》,苏力译,中国政法大学出版社2002年版。

[26][美]哈罗德·伯尔曼:《法律与宗教》,梁治平译,三联书店1991年版。

[27][美]罗纳德·德沃金:《法律帝国》,李常青译,中国大百科全书出版社1995年版。

[28][美]汉密尔顿:《联邦党人文集》,程逢如等译,商务印书馆1980年版。

[29][美]罗尔斯:《正义论》,何怀宏等译,中国社会科学出版社1997年版。

[30][美]帕特里夏·尤伊克:《法律的公共空间:日常生活中的法律故事》,陆益龙译,商务印书馆2005年版。

[31]周强:《以提高司法公信力为根本尺度推进司法改革确保公正司法》,

载《人民法院报》2015 年 6 月 24 日,第 1 版。

[32]卓泽渊:《习近平法治思想要义的法理解读》,载《中国法学》2021 年第 1 期。

[33]李浩:《当下法院调解中一个值得警惕的现象》,载《法学》2012 年第 1 期。

[34]卓泽渊:《推进法治中国建设的现实任务》,载《行政法学研究》2020 年第 6 期。

[35]于飞:《坚持以人民为中心是习近平法治思想的根本立场》,载《中国高校社会科学》2021 年第 1 期。

[36]崔亚东:《司法公信力指数的探索与建立》,载《中国应用法学》2017 年第 3 期。

[37]郑飞:《中国司法评估实践的理论反思》,载《证据科学》2018 年第 1 期。

[38]张保生等:《中国司法文明发展的轨迹(2015—2019 年)——以中国司法文明指数为分析工具的研究》,载《浙江大学学报(人文社会科学版)》2020 年第 6 期。

[39]高铭暄:《略论司法公信力的历史沿革与实现途径》,载《法学杂志》2010 年第 7 期。

[40]公丕祥:《司法公开:提升司法公信力的重要保证》,载《中国党政干部论坛》2012 年第 7 期。

[41]陈发桂:《公众司法参与视角下我国司法公信力的生成探析》,载《前沿》2010 年第 2 期。

[42]孙应征等:《略论司法公信力之构建》,载《江汉大学学报》2010 年第 1 期。

[43]伍俊斌等:《网络协商民主的信息技术维度分析》,载《学习论坛》2021 年第 1 期。

[44]孙笑侠:《论司法信息化的人文"止境"》,载《法学评论》2021 年第 1 期。

[45]郑智航:《人工智能算法的伦理危机与法律规制》,载《法律科学(西北政法大学学报)》2021年第1期。

[46]张文显:《"三治融合"之理》,载《治理研究》2020年第6期。

[47]马海群等:《新时代文献信息的价值重构:人工智能技术和智慧服务》,载《情报理论与实践》2021年第2期。

[48]谢新洲等:《基于互联网技术的网络内容治理发展逻辑探究》,载《北京大学学报(哲学社会科学版)》2020年第4期。

[49]张文显:《构建智能社会的法律秩序》,载《东方法学》2020年第5期。

[50]张新宝:《论个人信息权益的构造》,载《中外法学》2021年第5期。

[51]石佳友:《隐私权与个人信息关系的再思考》,载《上海政法学院学报(法治论丛)》2021年第5期。

[52]王锡锌:《个人信息权益的三层构造及保护机制》,载《现代法学》2021年第5期。

[53]许可等:《个人私密信息的再厘清——从隐私和个人信息的关系切入》,载《中国应用法学》2021年第1期。

[54]唐应茂:《司法公开及其决定因素:基于中国裁判文书网的数据分析》,载《清华法学》2018年第4期。

[55]左卫民:《反思庭审直播——以司法公开为视角》,载《社会科学文摘》2020年第10期。

[56]胡昌明:《移动电子诉讼的司法实践及其限度——以中国"移动微法院"为例》,载《中国应用法学》2021年第2期。

[57]郑戈:《在法律与科技之间——智慧法院与未来司法》,载《中国社会科学评价》2021年第1期。

[58]邓恒等:《线上审判方式中信息与数据安全问题研究》,载《中国应用法学》2021年第1期。

[59]王心禾:《应关注对促进和解和服判息诉工作的评价》,载《检察日报》2020年9月2日,第2版。